Viele Fronten

Lewis R. Freeman

Writat

Diese Ausgabe erschien im Jahr 2024

ISBN: 9789359940205

Herausgegeben von
Writat
E-Mail: info@writat.com

Inhalt

DER KAMPF UM DEN GARTEN EDEN

ICH

Ich kannte F-- durch jahrelange Jagd- und Sportaktivitäten in Indien, aber erst in der Nacht, als unser alter britisch-indischer Küstenmotorschiff vor der Shatel-Arab-Bar anlegte und darauf wartete , dass das Wasser sich wendete, um nach Bassorah zu fahren Ich höre ihn über die Dinge sprechen, die ihm wirklich am Herzen liegen. Dann wurde mir eine vorübergehende Vision der äußeren Stränge des vorausschauenden Netzes gewährt, das England jenseits der Märsche Indiens gegen kommende Ereignisse webte. Ich werde seine Geschichte, soweit ich mich erinnern kann, in seinen eigenen Worten wiedergeben.

Den größten Teil der letzten fünf Jahre [sagte er] bin ich zum „Sprachstudium" nach Arabien und Mesopotamien gekommen. In dieser ganzen Zeit war ich nicht mehr in England und für die Offiziere meines eigenen Regiments bin ich fast ein Fremder. Ich rede wie ein Araber, ich fange an, wie ein Araber zu denken, und angesichts des Sonnenlichts und des Schmutzes, die so tief unter meine Epidermis eingedrungen sind, dass sie nie wieder herauskommen, werde ich bald wie ein Araber aussehen. Vielleicht werde ich mit der Zeit wie ein Araber beten – Sie würden die Anziehungskraft des Korans erst dann glauben, wenn Sie sich sechs Monate lang mit einem Beduinen an Ihrer Seite, morgens und abends, in Richtung Mekka verbeugt haben. Ich hatte Pocken, Ruhr, die praktisch chronisch geworden ist, und ein Dutzend verschiedene Arten von Fieber und Hautkrankheiten, und ich bin von Kopf bis Fuß mit „Aleppo-Knopf"-Narben übersät, von denen zwei nie verheilt sind. Ich war so viel allein, dass ich sogar in Kalkutta und Simla mit mir selbst rede . Die Perser in dieser Region misstrauen mir, die Russen und Deutschen hassen mich und die Türken sagen ganz offen, dass sie mich auf die „lange Pilgerreise" schicken werden, wenn sich jemals eine faire Chance bietet .

Alles, was meine Regierung tut, ist, meinen Lohn weiterlaufen zu lassen und mir einen Pass auszustellen, der mich nach Koweit , Bassorah oder Bagdad bringt. Wenn ich in Schwierigkeiten gerate, werden sie nicht so viel für mich tun – und können es gar nicht –, wie sie es für einen spindelbeinigen Hindu-Kuli tun würden. Und das alles unter der Bedingung, dass der Große Weiße Bär einige Zeit bevor ich aus Altersgründen in den Ruhestand gehe oder aus der indischen Armee ausgemustert werde, versuchen wird, an den Persischen Golf zu gelangen, um seinen uralten Durst zu stillen. In diesem Fall lässt sich natürlich nicht leugnen, dass ich sehr gefragt sein werde, insbesondere wenn die Operationen in meinem eigenen „Bereich", dem

Nordostarabien und Südmesopotamien, bis zu einer gezogenen Grenze durchgeführt werden von Bagdad nach Hitt.

Zu Fuß, mit Pferd oder Kamel habe ich fast jede Quadratmeile dieser Region durchquert. Es gibt keinen Basar von Kerbela bis Koweit , auf dem ich mich nicht verkleidet ahnungslos unter die Menschenmenge mischen oder im Bedarfsfall Freunde aufsuchen kann, die alles tun würden, von der Gabe einer Zigarette oder einer Handvoll Datteln bis hin zum Risiko, sie zu riskieren Leben, um mein eigenes zu retten. Ich kenne auch jeden einzelnen der größeren und auch die meisten kleineren Beduinenscheichs, deren Völker durch die Wüsten zwischen Bassorah und Damaskus ziehen; und mit einem der mächtigsten von ihnen – seine Kamele sind über 100.000 und seine Schafe und Ziegen dreimal so groß – habe ich die Zeremonie der „Blutsbruderschaft" durchlaufen. Das Blut unserer Arme hat sich tatsächlich vermischt, und jeder ist verpflichtet, vor nichts zurückschrecken, um dem anderen zu dienen. Meine Freunde sind, das brauche ich kaum zu sagen, allesamt Araber, Chaldäer, Syrer, Juden oder Angehörige einer der anderen unterworfenen Rassen dieser Region; Für den Türken, so höflich er mir gegenüber in Bagdad und Bassora auch gesellschaftlich ist , ist mein Name ein Gräuel. In einer Woche werde ich zum Beispiel mit dem Vali von Bagdad in seinem Garten am Ufer des Tigris orientalische Annehmlichkeiten austauschen. Er wird mit duftendem Kaffee auf mich anstoßen und auf den Erfolg meines Besuchs anstoßen; Und die ganze Zeit über wird eine doppelte Polizeiwache die Tore bewachen, um zu verhindern, dass ich in die Wüste und zu meinen arabischen Freunden entkomme. Ich persönlich weiß, dass es ihn schmerzen würde, wenn ich im Dunkeln erschossen würde, weil ich es versäumt habe, auf die Herausforderung eines Wachpostens zu antworten; aber offiziell ist er absolut begeistert davon, und es besteht kein Zweifel, dass es ihm in Stamboul , wo er derzeit nicht besonders beliebt ist , sehr gut tun würde .

Letzten Endes läuft die ganze Sache auf ungefähr Folgendes hinaus: Wenn es in den nächsten zwanzig Jahren zu einem Krieg mit Operationen in diesem „Bereich" kommt, werde ich – und ein paar andere Leute, die das Gleiche tun der Arbeit – vorausgesetzt, ich verliere in der Zwischenzeit nicht mein Leben, meine Gesundheit oder die besten meiner Fähigkeiten – wird wahrscheinlich alle Rekorde außerhalb einer zentralamerikanischen Revolution für eine schnelle Beförderung brechen. Mit vierzig sollte ich wahrscheinlich Brigadegeneral sein, mit zehn oder einem Dutzend Buchstaben hinter meinem Namen. Aber wenn, was wahrscheinlich ist, kein Krieg herrscht, werde ich diese kleinen Ausflüge in die Wüste wahrscheinlich fortsetzen, bis meine Gesundheit nachlässt, und dann bestenfalls als Invalide nach Hause geschickt und mit dem halben Sold eines Kapitäns oder eines anderen pensioniert werden wesentlich.

Sie sehen also, meine Zukunft hängt ganz davon ab, ob einige unserer Nachbarn oder potenziellen Nachbarn es für angebracht halten, in diesem kleinen Zipfel Zentralasiens innerhalb der nächsten ein oder zwei Jahrzehnte „etwas zu beginnen". Und jetzt, da Russland in der Entente ist und wir in Persien so völlig im Einklang mit ihm handeln, fürchte ich sehr, dass es sich um eine „aufgeschobene Hoffnung, die einem das Herz wehtut" handeln wird .

II

Am nächsten Tag bestiegen wir den Flussdampfer in Bassorah und kamen vier Tage später in Bagdad, F. an – wo wir in der düsteren braunen Festung anlegten, in der sich das britische Konsulat, das Postamt und die Telegrafenstation befanden. Ich sah ihn eine Woche lang hin und wieder, normalerweise bei Tiffins oder Abendessen, die einige seiner britischen Freunde für ihn veranstalteten. Zu anderen Zeiten war er nicht zu finden. „F-- *Sahib* ist zum Basar gegangen", antwortete sein Pathan-Träger ausnahmslos auf meine Fragen; und F. selbst äußerte sich lediglich dazu, dass er viel Zeit damit verbringe, „alte Bekanntschaften zu erneuern". Dann, nach etwa zehn Tagen, verschwand er, ohne dass ich mich von jemandem verabschiedet hätte, außer Sichtweite. „F-- ist wieder auf dem Weg zu scinen Arabern", sagten seine Freunde.

„Ich bin sehr erleichtert", flüsterte mir der Konsul zu. „Diesmal hingen sie wie Blutegel an ihm, aber F... kam davon, indem er als armenischer *Arabana*- Fahrer auftrat, als sie ihn als Araber erwarteten. Der Armenier kam hierher, F... befleckte sein Gesicht, schlüpfte in die Kleidung des Kerls und fuhr tatsächlich mit der *Arabana* mit einer Ladung Passagiere nach Kerbela. Die Türken haben den echten Fahrer geschnappt, als sie ihn dabei erwischten, wie er zu Fuß losging, konnten aber wenig aus ihm herausholen, und ich glaube, sie wissen noch nicht genau, was passiert ist. F——— ist zu diesem Zeitpunkt schon weit in der Wüste."

Das war im Jahr 1912, und zu dieser Zeit schien niemand – am allerwenigsten F –, der von einem solchen Ereignis am meisten profitieren konnte – zu träumen, dass die blutgetränkten Ebenen Babyloniens und Assyriens wahrscheinlich schon in wenigen Jahren widerhallen würden zum Trampeln feindlicher Armeen. Das breite Spektrum der deutschen Aktivitäten, das weit über den bloßen Bau der Bagdadbahn hinausging, war für jeden offensichtlich; aber ungeachtet dessen schien der allgemeine Eindruck zu bestehen, dass die Peitschenhand in dieser Region Russland gehörte. Dieses Gefühl wurde von einem alten türkischen Offizier treffend zum Ausdruck gebracht, mit dem ich in Mossul über die Politik des Nahen Ostens diskutierte. „Die Deutschen könnten Eisenbahnen bauen", sagte er und unterstrich seine gemäßigte Rede mit Zügen einer gurgelnden *Wasserpfeife*

, *„und die Briten könnten Schiffe bauen, und die Türken könnten Dämme und Kanäle bauen"* *– und bezog sich dabei auf* die Rekultivierungsarbeiten in Hindia Euphrat: „Aber am Ende wird der Große Weiße Bär zum Persischen Golf hinabsteigen und sein warmes Wasser trinken."

, dass die Deutschen ehrgeizige Pläne hatten, den Handel im unschätzbar reichen Tigro -Euphrat-Tal zu kontrollieren, oder dass der Kaiser sogar eine Art politische Kontrolle anstrebte. Aber dass der deutsche Einfluss in Konstantinopel den Einfluss Großbritanniens und Russlands überwiegen sollte und die Pforte auf die Seite des Kaisers gegen die Dreifache Entente verbünden würde, davon hatten in Mesopotamien nicht einmal die Türken selbst geträumt. Der Preis für die Entente, Italien vom Dreibund zu entfremden, indem sie der Eroberung von Tripolis durch diese Macht zustimmte, war jedoch der unwiederbringliche Verlust der Freundschaft mit der Türkei; und mit der Nachfolge von Enver Pascha im Kriegsministerium am Ende des ersten Balkankonflikts besteht kein Zweifel daran, dass die Pforte absolut entschlossen war, mit Deutschland zusammenzuarbeiten. Nach Ausbruch des gegenwärtigen Krieges war die Beteiligung der Türkei auf der Seite der Mittelmächte nur noch eine Frage des Kaisers. Enver Pascha, der in Berlin ausgebildet wurde und stets aktiv gegen Russland eingestellt war, hatte fast zwei Jahre damit verbracht, sich auf den Kampf vorzubereiten, von dem die Deutschen ihm zweifellos versichert hatten, dass er unvermeidlich sei; und die Vorbereitung auf einen Kampf auf Leben und Tod an den Dardanellen durfte einer allgemeinen Verstärkung der östlichen Verteidigung nicht im Wege stehen . Auf diese Weise kam es, kurz gesagt, dazu, dass Großbritannien auf dem mesopotamischen „Theater" der Türkei und nicht dem seit langem vorbereiteten Kampf gegen Russland gegenübersteht. Aber ich werde meinen Freund F——, dem die Aufgabe übertragen wurde, beim Aufbau und der Inszenierung der Eröffnungsszenen des Stücks mitzuhelfen, etwas darüber erzählen lassen, was bis zu seinem tragischen Abgang geschah.

Spät im Herbst 1914 erreichte mich in Kalifornien eine hastig gekritzelte Karte. „Endlich zeichnet sich etwas Großes ab", hieß es darin. „Morgen gehe ich zur ‚PG' [1] und habe große Aufgaben vor mir." Ich werde schreiben, wenn ich etwas Interessantes durchbekomme." Die Karte war mit dem Poststempel Karatschi versehen und nur wenige Tage vor dem offiziellen Kriegseintritt der Türkei datiert. Ich ging daher davon aus, dass die indische Regierung diese Aktion ignoriert hatte und dass sich F. in dem Moment, als die Türken die Feindseligkeiten durch die Bombardierung der russischen Küste eröffneten, zweifellos mit beträchtlichen Streitkräften auf dem Weg in seine „Sphäre" befand.

[1] Persischer Golf.

Der versprochene Brief hatte lange auf sich warten lassen, und als er kam, trug er den Poststempel Bassorah , nicht in den türkischen Schriftzeichen, sondern in einfachen englischen Buchstaben, während zuvor in der Ecke die blaue Zweieinhalb-Anna-Briefmarke Indiens prangte heilig dem schmalen, rosafarbenen, halb gummierten Ein-Piaster-Aufkleber, den man oft mit einer Nadel befestigen musste, damit er nicht herunterfiel. So lautete der Brief:

„Ich schreibe Ihnen dies aus dem ehemaligen Heimathafen von ‚Sinbad dem Seemann', der, wie ich mit Freude sagen kann, seit einigen Tagen unter unserer Flagge fährt. Die Türken verfügten hier über eine beträchtliche Anzahl erfahrener Truppen – Sie erinnern sich zweifellos daran, wie viel von der Altstadt von Kasernen eingenommen wurde –, aber offensichtlich, weil sie uns nicht so bald oder in so großer Stärke erwartet hatten, hatten sie wenig unternommen der Außenpostenverteidigung . Dies, gepaart mit der Tatsache, dass unsere Seestärke überwältigend war und der Fluss nur sehr wenig effektiv vermint war, machte das, was eine Operation von enormer Schwierigkeit hätte sein können, vergleichsweise einfach. Die Kanonen unserer Kreuzer übertrafen die der alten Forts an der Mündung des Shat- el -Arab, und mit vor ihnen arbeitenden Kehrmaschinen beschossen die Kanonenboote mit leichtem Tiefgang die dichten Palmenhaine, die die Flussufer säumen, so heftig, dass wir sie nicht mehr sehen konnten Wir hatten kaum Schwierigkeiten, uns ohne große Verluste durch sie hindurchzukämpfen.

„In Zusammenarbeit mit dem Vormarsch flussaufwärts landete unsere Hauptstreitmacht oberhalb von Koweit und marschierte durch die offene Wüste, um Bassorah im Westen anzugreifen und den Rücken der türkischen Stellungen am linken Ufer zu bedrohen. Hier hätte der Türke uns endlose Schwierigkeiten bereiten können, wenn er in ausreichender Stärke gewesen wäre, denn das Tiefland war teilweise überschwemmt und eine Verteidigung der gangbaren Routen hätte sehr effektiv durchgeführt werden können.

„Es war die Schwäche der Opposition, auf die wir hier trafen, die uns zunächst hoffen ließ, dass Bassorah nicht stark verteidigt werden würde. Obwohl sich der Vormarsch in kaum mehr als eine Reihe von Außenpostenaktionen auflöste, war die Zeit für uns – und insbesondere für mich – eine beunruhigende Zeit, da sie das Ergebnis unserer Arbeit auf eine harte Probe stellte, nicht nur hinsichtlich der Vorhersage der launischen und variablen Überfluss, sondern auch bei der Versöhnung der nicht weniger launischen und variablen Araber einer Region, die nominell der Türkei unterworfen ist. Ich kann Ihnen jetzt nur sagen, dass sich die Dinge sogar noch besser entwickelt haben und weiterhin entwickeln, als wir es jemals erwartet hätten. Es gab keinen Hinweis auf eine Bedrohung unserer exponierten linken Flanke durch die Horden neugieriger, aber keineswegs feindseliger Araber, die sich unterwegs zeigten, und der Zensor wird mir wahrscheinlich nicht erlauben, Ihnen zu sagen, dass unser Transportmittel und unser Kommissariat, wenn überhaupt nichts, so sind mehr, wird wahrscheinlich durch die aktive Unterstützung aus dieser Quelle sehr geholfen werden. [Hier wurden mehrere Sätze, die zweifellos etwas mehr über die Haltung der Araber erzählen, durch den Pinsel des Zensors verdeckt.] Sie werden also sehen, dass der Türke die Ernte einbringt, die er verdient, indem er unter den Beduinen Härte und Doppelzüngigkeit sät, und zwar Die Zeit und Bemühungen von uns „Sprachschülern", die in diesem Bereich gearbeitet haben, werden nicht umsonst gewesen sein.

„Die Türken haben zweifellos recht vernünftig entschieden, in Bassorah nicht Stellung zu beziehen . Da sich das Meer in unserer Hand nähert und die Stadt vollständig von Wüste und Sumpf umgeben ist, hätte die Herrschaft über sie für immer von der Beherrschung des Tigris oder des Euphrat bis hin zu der reichen landwirtschaftlichen Region westlich davon abhängen müssen Bagdad. Da die Durchtrennung dieser Linie durch uns nur eine Frage der Zeit war, wäre die Stadt isoliert und gezwungen worden, einer Belagerung standzuhalten, die nur mit der Gefangennahme der dort eingeschlossenen Streitkräfte hätte enden können. So wie es aussieht, steht es den meisten dieser Kräfte jetzt frei, unseren Vormarsch durch ein sehr schwieriges Land nach Mesopotamien und Bagdad zu bekämpfen. Hier scheint es sicher, dass wir alle Kämpfe haben werden, die wir wollen.

„Ich habe nicht erwähnt, dass ich mein Kapitänsamt erhalten habe und dem Generalstab zugeteilt werde. In einem gewöhnlichen Wahlkampf würde letzterer Umstand viele langweilige Beratungen im Hauptquartier und keine Maßnahmen bedeuten. Hier, Allah sei gepriesen, liegt der Fall ganz anders. R——, K—— (die beiden Kerle, die auch auf diesem Gebiet gearbeitet haben) und ich werden immer hinzugezogen, wenn wir zufällig dabei sein sollten, wenn die Karten ausgerollt werden; Aber meistens sind wir alle mit etwas anderem beschäftigt. R-- ist zweimal durch die türkischen Linien gegangen, einmal verbrachte er drei Tage in Kurna , ihrem vorgeschobenen Stützpunkt, und ich war auf einer einwöchigen Reise, um erneute Zusicherungen über die Freundschaft meines beduinischen „Blutsbruders" zu erhalten. Es wird ein sehr amüsantes Spiel."

III

Einen Monat später kam ein weiterer Brief von F., der als Antwort auf einen Brief war, den ich eilig verschickt hatte, als ich die Karte mit der Ankündigung seiner Abreise in den Persischen Golf erhalten hatte:

„Sie fragen, worauf wir hier hinaus wollen, und meinen damit vermutlich: ‚Was ist unser Wahlkampfplan?‘ Dies ist natürlich eine Frage, die ich nur ganz allgemein beantworten kann. Unser Hauptziel in diesem Feldzug wird die Besetzung Süd- und Zentralmesopotamiens bis hin zu den Städten Bagdad und Kerbela sein, einer Region, die in etwa dem entspricht, was man das eigentliche antike Babylonien nennen könnte. Unser Ziel dabei ist zweierlei. Erstens, um die Kontrolle über den gesamten bewässerten – und daher äußerst produktiven – Teil des Tigro -Euphrat-Tals zu erlangen, und zweitens, um uns stark an der Flanke Persiens zu etablieren, für den Fall, dass dieses Land die Bereitschaft zeigen sollte, gemeinsame Sache zu machen mit unserem Feind.

KARTE DES TIGRO -EUPHRAT-TALS ,
wo die Operationen gegen Bagdad durchgeführt wurden.

„Es besteht kaum ein Zweifel daran, dass der Vormarsch nach Bagdad ein harter Kampf sein wird. Das schwierigste Land wird das zwischen hier und etwa fünfzig Meilen nördlich des Zusammenflusses von Tigris und Euphrat sein. Der größte Teil dieses Gebiets ist das ganze Jahr über sumpfig, und bis wir bereit sind, dorthin zu gelangen, wird praktisch alles durch die Frühjahrsüberschwemmungen unter Wasser stehen. Ein endloses Netz von „ Kanälen“ und Rückstaukanälen macht es praktisch unmöglich, zu Fuß selbst durch einen Großteil des Überlauflandes voranzukommen, und einer der Hauptgründe für unseren langen Aufenthalt in Bassorah war die Schulung unserer Männer im Umgang mit dem Wasser verschiedene einheimische Boote, die in unserem Transport eine Rolle spielen müssen. Glücklicherweise werden die Türken in dieser Region das gleiche Handicap haben wie wir, und unsere überlegene Artillerie und Organisation werden uns mit Sicherheit einen „Vorteil" verschaffen. Die eigentlichen Kämpfe werden kommen, wenn wir die flachen Schwemmlandebenen Zentralmesopotamiens erreichen. Hier wird der Feind die Bagdad-Eisenbahn im Rücken haben und zweifellos ein ziemlich vollständiges kleines System deutscher Kleinbahnen, um ihn mit Munition und Lebensmitteln zu versorgen.

„Es kann sein, dass wir bis zum Ende des Jahres 1915 brauchen, um unser erstes Ziel zu erreichen. Wenn dann in Europa in der Zwischenzeit keine Entscheidung getroffen wurde, würde unser nächster allgemeiner Vormarsch den Tigris hinauf nach Samara, Tekrit und Mossul und den Euphrat hinauf nach Hitt und Deyr führen ; Dieser Fortschritt würde uns ein hochgelegenes Getreideanbaugebiet mit beträchtlicher Produktivität überlassen. Es müsste noch ein weiterer Feldzug gestartet werden, um das Land bis zu einer Linie von Aleppo nach Mardin oder Diarbekir zu besetzen ; Aber Russland sollte diese Region vom Kaukasus aus erreichen, bevor wir von Süden dorthin gelangen können. Von den Waffen und Munition, die die Deutschen nach Bagdad schicken können, wird der Charakter der Haltung abhängen, die der Türke in Babylonien zeigen wird.

„Aber was für ein Spiel wird es sein, dieser Kampf um den alten Garten Eden – mit den hohen Kanälen und den bröckelnden Mauern von Babylon und Hitt , die als Schützengräben und Festungen dienen, und den *Khans* , die Ali Baba und Haroun schützten -al- Raschid als Außenposten! Der „GCC" und ich haben sogar darüber gesprochen, wie wir diesen isolierten alten *Tepe* von Birs Nimrud – den manche den „Turm zu Babel" nennen – zu gegebener Zeit nutzen werden !

„Unser Transport für die neue Kampagne wird wahrscheinlich das bemerkenswerteste Ding dieser Art sein, das jemals zusammengestellt wurde. Die Tatsache, dass das Land, in das wir vordringen, größtenteils unter Wasser stehen wird, wird uns dazu zwingen, praktisch amphibisch zu werden. An Land nutzen wir Kamele, Pferde, Maultiere und Esel, während auf dem Wasser die Dienste aller Arten gefragt sind, von einheimischen *Balems* , *Gufas* und *Kaleks* bis hin zu Kanonenbooten mit geringem Tiefgang und Flussdampfern. Die alten Bagdad-Seitenraddampfer wurden alle zu Kanonenbooten umgebaut, aber selbst ihr geringer Tiefgang von fünf oder sechs Fuß ist für alle außer den Hauptflusskanälen zu groß. Einer davon trat übrigens neulich mit einer aus Matten getrockneter Datteln improvisierten Rüstung in Aktion. Natürlich haben die türkischen Schrapnelle einen schrecklichen Schaden angerichtet, und leider auch bei den Leuten dahinter.

„Die Leitung der Ausbildung unserer Männer im Umgang mit einheimischen Wasserfahrzeugen war eine meiner jüngsten Aufgaben. Die *Balem* ist ein gondelartiges Boot, das seit langem zur Personenbeförderung auf den Kanälen und Flüssen dieser Region eingesetzt wird. Es kann gerudert, gerudert oder gepaddelt werden, und da es ein ziemlich stabiles Gleichgewicht aufweist, brauchen die Männer nicht lange, um es zu meistern. Die *Gufa* ist jedoch eine ganz andere Sache. Es handelt sich um eine leicht abgeflachte Kugel aus geflochtenem Schilfrohr, die mit Pech bedeckt ist und oben ein Loch von fünf bis zehn Fuß Durchmesser aufweist, um Passagiere und Fracht aufzunehmen. Der Antrieb erfolgt durch Paddeln, mal auf der einen, mal auf der anderen Seite, und zwei, drei alte Hasen kommen damit recht gut voran. Ein Anfänger kann jedoch kaum mehr tun, als das Ding um die eigene Achse drehen zu lassen. Darüber hinaus macht er sich immer noch hilfloser, wenn er über seine eigene Nutzlosigkeit lacht; und obwohl einige der ernsthafteren Sepoys beträchtliche Fortschritte im Umgang mit der *Gufa gemacht haben* , fürchte ich, dass wir Thomas Atkins oder seinen ebenso leichtfertigen Mitstreiter, die Ghurka , nie dazu bringen können, es anders zu betrachten als ein ewiger Witz.

„Zwanzig Meilen nördlich von hier versuchten vor ein paar Tagen ein Dutzend abgesessener Soldaten, anstatt etwas Besseres zu finden, mit einer Gufa einen breiten Nebenkanal des Shatel-Arab *zu* überqueren , um … “ einige lästige türkische Scharfschützen vertreiben. Ihre größten Anstrengungen führten jedoch nur dazu, dass das gegnerische Fahrzeug über ihr eigenes Ufer schwebte, was für die Scharfschützen des Feindes ein hervorragendes Ziel darstellte. Letztere (ich verdanke dies dem Wort des Sergeanten, dessen unangebrachter Enthusiasmus für die Unruhe verantwortlich war) waren offensichtlich sehr amüsiert und hielten ihr Feuer zurück, bis die „Marines“, wie sie seitdem von ihren Kameraden genannt wurden, ein Loch getreten hatten im Boden des *Gufa* und wurde gezwungen, ins Wasser zu gehen. Die wenigen vereinzelten Schüsse, die damals abgefeuert wurden, wurden offenbar nur mit der Absicht abgefeuert, mehrere kriegslustige Tommies auf ihre eigene Seite zu „scheuchen“, denn der einzige gemeldete Verlust war das Ertrinken eines Mannes, der, in der Sprache eines seiner überlebenden Kameraden, ' gefangen ' ist blühender Sporn im Bally Goofy und ' wurde unter Wasser gefangen.'

„Dieser Vorfall erinnert mich daran, ein Wort für unseren alten Freund, den Türken, als sportlichen Kämpfer zu sagen. Natürlich wussten wir immer, dass er ein erstklassiger Offensivkämpfer und ein überragender

Defensivkämpfer war; Aber da wir ihn seit Jahren unter Charakterisierungen wie „Der Schreckliche" und „Der Unaussprechliche" kannten , hatten wir von ihm ein Programm der „Schrecklichkeit" erwartet, das ganz im Einklang mit dem seiner Verbündeten im Abendland stand. Dass von diesem Charakter nichts zu sehen war, ist eine der erfrischendsten Überraschungen der Kampagne. Ich kann hier nur eines von mehreren Beispielen anführen, die mir aufgefallen sind.

„Sie haben zweifellos in den Zeitungen gelesen, dass die Türken vor ein paar Wochen mit einiger Kraft einen Versuch unternommen haben, Bassorah zurückzugewinnen, indem sie mit Booten nach Nasire am Euphrat fuhren und von dort aus um das Überschwemmungsgebiet herum marschierten, um sich diesem Punkt von Westen her zu nähern. Glücklicherweise ließ uns einer unserer „Freunde" Bescheid sagen, was vor sich ging, und wir konnten einen würdigen Empfang in Shaiba vorbereiten . Nachdem wir sie zu diesem Zeitpunkt zurückgeschlagen hatten und während sie sich in einem äußerst geschickt durchgeführten Rückzug gegen Nachhutkämpfe durchsetzten, ereignete sich der Vorfall, an den ich denke. Ich war mit einer Kavallerietruppe unterwegs, hatte jedoch nicht das Kommando über diese, die die Verfolgung in beträchtlicher Entfernung vor unserer Hauptstreitmacht anstrebte. Gegen elf Uhr morgens wurde uns der Weg von einer kleinen Abteilung des Feindes versperrt, die zurückgelassen worden war, um an einem abgelegenen *Khan Stellung zu beziehen* , einem dieser ummauerten Wüstenrastplätze des Karawansereiordens – eigentlich mehr eine Festung als eine Taverne.

„Es hatte keinen Sinn, die Türken zu vertreiben, bis die Waffen auftauchten, aber unglücklicherweise versuchten etwa ein Dutzend Kerle, die keinen Kontakt zu ihrem Offizier hatten, „auf eigene Faust" zum Tor zu stürmen. Der Feind ließ sie kühl bis etwa hundert Meter an den *Khan* herankommen und ließ sie dann, indem er ein Maschinengewehr entlarvte, alle in einem Raum von weniger als fünfzig Fuß im Quadrat abwerfen. Eine Gewehrsalve brachte die drei oder vier rücksichtslosen Geister zu Fall, die trotz ihrer Wunden taumelnd auf die Beine kamen und vorwärts taumelten. Wir nutzten die Deckung, die uns zwei alte Kanalufer boten, und schafften es, bis auf etwa dreihundert Meter an das *Khan-* Tor heranzukommen, ohne uns gefährlich auszusetzen, um dort auf unsere Feldgeschütze zu warten und bereit zu sein, es für uns belebt zu machen Türkische Freunde für den Fall, dass sie in der Zwischenzeit versuchen zu evakuieren.

„Eine Zeit lang dachten wir, dass zum Glück in keiner der stillen, ausgestreckten braunen Gestalten vor dem *Khan mehr Leben übrig geblieben sei* ; Doch plötzlich kroch ein Mann zurück, um Major S. zu berichten, dass er eine Hand gesehen hatte, die schwach erhoben war, als wollte er es versuchen unsere Aufmerksamkeit erregen. Nachdem er den Wahrheitsgehalt der

Aussage unter Einsatz seines großen neuen *Shikar-* Helms überprüft hatte, rief S— sofort Freiwillige herbei, die versuchen sollten, den Verwundeten hereinzubringen. „Die Chance ist gering", sagte er, „aber diese Mittagssonne würde einen töten." Ein unverwundeter Mann, der dort draußen eine Stunde lang auf dem Gesicht lag. Wir müssen den Versuch wagen.'

„Als ich die Reihe weiterging, wählte S... die vier rüstigsten und drahtigsten aus der weitläufigen Reihe schmutziger Tommys aus, von denen jeder eine bittende Hand gehoben hatte, als das Wort für Freiwillige weitergegeben wurde. „Machen Sie das Beste aus der Deckung dieses Streifens Dattelpalmen und bringen Sie den Mann – er ist derjenige, der uns am nächsten ist – auf die gleiche Weise herein", befahl er gerade so, als hätte er sie auf Patrouille geschickt. „Wir werden den Türken in der Zwischenzeit so viel Abwechslung bieten, wie wir können."

„Dann begannen wir, blind und großflächig die Pforten des alten *Khans zu beschießen* , was aber wenig Wirkung hatte, weil das Maschinengewehrfeuer, das als Antwort kam, es uns unmöglich machte, den Kopf zum Zielen zu heben . Es wurde jedoch genügend Ablenkung geschaffen, um den Freiwilligen scheinbar unbeobachtet den Weg zum anderen Ende des Palmenbüschels zu ermöglichen. Doch als sie ihre Deckung verließen, traf sie ein Kugelhagel, und die letzte Kugel fiel, als er noch ein Dutzend Meter vom Ziel seines Angriffs entfernt war. Die drei ersten, die fielen, lagen still – erschossen, wie wir später erfuhren –, aber der letzte riss sich trotz eines durchstochenen Oberschenkelknochens sofort zusammen und begann vorwärts zu kriechen. Ich bin mir sicher, dass die Türken erst in diesem Moment vollständig begriffen, worauf wir hinauswollten; Obwohl sie uns weiterhin mit weitreichenden Strahlen aus ihrem Maschinengewehr in Deckung hielten, wurde vorerst kein weiterer Schuss auf den Mann am Boden gerichtet. Es gab auch keinen Versuch, seinen mühsamen Fortschritt aufzuhalten, als er den Mann, dem er nachgeschickt worden war, zurück zum Palmenhain schleppte. Und das Allerbeste: Die Türken versuchten auch nicht, einen einzigen der anderen tapferen vier zu beflügeln, die, den Schutz der Palmenstämme verschmähend, losrannten, um ihren Kameraden von seiner Bürde zu befreien.

„Von der Nachsicht des Feindes ermutigt, wollten wir gerade einen Trupp unter weißer Flagge aussenden, um zu sehen, ob noch weitere Verwundete am Leben waren, als Staubwolken am südlichen Horizont den türkischen Anführer warnten, dass unsere Feldgeschütze im Anmarsch seien hoch; und da seine Aufgabe, die Verfolgung hinauszuzögern, gut erfüllt war, machte er sich bereit, sich zurückzuziehen, indem er unsere Deckung mit einer neuen Salve fegte. Das einzige Tor des *Khans* , das sich nach Süden öffnete, war von unserer Position aus vollständig verdeckt; Doch der findige Türke durchbrach gelassen die Nordmauer mit ein oder zwei Flocken

Schießbaumwolle, und als erstes wussten wir, dass die ganze Truppe – mit Maschinengewehr und allem – durch die Wüste davonhuschte. Zwei oder drei Minuten lang waren sie für uns ein gutes Ergebnis, und da sie selbst mehrere parthische Salven abfeuerten, gab es keinen militärischen Grund, warum wir nicht hätten versuchen sollen, ein paar von ihnen zu Fall zu bringen. Tatsächlich haben wir ein paar oberflächliche Salven abgefeuert; Aber wenn die Schüsse bei dieser Gelegenheit irgendein Kriterium für die Treffsicherheit der Truppe von S... waren, dann sei Allah gnädig mit ihr, wenn es zu echten Auseinandersetzungen mit dem Türken kommt! Keiner der Flüchtlinge fiel aus dem Sattel, und ich glaube nicht, dass einer von ihnen getroffen wurde. Wenn wir auch nur für einen Mann von ihnen getan hätten, stellen Sie sich vor, wie unsere Gefühle gewesen wären, als wir, als wir den *Khan in Besitz genommen hatten* , drei Ziegenfelle gefunden hätten, sorgfältig aufgehängt in einer dickwandigen Krypta, gut geschützt vor der Gefahr unseres Gewehrfeuers In klarem, kaltem Wasser war auf Französisch und Türkisch an die Wand gekritzelt: „Für die Verwundeten". Da wir selbst seit Stunden kein Wasser mehr hatten und ein paar Tassen für die zwei oder drei Verwundeten ausreichten, die die vernichtende Sonnenhitze überlebt hatten, kann man annehmen, dass unsere Feindseligkeit gegenüber dem „unaussprechlichen Türken" dadurch nicht wesentlich verstärkt wurde Vorfall.

„Der Mann, der so teuer gerettet wurde, starb ein paar Stunden später, aber eher an der Sonneneinstrahlung als an seiner leichten Wunde. Der Mann, der ihn geholt hat, ist auf dem Weg der Genesung und, wie ich vertraue, ein VC."

IV

Mein nächster und mein letzter Brief von F. erreichte mich in London:

„Unser allgemeiner Vormarsch hat begonnen und wir haben unser erstes wichtiges Ziel erreicht: die Besetzung des ‚Gartens Eden'." Nicht der größere „Garten Eden", dessen Name Sir William Willcocks für ganz Mesopotamien südlich von Hitt und Samara verwendet, sondern der traditionelle Ort des Gartens am Zusammenfluss von Tigris und Euphrat. Dies war sicherlich eines der seltsamsten Engagements in der Geschichte. Das Land stand kilometerweit unter Wasser, und die Türken hatten befestigt und beschlossen, auf dem einzigen trockenen Boden in der gesamten Region, einer Reihe niedriger Anhöhen – kaum als Hügel zu bezeichnen – im hinteren Teil von Kurna Stellung zu beziehen . Glücklicherweise war ihre verfügbare Artillerie nicht stark. Wir hatten uns auf den Angriff vorbereitet, indem wir an jedem Punkt, der stabil genug war, um sie zu stützen, Batterien schwerer Haubitzen aufstellten, während auf den Flussdampfern und Lastkähnen leichtere Geschütze montiert waren.

„Nach einem heftigen Beschuss der türkischen Stellungen wurden unsere Truppen, von *Balems* und *Gufas* bis hin zu *Kaleks* und Kanonenbooten, bis an die Grenze des Tiefgangs ihrer jeweiligen Schiffe gerudert, gepaddelt, gerudert und vorwärtsgetrieben. Dann gingen sie ins Wasser und der Angriff begann. Glücklicherweise waren die türkischen Geschütze von unseren Haubitzen ziemlich außer Gefecht gesetzt worden, sonst wäre die halbe Meile oder mehr durch Schlamm und Wasser für uns ein sehr kostspieliges Unterfangen gewesen. So wurden einige Lastkähne und *Kaleks* mit Maschinengewehren in die Nähe der feindlichen Linien gebracht, und da das Feuer dieser und der Kanonenboote die türkischen Stellungen praktisch unhaltbar gemacht hatte, mussten die Truppen kaum mehr tun, als loszuziehen und eine sehr große Gruppe von Gefangenen zusammentreiben, die durch eine schnelle Flankenbewegung einer Sepoy-Kolonne abgeschnitten worden waren. Einige unserer Männer gingen in ihrem Eifer über Bord und stürzten sich in tiefes Wasser, sodass sie ihre Ausrüstung abwerfen und schwimmen mussten. Einige von ihnen verloren tatsächlich mehr als nur ihre Arme; und eine Truppe, die ich später beim Beherbergen einiger türkischer Gefangener an Bord eines Kanonenboots sah, unterschied sich in ihrer Kleidung kaum von Pater Adam in den frühesten Tagen dieses „Garten Eden".

„Ich hatte vor ein paar Tagen einen ziemlich interessanten Job. Ziel war es, eine kleine, ausgewählte Streitmacht durch das Land zu führen und eine Bootsbrücke zu zerstören, die die Türken am Grab Esras über den Tigris zu unterhalten versuchten , damit etwaige Nachzügler, die vielleicht noch aus dem Süden zurückkamen, davon profitieren konnten.

„Sie erinnern sich an die biblische Geschichte dieses berühmten Bauwerks. Der Prophet Esra, der in seinem Alter in dieser Region umherstreifte und die Hand des Todes auf sich spürte, wies seine Anhänger an, seinen Körper an ein Kamel zu binden, das Tier in die Wüste zu treiben und es dort schließlich zur Ruhe zu legen mache die Grabstätte des heiligen Mannes. Das Kamel steuerte geradewegs auf den nächsten Bereich des Tigris zu, und dort steht bis heute das prächtig geschmückte Grab, das über den sterblichen Überresten des Propheten errichtet wurde und ein Mekka für Juden und Mohammedaner gleichermaßen ist.

„Mein Job mit der Bootsbrücke ist mir nicht besonders gelungen. Wir gelangten in der Dunkelheit in einen Sumpf und wateten darin herum, bis es zu spät war, um die nächtliche Überraschung zu erleben, mit der ich am Grab Esras gerechnet hatte. Wir kamen jedoch im Morgengrauen dort an und schafften es, vor allem weil die Türken dachten, dass wir beim Aufstieg starke Unterstützung hätten, diese dazu zu bewegen, seine sehr gute Position in der Nähe des Grabes zu räumen und sich an das Ostufer des Flusses zurückzuziehen. Wir ließen uns in einem der Grabgärten nieder, konnten aber wegen des lebhaften und gezielten Feuers des Feindes von der anderen Seite vorerst nicht weitergehen.

„Die meiste Zeit des Tages lag ich auf dem Rücken in einem Petunienbeet unter der Gartenmauer und fraß mich an den reifen Granatäpfeln, die die türkischen Kugeln von den Bäumen oben gefällt hatten. Aber etwa am Nachmittag stießen sie ein paar Bienenstöcke von der Wand mitten in uns hinein, und da wir „Shorts" trugen und nichts hatten, was das Bein von der Wade bis zum Knie schützen konnte, war die Fortsetzung sehr unangenehm eins. Diese Bienen waren sich so absolut sicher, dass unsere harmlose kleine Gruppe dafür verantwortlich war, ihre Häuser in Aufruhr zu versetzen, dass sie sich in ebenso viele Banden aufteilten wie wir Menschen und begannen, unparteiisch und systematisch, uns zu Tode zu stechen. Meine Männer waren augenblicklich außer Kontrolle geraten, und ich glaube wirklich, dass, wenn nicht ein modernes Wunder gewirkt hätte, eine Minute später die ganze Meute, ohne Rücksicht auf solche Kleinigkeiten wie türkisches Gewehr- und Maschinengewehrfeuer, sich suhlen würde der fünfzig Meter entfernte Tigris.

„Das Wunder wurde von einem kleinen, rosawangigen, barfüßigen Engel einer Jüdin vollbracht, offensichtlich dem ‚Hirten der Bienen'." Unbekümmert stolperte sie zwischen den sich windenden „Verletzten" hin und her, ohne sich der Bedrohung durch türkische Kugeln und den brüllenden Bienenmassen bewusst zu sein, stellte die durchstochenen Bienenstöcke an einem sicheren Ort unter der Mauer auf und begann dann heftig mit einem Stock auf einen zu schlagen alter Bronzegong, der an einem Riemen um ihren Hals hing. Sofort hörten die Bienen auf zu stechen, und

innerhalb von fünf Minuten ließen sich die letzten von ihnen mit
zufriedenem Summen in ihrem Bienenstock nieder. Ich hätte die dicken
braunen Zehen des kleinen Engels der Barmherzigkeit mit den rosa Wangen
küssen können. Und auch hier möchte ich zur Ehre der Türken anmerken,
dass sie, obwohl ihr Kopf und ihre Schultern über der niedrigen Mauer für
sie sichtbar gewesen sein mussten, keinen Versuch unternahmen, die Arbeit,
die sie, wenn sie es nur gewusst hätten, mit einer Kugel zu stoppen All das
verhinderte, dass wir alle in ihre Hände fielen.

„Natürlich war jeder von uns durch die Stiche in einem schrecklichen
Zustand. Meine eigene Qual durch diese Quelle war unendlich schlimmer als
die durch eine Kugel, die meine Kopfhaut durchbohrte, als wir nach
Einbruch der Dunkelheit die Bootsbrücke durchtrennten ; Tatsächlich
glaube ich, wenn die Wahrheit bekannt wäre, dass der verzweifelte Schmerz,
den alle Jungen erlitten, zu einem großen Teil mit der absoluten
Rücksichtslosigkeit zu tun hatte, die sie an den Tag legten, als die Zeit
gekommen war, zu versuchen, unsere Mission zu erfüllen. Ich hörte, wie
einer dem anderen erzählte, dass er Angst hatte, *nicht* erschossen zu werden,
und die ganze Gruppe tat so, als würde es ihnen genauso gehen.
Glücklicherweise hatten die Türken keinen Suchscheinwerfer, und es ist
wahrscheinlich, dass ihr eigenes Feuer nicht wenig dazu beigetragen hat, die
Brücke zu zerstören. Jedenfalls ging es in Dutzenden Abschnitten den gelben
Tigris hinunter, und wir – oder was von uns noch übrig war – mit. Ein halbes
Dutzend ungestümer Türken, die in ihrem Drang, uns näherzukommen, auf
halbem Weg herausgekommen waren, um uns zu begrüßen, wurden ebenfalls
mitgerissen, als die Brücke abbrach. Danach war es für uns alle eine Frage
von *„sauve qui peut"*, *und leider muss ich sagen, dass bisher nur etwa ein Drittel der
Streitmacht, mit der ich angefangen habe, nach* Kurna zurückgekehrt ist ."

V

Ich schmunzelte immer noch über F——s Bericht über seine
Erfahrungen mit den Bienen, als ich am nächsten Nachmittag die neueste
Ausgabe der *Sphere aufschlug* und sah, wie sein bekanntes Gesicht mich aus der
Ecke einer der ersten Seiten anlächelte. „Wurde in Depeschen erwähnt",
sagte ich mir; und dann fiel mir der Titel der Seite ins Auge, auf der eine
Reihe anderer Porträts erschienen: „Tot auf dem Feld der Ehre ; Offiziere
im Einsatz getötet." Es gab keine Einzelheiten, nicht einmal ein Datum;
Auch hinter den mit Klebeband umwickelten Portalen von Whitehall war
nichts weiter zu erfahren. Den Offizieren des Regiments von F., das jetzt in
Flandern kämpfte, wurden schließlich einige wenige Einzelheiten mitgeteilt;
und von einem von ihnen, den ich vor ein paar Tagen während seines
Urlaubs in London traf, erfuhr ich alles, was ich bisher über den Tod meines
Freundes in Erfahrung bringen konnte.

„F——s Arbeit beim Durchtrennen der Bootsbrücke über den Tigris", sagte er, „wird als eines der gewagtesten Dinge des mesopotamischen Feldzugs bezeichnet." Zweifellos hat er dafür einen VC verdient, und es ist durchaus möglich, dass einer posthum verliehen wird. Dort wurde er leicht verwundet, dürfte aber innerhalb weniger Tage wieder im Einsatz gewesen sein. Nach dem Bericht, den wir erhalten haben, war er mit einer besonderen Sache auf der Spur, als er auf eine Reihe Idioten des Transporters stieß, die versuchten, mehrere Kamele und Maschinengewehre auf einem *Kalek*, einer Art Floß, über einen Nebenkanal des Euphrat zu befördern bestehend aus einer leichten Plattform, die auf aufgeblasenen Schaffellen ruht. Eines der Kamele hatte ein Loch in die Plattform getreten und war gerade dabei, die Stützhäute abzureißen, als F. aus Angst vor dem Verlust der Waffen davonschwamm, um zu versuchen, die Sache in Ordnung zu bringen. Bei dem Versuch , das Kamel zu befreien, duckte er sich unter den *Kalek* , wo sein verwundeter Kopf wahrscheinlich von einem der scharfen Hufe des Tieres getroffen wurde, und er ließ seinen Griff los und sank, bevor ihn jemand fassen konnte. Ein herrlicher Tod, nicht wahr – für einen Mann, der das Leben geführt hatte, das F … geführt hatte, und der für diese bestimmte Region der nahezu unentbehrlichste Mann der Expedition war?"

Zwei Monate sind vergangen, seit F——s letzten Brief geschrieben wurde, und der Mesopotamien-Feldzug wurde nach den allgemeinen Grundsätzen fortgesetzt, die er zu Beginn vorhergesagt hatte. Nasire und Amara sind gefallen, und zu Beginn des Winters werden die Armeen zum letzten Kampf um Bagdad aufgestellt, wahrscheinlich auf derselben Ebene von Shinar, wo die scharlachroten Wüstenblumen noch immer den alten Glauben am Leben erhalten

Bläst noch nie so rot

Die Rose war dort, wo Cäsar geblutet hatte .

Denn das Schicksal hat beschlossen, dass sich die Macht zweier rivalisierender Rassen noch einmal in tödlichen Klauen um den Besitz dieses uralten Preises, des Gartens Eden, legen wird. Eva wurde aus den Toren verbannt, als sie von der Verbotenen Frucht kostete, und im Laufe der Jahrhunderte wurde die gleiche unumstößliche Strafe über die Babylonier, Meder, Assyrer und andere Reiche verhängt, die sich an der Verbotenen Frucht der Verderbnis verschlangen. Als tapferer Feind, der er ist, ist der Türke, besessen von der gleichen Verbotenen Frucht, seit langem der unerbittlichen Gerechtigkeit der Jahrhunderte ausgesetzt, und jeder Präzedenzfall der Tradition, Geschichte und Strategie deutet auf die Schlussfolgerung hin, dass die letzte Stunde seiner Verwaltung gekommen ist Der Garten Eden steht vor der Tür.

„Es ist eine Art und Weise, die sie im Air Corps haben"

ICH

Es war ganze neun Jahre her, seit ich Horne zum ersten Mal auf einer *Estancia* -Hausparty im Herzen der argentinischen Pampa traf, und ganze sieben Jahre, seit ich ihn das letzte Mal bei einem Bankett gesehen hatte, das zu seinen Ehren im Buenos Aires Jockey Club stattfand oder zwei, nachdem er seine Vier zum Sieg im Finale der Polo-Meisterschaften von River Plate geführt hatte. Doch trotz der Blässe eines Gesichts, das ich immer als gebräunt in Erinnerung hatte, und einer leichten Verzögerung in seinem einstmals schwingenden Gang erkannte ich ihn sofort – es war der scharfe, durchdringende Blick, glaube ich, und das plötzliche Aufblitzen weißer Zähne in dem schnellen Lächeln – als er mich aus einem vorbeifahrenden Taxi rief und über den breiten Bürgersteig von Whitehall zurückhumpelte, um mich zu treffen.

"Was bedeutet das?" fragte ich und deutete auf seine flotte Flying-Corps-Uniform, nachdem wir uns die Hände geschüttelt hatten. „Ich dachte, es wäre die Armee, in der Sie waren, bevor Sie zurücktraten, um ein opulenter *Estanciero* und ‚Mann in der Pampa' zu werden."

„Es war die Armee, zu der ich zurückgekehrt bin", antwortete er, „und ich war bei meinem alten Regiment in Neuve Chapelle, als ein Fragment einer Handgranate die Kontinuität einer meiner Achillessehnen teilweise auflöste und einen Punkt setzte." über meine weitere Nützlichkeit in diesem Zweig des Dienstes. Die „Luft" stand mir jedoch immer noch offen, und da ich mich bereits mit dem Fliegen beschäftigt hatte – ich war der erste Mann, der ein Flugzeug über die Plate-Mündung steuerte –, bekam ich fast sofort einen Auftrag und verlor daher nur sehr wenig Zeit."

„Aber dein ‚lilienweißes' Gesicht und deine Hände", drängte ich. „Ich habe noch nie gehört, dass die Luft eine bleichende Wirkung auf den Teint hat."

„Oh – das –" (Horne blickte abwesend auf eine Hand mit den blauen Adern und schlurfte unruhig hin und her), „das muss von meinem ‚CH'-Zauber herrühren – im Krankenhaus. Bin schon wieder etwas durchgeknallt. Flug über Belgien. Wurde abgeschossen und traf den Rand von Holland etwas zu hart, als ich über die Grenze flog. Ein paar Wirbel teleskopiert , das ist alles. Seien Sie jetzt ein guter Kerl und hören Sie auf, Fragen zu stellen, und kommen Sie mit mir in den Club."

Georgery ", wie er das neue Munitionsministerium in Whitehall Gardens scherzhaft nannte, ein paar versprochene Figuren abholte , und brachte mich dann zu einem der Service-Clubs in Piccadilly. Dort begann er, ohne mir eine weitere Chance zu geben, ihn „in die Luft zu bringen", sofort mit Neuigkeiten und Erinnerungen an die Platte und die Pampas. Als ich ihn um sechs verließ, hatten wir fast zwei Stunden lang geredet, ohne auch nur die beiläufigste Erwähnung der Kriegsereignisse zu finden.

„Ein begeisterter Patriot, wie alle anderen jungen Briten, die aus Übersee nach Hause geströmt sind, um für ihr Land zu kämpfen", dachte ich, als ich durch Green Park schlenderte; „Aber sicherlich nicht begeistert von seiner Arbeit." Ich habe sogar darüber spekuliert, ob Horne im Dienst in Schwierigkeiten stecken könnte. Nichts anderes schien die Zurückhaltung des Mannes gegenüber allem, was mit seinen besonderen Aktivitäten zusammenhing, zu erklären.

Ein paar Tage später rief mich Horne an und bat mich, an diesem Abend mit ihm in einem berühmten alten Restaurant am Strand zu speisen.

„„S—'s' ist ein bisschen ‚fröhlicher und heller' als dieses alte Grab eines Clubs", sagte er, „und ein paar der Flying Corps-Typen, die sich dort immer wieder treffen, wenn sie in London sind." Gehen Sie, Sie werden es wissenswert finden."

Das Treffen war noch informeller als ich erwartet hatte. Anscheinend war einer der langen Tische für „RFC"-Offiziere und ihre Freunde reserviert, und diese kamen je nach Bedarf zu zweit oder zu dritt von sieben bis zehn Uhr vorbei.

Als Horne und ich eintraten, saßen ein halbes Dutzend Männer am Tisch, und alle – sie hatten Stände für eine neue „Revue" – verabschiedeten sich sofort. Einer der Gruppe war ein Südafrikaner, einer ein Neuseeländer und zwei Australier. Letzteren fanden wir über die Rennseite des Sydney *Bulletin gebeugt* , während der Neuseeländer offenbar versuchte, den Afrikaner davon zu überzeugen , dass eine Milchviehherde in der Nähe von Wellington bessere Aussichten biete als eine allgemeine Farm in Rhodesien. Einer der Australier, dessen Familie an einem Importhaus interessiert war, blieb noch einen Moment und fragte mich, ob ich glaube, dass der Krieg die Preise für amerikanische Landmaschinen auf ausländischen Märkten in die Höhe treiben würde. Keiner von ihnen verlor ein Wort über das Fliegen, und Horne gab nur zu, dass sie alle „gute Männer waren – dieser kleine Kerl aus Neuseeland, der wirklich der Hammer ist".

Chateaubriand (das das nächste anglo-französische Äquivalent darstellt) hastige Mahlzeiten mit Roastbeef und Whiskey-and-Soda „verschlungen". (das *Carne Asado* der Pampa) war ordnungsgemäß über den Kohlen zubereitet worden. Diese redeten, wie die anderen auch, über die Varietés, das Heimatland, das „schlechte Londoner Wetter" – eigentlich alles und jedes, außer dem Krieg im Allgemeinen und dem Krieg in der Luft im Besonderen.

Einer von ihnen – er war erst an diesem Nachmittag aus Frankreich gekommen – erwähnte bei der Abrechnung seiner bandagierten Hand etwas davon, dass ein Finger unter dem Gürtel seines Maschinengewehrs eingeklemmt worden sei; aber es schien niemandem in den Sinn zu kommen, nachzufragen, worauf er geschossen hatte, oder ob er es getroffen hatte oder nicht, oder irgendetwas von etwa einem Dutzend anderer Dinge, die mich sofort interessierten.

Um neun waren alle, die Theater- oder andere Verpflichtungen hatten, gekommen und gegangen, und die acht oder zehn, die noch am Tisch saßen, waren gemächliche Gäste, die den Abend vor sich hatten. Doch selbst unter diesen gemächlichen Leuten war keine Neigung erkennbar, über ihre Arbeit zu sprechen. Im Gegenteil, ich bildete mir ein, eine Neigung zu erkennen, es zu vermeiden, ihm „aus dem Weg zu gehen". Wenn sie sich erinnerten, waren es die Freunde und Ereignisse ihres alten Lebens – „ Trekking", „Caravaning", „Wandern", „Mushing"; Arktische Mitternacht und tropische Morgendämmerung; seltsame Kleinigkeiten und Enden von Abenteuern zu Land und zu Wasser – die sie aufriefen. Und wenn sie über die Gegenwart sprachen, dann im Zusammenhang mit kleinen Ereignissen, die in ihren Ferien passierten – mit den vergleichbaren Vorzügen von „Ausrüstungsläden", türkischen Bädern, „Revue" -Lieblingen , den Vor- und Nachteilen von Alkoholbeschränkungen und den erpresserischen Gebühren von Zahnärzten.

Doch jeder von ihnen schien dem treu zu sein, was ich seitdem als einen sich schnell entwickelnden Typ erkannt habe – den „Fliegenden Typ". Der Heeresflieger von heute wird aufgrund seiner geistigen und körperlichen Schnelligkeit ausgewählt, und das erste, was einem an ihm auffällt, ist eine Art katzenartige, aufgedrehte Wachsamkeit. Dann bemerken Sie seine Zurückhaltung, die kühle Zurückhaltung eines Mannes, dessen Schicksal es ist, sich eher in Taten als in Worten auszudrücken. Und schließlich ist da noch die stille, fast an Traurigkeit grenzende Ernsthaftigkeit des Mannes, der bereit sein muss, dem Tod jeden Moment in die Augen zu blicken und dennoch den Geist für andere Dinge freizuhalten.

Es war der jüngste und daher am wenigsten „geformte" Offizier der Gruppe – ein Junge, der seine Kakaoplantage in Trinidad verlassen hatte, um nach Hause zu kommen und zu kämpfen –, der für die einzige „Geschäfts"-Diskussion des Abends verantwortlich war. Als jemand bemerkte, dass er nur wenig aß und ständig mit der Hand über seine Schläfen fuhr, fragte er ihn scherzhaft, ob er „Heimweh oder nur Liebeskummer" habe.

„Weder noch", antwortete er und entspannte seine Lippen zu einem gezwungenen Lächeln. „Hatte gestern einen kleinen Unfall und habe seitdem höllische Kopfschmerzen. Ich kann beim besten Willen nicht erkennen, ob es an einem zu hohen Aufstieg oder einem zu schnellen Abstieg liegt. Ich stieg höher und kam schneller wieder herunter als jemals zuvor in meiner Erfahrung. Ich bin gut gelandet, aber seitdem habe ich das Gefühl, als würde ich von einer Reifenpumpe in die Luft gesprengt, die Luft in alle Kapillaren und Nervenspitzen pumpt. Mein Kopf fühlt sich an, als ob jemand darin eine Druckschraube aufdrehen würde. Angenommen, ich hätte ins Krankenhaus gehen und herausfinden sollen, was los war, aber ich wollte mir den Urlaub nicht verderben. Vielleicht können mir einige von euch sagen, warum ich das Gefühl habe, ich müsste meinen Kopf ständig zusammenhalten, damit er nicht auseinanderfliegt", schloss er und drückte die Handballen an seine Schläfen, um den scheinbaren Druck von innen auszugleichen.

Alle hörten auf zu reden und beugten sich interessiert vor, und einen Moment lang glaubte ich, der Vorhang würde fallen und etwas von den Erfahrungen, wenn nicht sogar von den Gedanken, dieser khakigekleideten Sphinxen der Luft preisgeben. Hornes kühle, professionelle Diagnose machte die Hoffnung zunichte. „Höhe", sagte er lakonisch. „Habe über zwölftausend, nicht wahr? Über dreizehntausend? Das erklärt es. Und Sie sind völlig offen vorgegangen und haben versucht, einer Fokker den „Vorrang" zu nehmen, nehme ich an? Natürlich. Und als du dort ankamst, kam es dir vor wie ein Tiefseefisch, wenn du ihn aus den Seetangbetten hochziehst und seine eigenen Luftblasen ihn in die Luft jagen? Ein Mann kann fünfzehntausend Fuß mit der Bahn oder zu Fuß hinaufsteigen, ohne mehr als Atemnot und gelegentliches Nasenbluten zu bekommen. Aber nicht jeder Mann – und nicht einmal jeder erfahrene Flieger – hält es aus, in der halben Stunde, in der einige der neuen Maschinen diese Höhe überwinden können, einen Sprung von bis zu zwölftausend Fuß Höhe zu bewältigen. Die Schwierigkeit ist fast ausschließlich körperlicher Natur und hängt alles davon ab, wie a Der Mensch wird geschaffen, ob sein Fleisch und Blut sich an den plötzlich verringerten Druck der Atmosphäre anpassen oder nicht. Man gewöhnt sich nicht daran. Wenn es Sie einmal „erwischt", wird es es mit ziemlicher Sicherheit noch einmal tun. Im besten Fall haben Sie eine Woche lang nur starke Kopfschmerzen und eine Art „Eule"-Gefühl. Im schlimmsten Fall werden Sie ohnmächtig, verlieren die Kontrolle über Ihre Maschine und werden unter den Opfern „ unbekannter Ursache" aufgeführt. Hast *du* zufällig die Kontrolle verloren?"

„Ich glaube nicht", war die Antwort. „Es war eine zweite deutsche Maschine – eine, die ich nicht gesehen hatte – die mich zu Fall brachte. Es stürzte aus einer Wolke herab, schüttelte seinen Schwanz und bescherte mir einen regelmäßigen Kugelschauer – der übliche Fokker-Trick. Ich bin mir fast sicher, dass ich mich bis zum Ende erinnern kann. Tatsache ist, dass meine Maschine bei jedem „Fehler" meinerseits sofort einen Salto ausgelöst hätte, da sie sich noch in dem Zustand befand, in dem sie sich befand. Nein. So mies ich mich auch fühlte, ich bin mir sicher, dass ich die ganze Zeit mental „verbunden" geblieben bin."

Horne schüttelte zweifelnd den Kopf. „Vielleicht schaffst du es, durchzuhalten", sagte er; „Aber bevor Sie noch mehr Großwildschießen in den Höhen versuchen, machen Sie am besten ein paar Übungsflüge im oberen Himmelsgebiet. Je früher ein Mann seine Höhenbegrenzung erfährt, desto besser. Unter zwölftausend Fuß gibt es jede Menge nützliche Arbeit für den Mann, der oberhalb dieser Höhe geistig oder körperlich zu „explodieren" beginnt."

Das Gespräch wurde wieder allgemeiner, noch bevor Horne zu Ende gesprochen hatte, denn für die meisten von ihnen war das, was er sagte, nichts Neues. Niemand außer dem Mann auf der linken Seite des jungen Westindianers wagte es, nach den Einzelheiten des Geschehens zu fragen, und nur indem ich meine Ohren anstrengte, konnte ich den leisen, fast einsilbigen Wortwechsel verstehen.

„Holen Sie Ihren Benzintank?"

„Nein, ausnahmsweise. Aber alles andere ist schon erledigt. Propeller völlig zerkaut; Flügel ein Paar Siebe. Habe die Beulen ganz nach unten gestoßen. Der Boden war so ziemlich das Weichste, was ich getroffen habe."

„Hat jemand den Hunnen verstanden ?"

"Keiner von uns. Hat sich aber selbst erwischt. Er kam aus einem Büschel von Cirro -Cumuli in einer Höhe von fünfzehntausend Fuß herabgeschwemmt und schien wild zu werden; irgendwie Amok laufen. Als er einen Sturzflug machte, schien er mich rammen zu wollen, und der Grund dafür, dass er mich so langweilte, war, dass er sich nicht zurückzog, um mir einen Platz zu verschaffen. Hat mich um Haaresbreite verfehlt und mich mit seinem Wind fast aus der Fassung gebracht. Doch von seinem Tauchgang erholte er sich nie. Es schien, als hätte ich einfach die Kontrolle verloren und begann, mich überschlagen zu müssen. Bin fast in einige unserer Schützengräben gefallen. Ich bin fünf Meilen von seinem Wrack entfernt gelandet, ohne dass außer meiner Maschine und meinen Nerven etwas zerschossen ist."

„Kann irgendjemand die erste Maschine bekommen – die, hinter der Sie her waren?"

"NEIN. Es hat uns allen auf den Fersen. Die „Archies" [2] der Hunnen brachten eine unserer Maschinen zum Absturz, die versuchten, ihr zu folgen."

[2] Soldatenjargon für Flugabwehrgeschütze. – Die HERAUSGEBER.

Zu diesem Zeitpunkt ließ das Interesse an „Shop" nach, und das Gespräch, das ich belauscht hatte, schwenkte über *Kopfschmerzmittel* und eine hübsche schottische Krankenschwester in einem Krankenhaus in Frankreich auf die vergleichenden Vorzüge der Refrains „Empire" und „Alhambra"; und ich war in der Lage, beide Ohren auf Horne zu richten, der einige Minuten lang gelehrt die Pointen der Andenpony-Vollblut-Kreuzung als Polo-Reittier vertreten hatte.

II

Unsere Mitgäste schlenderten davon, wie sie gekommen waren – einzeln, zu zweit oder zu dritt – und um zehn Uhr waren Horne und ich mit unseren Zigarren und unserem Kaffee allein in der verlassenen Lounge. Er rechnete damit, um halb elf angerufen zu werden, sagte er, und als die Zeit näher rückte , konnte ich nicht umhin zu bemerken, dass er *verwirrt* und nervös wurde, sichtlich ängstlich. Der Anruf kam prompt, und mit einem Ausdruck kaum verhohlener Besorgnis im Gesicht erhob er sich, um dem herbeirufenden Diener zur Telefonzelle zu folgen. Eine Minute später kehrte er auf Sendung zurück. Zwei- oder dreimal versuchte er, den verlorenen Faden der argentinischen Erinnerungen wieder aufzunehmen, gab es aber schließlich als schlechten Job auf.

„Ich kann nicht umhin, Ihnen zu sagen, dass ich gerade sehr gute Neuigkeiten erhalten habe", rief er mit strahlendem Gesicht. „Seit sechs Wochen quält mich die Angst, dass mich der letzte Ärger endgültig aus dem Spiel werfen würde. Gestern wurde ich von den Ärzten untersucht, und jetzt, nachdem ich den ganzen Tag in Atem gehalten wurde, kommt die Nachricht, dass ich, was das Fliegen angeht, so gut wie Regen sein werde. Es wird nichts passieren, was mich daran hindern könnte, in vierzehn Tagen zurückzukehren. Ich denke, ich muss heute Abend so ziemlich der glücklichste Mann in London sein. ICH--"

Er hielt sich mit einer abfälligen Geste zurück. „Wirklich, du musst meinen Ausbruch verzeihen, alter Junge; Aber ich war mir nicht ganz sicher, ob ich nicht für die Invalidierung anstehen würde. Außerdem brennt es mir schon den ganzen Tag darauf, „auf" zu sein. Seit Sonnenaufgang liegt

Hexerei in der Luft. Ich habe noch nie ein perfekteres Flugwetter erlebt. Was mich übrigens daran erinnert, dass die Zepps heute Abend in dieser Nähe erwartet werden. Sie waren letzte Nacht an der „Ostküste", wissen Sie. Für ihre Zwecke ist es einfach ein wenig zu klar; aber die Luft selbst ist perfekt – *perfekt* . Mehr als ein oder zwei solcher Flugtage wie diesen hat es seit Kriegsbeginn nicht gegeben. Man kann es erst verstehen, wenn man selbst in der Luft war. Es lag all diesen Kerlen beim Abendessen heute Abend im Blut. Sie sprachen über alles auf der Erde, außer über das Fliegen; und dachten an nichts anderes als daran. Ist Ihnen nicht aufgefallen, dass sie eine Stunde vor der Fütterungszeit genauso unruhig waren wie die Löwen im Zoo?"

Horne warf alle Zurückhaltung beiseite und begann über seine Arbeit zu sprechen – seine Liebe zu ihr, die Faszination, die sie ausübte, die große und immer wichtigere Rolle, die sie im Krieg spielte. Genau das hatte ich den ganzen Abend voller Hoffnung versucht, ihn herauszulocken; und so zündete ich mir eine neue Zigarre an und sank zufrieden in meinen Sessel zurück, um die Rolle des anerkennenden Auditors zu spielen. Kaum hatte ich mich jedoch wohl gefühlt, als Horne abrupt aufhörte zu sprechen und sich mit geneigtem Kopf in einer Haltung aufmerksamen Zuhörens nach vorne beugte.

"Hast du das gehört?" er flüsterte; „Und das und das?"

„Nichts als das Geschwätz des ersten Tröpfelns der Abendessenmenge", antwortete ich. "Was ist es?"

„Bomben", war die Antwort; „Drei oder vier davon. Und, glaube ich, Schüsse. Die Zepps müssen London näher sein als jemals zuvor seit letztem Oktober. Kommen wir zum Damm. Wir können von dort aus sehen, wenn überhaupt. Sie weichen nie weit von der ‚Flussstraße' ab."

Der Strand, vollgestopft mit Menschenmassen aus den sich leerenden Theatern, war offensichtlich ahnungslos und unbeunruhigt, und ich forderte Horne sofort auf, ihm entweder den Wein oder die „perfekten Luftverhältnisse" zu Kopf steigen zu lassen. Er sagte nichts, schien aber den ganzen Weg durch die schwarze kleine Straßenschlucht, durch die wir uns schlängelten, aufmerksam zuzuhören. Erst als wir in die hellere Leere des Embankment eintraten, sprach er wieder.

„Es gab keine Bomben mehr", sagte er, „aber ich denke, die Waffen gehen weiter." Wenn das Geräusch für Ihr „unerfahrenes" Ohr zu schwach ist, wird Sie vielleicht die Tatsache, dass Sie in Charing Cross oder Waterloo kein Rangieren von Zügen oder Pfeifen hören (Sie kennen die neue Anordnung, die bei Luftangriffen alle Züge anhält), davon überzeugen Die Zepps sind in der Nähe. Oder wenn nicht, dann kommen Sie hierher und lassen Sie sich ein paar Augenbeweise machen. Was sagen Sie dazu?" Und

Horne deutete nach unten, vorbei an der drohenden Masse von St. Paul's, dorthin, wo der stationäre Strahl eines einzelnen Suchscheinwerfers tief am östlichen Horizont lag.

„Ich sehe den Suchscheinwerfer deutlich", sagte ich, „aber wo ist der Zepp ?"

„Nimm mein Glas", sagte Horne und reichte mir ein kleines, halb zusammenklappbares Fernglas, das offensichtlich mein ständiger Begleiter war. „Konzentrieren Sie sich nun auf den Punkt mit dem helleren Leuchten, mit einem Schatten dahinter, auf halber Höhe des Schachts – genau dort, direkt über dem Rücken des rechten Löwen am Fuße des Obelisken."

Ich tat, was mir gesagt wurde , und schnappte vor Erstaunen nach Luft, als ein winziger Fleck zu sehen war, der so undeutlich war, dass er von den Passanten am Ufer unbemerkt blieb, zu einem langen, gelb geriffelten Bleistift gespitzt, mit stecknadelkopfgroßen Lichtpunkten – Glühwürmchen, die einen begleiteten Glühwürmchen – es blitzt auf und verschwindet über und unter und um es herum.

„Der erste Zepp seit sechs Monaten, der über London hinweggekommen ist", rief ich aufgeregt. „Wie lange wird es dauern, bis sie hier ist? Wären wir nicht besser vom Fluss weg und in Deckung gegangen? Aber nein", fuhr ich fort und spähte erneut durch die Glasscheibe. „Ich glaube nicht, dass sie hierher kommt. Scheint stillzustehen. Wahrscheinlich schwebt es über W——, dem alten Ziel."

"London! W——!" lachte Horne. „Ist Ihnen klar , dass *Sie* keine Bomben gehört haben und dass keiner dieser Leute eine Ahnung davon hat, dass sich direkt in ihrem Blickfeld ein angreifender Zeppelin mit einschlagenden Granaten befindet? Dieser Kerl ist ganze 25 Meilen entfernt, und was ihn „schwebt", können Sie sicher sein, dass, wenn Sie einen Zepp mit explodierenden Brandgranaten *über* sich sehen, er entweder schwer getroffen wurde oder mit 70 Meilen pro Stunde auf das Haus zusteuert Hangars. Tatsächlich hatte ich damit gerechnet, dass dieser Kerl jeden Moment zusammenbrechen würde. Offensichtlich ist er auf bessere Waffen und Kanoniere gestoßen, als er erwartet hatte. Ah! Keine Hoffnung!" (Horne schnappte sich sein Glas und richtete es schnell auf den jetzt aufgeregten Scheinwerferstrahl.) „Er ist weg. Sogar das Licht hat ihn verloren."

Horne drehte sich angewidert um, ging voran zu einer Bank am Bordstein, schob eine schläfrige „Matchdame" vorbei, um Platz für ihn zu machen, und setzte sich müde.

„Er ist ein schlüpfriges Spiel – der Zepp ", stellte er plötzlich fest, nachdem er das vergebliche Hin und Her des suchenden Suchscheinwerfers beobachtet hatte. „Ich habe Ihnen doch nicht gesagt, dass ich durch den

Versuch, einen Zepp zu bekommen , zu meinem letzten Landstreicher über Belgien gekommen bin?"

„Du weißt ganz genau, dass du das nicht getan hast", antwortete ich, faltete einen Zipfel des losen Umhangs der alten Streichholzverkäuferin zurück über ihre Knie und setzte mich auf den freien Platz. „Geh hin."

„Ich begann gerade mit einer Erkundungstour über einer Ecke Belgiens, als die Zepp von einem Angriff auf Frankreich zurückkehrte. Ich kam über ihn hinweg, und kurz nachdem ich meine erste Bombe abgeworfen hatte, öffneten sich die „Archies" vom Boden aus auf mich und löschten mich gleich beim ersten Schuss aus. Eine lustige, nervöse Arbeit, mit meiner Maschine nur ein paar hundert Fuß über dem Zepp . Vielleicht etwas zu nervös, denn ich war mir selbst nie ganz sicher, ob es meine Bombe oder eine der deutschen Kanonen war, die den Zepp – nicht zerstört, aber ziemlich stark beschädigt – in ein Zuckerrübenfeld katapultierte . Ich ging--"

„Einen Moment", unterbrach ich und erwartete das Ende der Geschichte am Ende von Hornes nächstem Atemzug. „Sie überschütten Ihre Geschichte, so wie ein Zeppelin unter Beschuss seine Bomben überschüttet. Jetzt gehen Sie bitte zurück und sagen Sie es richtig. Die Nacht ist jung, die Räuber sind jetzt auf dem Weg zur See, und die Dame und ich sind hier, um Ihnen bis zum Ende zu folgen."

III

Horne lachte unbehaglich, kramte vergeblich in seinen Taschen nach Streichhölzern, stahl eine Schachtel vom umgekippten Tablett unseres nickenden Begleiters, ließ einen Sixpence an seiner Stelle liegen, zündete sich seine Pfeife an und paffte ein oder zwei Minuten lang nachdenklich; und selbst nach all dieser Vorbereitung war sein Anfang entschuldigend.

„Ich weiß nicht, ob ich jemals von Anfang an erzählt habe", sagte er, „und ich bin mir absolut sicher, dass ich nie viel über das Ende gesagt habe." Wenn ich heute Abend ein bisschen plaudere, vergleichen Sie es bitte mit den guten Nachrichten, die ich vor einiger Zeit hatte – und mit der Luft. Ein Mann könnte fast wie heute durch die Luft gehen, und eine Maschine würde durch sie gleiten wie durch zerreißende Seide. Komisch, aber es war in der Morgendämmerung, die fast genau einer Nacht wie dieser folgte, als ich den Flug antrat, von dem ich gesprochen habe.

„Es gibt drei Hauptfaktoren beim Fliegen", – Horne sprach wieder freier , während er sich auf das Allgemeine konzentrierte – „den Menschen, die Maschine und die Atmosphäre." Theoretisch sollen Mensch und Maschine in perfekter Ordnung ausgesandt werden, bereit, die Luft aufzunehmen, sobald sie sie finden. Es *gibt* natürlich Tage, an denen Sie

„ausgeschaltet" sind, Ihre Maschine „angeschlagen" ist und die Luft nur „Höhen" und „Tiefen" aufweist, und in solchen Zeiten wird es ziemlich sicher eine „stürmische Passage" geben, wenn nichts passiert schlechter. Normalerweise ist es jedoch ein ziemlich fitter Mensch und eine Maschine gegen indifferente Luft. Aber ein- oder zweimal im Jahr kommt eine Zeitspanne, wie in den letzten achtzehn Stunden, in der die Luft nahezu absolut „homogen" ist, und dann, wenn sein Motor „süß" läuft, stellt sich der Mann manchmal vor, ein „Luftgott" zu sein. sowohl in der Tat als auch im Namen und handelt entsprechend, immer entweder zu seinem eigenen Leid oder zum Leid seines Feindes.

„So war es an dem Morgen, von dem ich Ihnen erzähle – Mensch, Maschine und Luft im Einklang – ja, und mit dem üblichen Ergebnis. Ich hätte mich aus mehreren Gründen an diesen Flug erinnert, selbst wenn der Zepp nicht mitgekommen wäre; Zum einen wegen unserer Fahrt im Kielwasser einer 42er-Granate; Zum anderen wegen des schrecklichen Beschusses, den sie uns gaben oder zuzufügen versuchten, als wir die deutschen Linien überquerten.

„Die Begegnung mit der Muschel war nur eines dieser ungewöhnlichen Erlebnisse, die jedem passieren können, oder, was genauso gut ist, überhaupt nicht passieren können. Zu der Zeit, von der ich spreche, vergnügten sich die Deutschen damit, mit ihren größten Geschützen N-Fernstrecken zu bombardieren, und wir hatten einen Beobachtungsoffizier dabei, einen Kerl namens K-, den Sie (vielleicht habe ich von einem Langstreckenläufer gehört) – er ist einfach zufällig irgendwo im letzten Viertel seiner Flugbahn in die Flugbahn einer Granate geraten. Aus der Ferne kann man immer sehen, wie eines dieser Tiere dahinrast, aber dieses hier haben wir nur gehört – und gefühlt – und es war, als ob zwei Schnellzüge in entgegengesetzte Richtungen fuhren und mit voller Geschwindigkeit vorbeifuhren. Es gab ein seltsames, leises Summen, das sich innerhalb von zwei oder drei Sekunden zu einem rauschenden Brüllen steigerte, ein Schlag von einer festen Luftwand, der sich anfühlte, als würde man mit der Wand eines Hauses kollidieren, und dann, für zwei oder drei Minuten, eine Reihe von Unebenheiten, als würde man mit einem federlosen Karren über eine Cordstraße fahren.

„Ich weiß nicht, ob wir den Kurs dieser Granate stark beeinträchtigt haben, aber die Granate hätte *unseren* Flug auf der Stelle beinahe beendet. Nur die Tatsache, dass wir frontal auf den ersten großen Luftstoß trafen, rettete uns. Ich hätte nicht die eine oder andere Chance gehabt, mich zu „korrigieren", wenn es uns seitwärts erwischt hätte – und so wie es war, stand die Maschine trotz ihrer Geschwindigkeit von siebzig Meilen pro Stunde auf dem Ruder wie ein sich aufbäumendes Pferd. Nach dieser ersten „Kollision" war unser flatternder Flug im Kielwasser der „42" nur noch „merkwürdig", aber dennoch ein ganz anderes Gefühl als alles, was ich je erlebt hatte.

„Ich habe keine Ahnung, wie nahe wir einander kamen. Mein Eindruck von diesem Moment war, dass die Entfernung weniger als fünfzig Meter betrug, obwohl sie zweifellos viel größer war. Natürlich bewegten wir uns nicht in genau entgegengesetzte Richtungen, denn die Granate musste in einem wesentlich größeren Winkel herabgekommen sein als der, in dem wir nach oben flogen. Doch die „Luftbrandung", die durch den Vorbeiflug des kleinen Wohlwollenboten des Hunnen in diesem glatten Abschnitt der Atmosphäre aufgewirbelt wurde, war stark und hartnäckig genug, um meine Maschine über eine Meile lang schwanken zu lassen.

einfach aufsteigen konnte . Es war auch ein Glück, dass der Feind – wahrscheinlich in Erwartung einer Verfolgung seiner zurückkehrenden Angreifer – seinen gesamten Graben „hinterland" mit stationären und beweglichen Flugabwehrgeschützen bestückt hatte. Es gab einen kleinen Streifen, der wie ein Mohngarten aufblühte, als sie sich auf uns öffneten, und etwa eine Minute lang bildete der Rauch der sich ausbreitenden Granateneinschläge eine eigene, große kleine Wolke. Aber sie hatten nie eine wirkliche Chance, uns zu erwischen. Mein guter kleiner Motor, der wie der Wind in den Telefonleitungen sang, hatte es mir ermöglicht, über vierzehntausend Fuß aufzusteigen, ohne mit der Wimper zu zucken, und in dieser Höhe ist man vor Granaten in einem Flugzeug viel sicherer als vor Taxis, wenn man den Strand überquert . K—— spürte die Höhe ein wenig, glaube ich; Ich sah, wie er sich das Blut von der Nase wischte und die Hände an die Ohren drückte, aber er zeigte keine Anzeichen von wirklicher Verzweiflung. Ich selbst war bis auf ein leichtes Anschwellen der Finger und ein Trommeln an den Schläfen ganz wie immer.

„Wir überquerten die wichtigsten ‚Blumensträuße' der ‚Archies', ohne auch nur den Tritt der unter uns zerplatzenden Granaten zu spüren; Aber als wir ein paar Meilen weiter auf zehntausend Fuß abstiegen, stießen wir auf eine unerwartete „Pflanze" von ihnen, und die Schrapnellgeschosse flogen ein oder zwei Minuten lang um uns herum . In den Flügeln blitzten Dutzende hübscher kleiner Löcher auf, und ein freundliches Stück einer Kugel – verbraucht, aber noch heiß von seinem scharfen Flug – fiel sanft in meinen Schoß und versengte leicht die Falte meines Mantels, in der es Platz fand. Dann ließen wir das Stutennest hinter uns und alles wurde wieder ruhiger.

„Nur ein paar Minuten später, und noch bevor mit der Arbeit begonnen worden war, wegen der wir gekommen waren, nahm K... durch sein Glas einen Zepp in die Hand und begann, mir telefonisch über den Fortschritt zu berichten. Zuerst flog es sehr hoch, zweifellos um beim Überqueren unserer Linien über dem Geschützfeuer zu bleiben. Sobald es vorbei war, wurde es jedoch schnell heruntergefahren, wahrscheinlich, wie K. vorgeschlagen hatte, mit dem Ziel, die verfolgenden Flugzeuge in leichte Reichweite der deutschen „Archies" zu locken. Wenn das der Plan war, war er überaus erfolgreich; denn K – berichtete sofort, dass einer unserer „Verfolger" in Flammen aufging, ein anderer auf unsere eigenen Linien zusteuerte und zwei oder drei andere umkehrten. Zu diesem Zeitpunkt konnte ich den Plünderer selbst sehen und bemerkte, dass er offenbar etwa 25 Grad westlich von mir abflog und bereits auf einer deutlich niedrigeren Flughöhe flog als die 12.000 Fuß, bis zu der ich gerannt war weg von den letzten Schüssen.

„Es war diese souveräne Höhe und die Tatsache, dass mein Motor genauso gut lief wie beim Start, die mich dazu bewogen, an diesem Punkt mitzumachen. Immer noch gut auf dem Laufenden, machte ich mich sofort auf den Weg, um dem zurückkehrenden Verschwender den Weg abzuschneiden. Ein oder zwei Minuten lang erkannte der Zepp mich entweder nicht als „Feind" oder ignorierte mich völlig. Aber plötzlich war eine starke Beschleunigung seiner Motoren zu erkennen, und einen Moment lang glaubte ich, dass er mich zu einem Kletterwettbewerb herausfordern würde, normalerweise der erste Zufluchtsort eines Zepp . Aber ein paar Sekunden später hatte es seinen Kurs um fast einen halben Quadranten geändert und flog mit Höchstgeschwindigkeit davon, während es gleichzeitig begann, in einem Winkel von etwa zehn Prozent oder fünfhundert Fuß pro Meile zu sinken . Der Trick – mich über eine verborgene Linie von „Archies" in diese Richtung zu locken – war offensichtlich; Aber ich hatte eine Höhe von gut dreitausend Fuß, hatte die Kraft zu brennen und war darüber hinaus für einen Moment tief von dem „Luftgott"-Käfer gebissen, von dem ich gesprochen habe. Es erschien mir so selbstverständlich, dass ich Zepps jagen sollte , wie dass ein Foxterrier Hühner jagen sollte. Ohne weiter nachzudenken, nahm ich die Herausforderung an und machte mich auf die Suche nach der rasenden „Wurst".

„Es kam mir wirklich nie in den Sinn, die Sache mit K... zu besprechen, aber als Trumpf, der er war, zeigte er nie durch Worte oder Zeichen, dass der Kampf gegen Luftschiffe nicht in unseren Befehlen enthalten war. Auch er brachte das Spiel sofort auf den Kopf.

„„Waffen wahrscheinlich in der dichten Baumgruppe am kleinen Teich', sagte seine ferne Stimme am Telefon. „Fängt ihn am besten so weit wie möglich auf dieser Seite." Einer seiner Motoren ist stark defekt und er fährt nicht sehr schnell."

„Da ich eine Viertelstunde statt ein paar Minuten Zeit hatte, um zu arbeiten, wäre ich lieber auf einem vergleichsweise hohen Niveau geblieben und nur zum Abwerfen meiner Bomben in einem Winkel abgesunken, der mich ziemlich ferngehalten hätte der Reichweite der Geschütze des Zepp . Aber K—s Warnung war zu ernst, als dass man sie ignorieren konnte, und in diesem Fall war der schnellste Weg auch der einzige Weg. So wie es war,

war es fast ein Sturzflug, und ich fuhr die erste Hälfte davon mit weit geöffnetem Gas. Wir kamen so schnell auf den Zepp , dass es fast so aussah, als hätte ein Riese den großen Gassack in die Hand genommen und ihn auf uns geworfen.

„Das Prasseln der Maschinengewehrkugeln war nur für ein oder zwei Sekunden zu hören – es war nicht anders als beim Gehen über einen Rasensprenger – und hat, soweit ich sehen konnte, keinen Schaden angerichtet. Dann schoß ich, eiskalt angesichts der bevorstehenden Arbeit, direkt entlang des gelben Rückgrats des Luftschiffs und ließ ein paar Bomben abfeuern, bevor mich meine enorme Geschwindigkeit über mein Ziel hinaus trug.

„Jetzt brach um mich herum ein perfekter Schrapnellschwall heraus – die Rauchbüschel ließen die noch entfernte Baumgruppe wie ein Baumwollfeld aussehen – und fast im selben Moment gab es einen starken Luftzug von unten. Die Maschine schwankte einen Moment lang schwindlig auf einer Flügelspitze, und ich schaffte es gerade noch, sie wieder aufzurichten, um eine Hand freizubekommen, um den Schwanz von K—s Mantel zu packen, als er, offensichtlich bewusstlos, anfing, über die Seite zu taumeln. Ich glaube nicht, dass ich mich wirklich daran erinnern kann, dass es mir überhaupt gelungen ist, ihn wieder auf seinen Platz zu bringen.

Zepp noch einmal genau anzusehen ; Ich weiß nur, dass es schnell abstieg, wenn auch offenbar nicht völlig außer Kontrolle. Meine Maschine, obwohl sie so stark zerschossen war, schien immer noch viel „Kick“ übrig zu haben, obwohl der Benzingeruch in der Luft kein ermutigendes Zeichen dafür war, dass ihre „Vitalität“ anhalten würde. Der Schwung meines Abstiegs brachte mich schnell aus der Reichweite dieser boshaften, aber isolierten kleinen Batterie von „Archies“ – glücklicherweise auch genau in die Richtung, in die ich gehen wollte.

„Kurz bevor ich über den Zepp flog – es war, während die Maschinengewehrkugeln noch prasselten, wie ich mich seitdem erinnere – rief mich K an und sagte mir die Kompasspeilung des nächstgelegenen Punktes der niederländischen Grenze und sagte etwas darüber Unsere einzige Chance, wenn etwas schiefgehen sollte. (Dass sie bei ihm bereits „schiefgelaufen“ waren, ließ er nicht erkennen.) Seltsamerweise waren die Zahlen in meinem Kopf hängengeblieben, und in diese Richtung scherte ich aus, sobald die Maschine wieder auf ruhigem Kiel war. Es war nicht weit, dem Himmel sei Dank, und teils gleitend , teils dank der Kraft dieses tapferen kleinen halbgeladenen Motors schaffte ich es irgendwie, lange genug mitzuhalten, um über den obersten Draht des Begrenzungszauns hinwegzukommen und mich dort zu einem Haufen aufzutürmen der gastfreundliche Schlick des guten alten Holland.“

Ein Dutzend Fragen schossen mir nacheinander über die Spitze meiner eifrigen Zunge, und die alte „Streichholzdame", die während Hornes gleichmäßiger Erzählung friedlich geschnarcht hatte, bewegte sich und murmelte gereizt über die ungewöhnliche Störung. Aber Horne, der aufstand und seine steifen Gelenke bewegte, versuchte, alles in einem einzigen Atemzug zu beantworten.

„Ich weiß nicht, wie viel Schaden dem Zepp zugefügt wurde oder ob ich oder die ‚Archies' der Hunnen es waren, die es angerichtet haben. K—— starb zwei Tage später in einem niederländischen Krankenhaus, ohne das volle Bewusstsein wiederzuerlangen. (Es war eine Kugel aus einem der Maschinengewehre des Zepp, die ihm geholfen hat.) Ich kann Ihnen nicht sagen, wie ich es geschafft habe, aus Holland herauszukommen; und" – als aus Charing Cross ein leiser Pfiff ertönte und ein verdecktes Auge vorsichtig aus dem schwarzen Schuppen spähte – „fahren die Züge wieder; Wir können also davon ausgehen, dass der kleine Besucher, den wir beobachtet haben, jetzt über der Nordsee ist und auf dem Weg nach Hause ins Bett ist. Ich denke, es ist höchste Zeit, dass wir diesem guten Beispiel in letzterem Punkt folgen. Gute Nacht und süße Träume, Mutter." Und er nahm meinen Arm und begann, mich zurück zum Strand zu steuern, um einem Taxi aufzulauern.

Horne ist jetzt seit einem Monat wieder bei der Arbeit, und soweit ich gehört habe, ist kein Pech mehr aufgetreten. Letzte Woche traf ich einen anderen Freund aus Argentinien – einen Arzt, der zurückgekehrt war, um beim Roten Kreuz „seinen Beitrag zu leisten". „Horne hat mit seinem Fliegen einen brillanten Erfolg erzielt", sagte er; „Hat er dir etwas von seinen Heldentaten erzählt?"

„Nur ein wenig über einen Zusammenstoß mit einem Zeppelin", antwortete ich, „und dazu kaum Einzelheiten."

jemandem erzählt hat . Doch die niederländische Patrouille schwört, dass er in Holland mit dem Zipfel seines halbtoten Beobachtungsoffiziersmantels zwischen den Zähnen ankam (das Einzige, was den Kerl davon abhielt, herauszufallen); und es gibt auch allen Grund zu der Annahme, dass es seine Bomben waren, die diesen Zepp zum Absturz brachten und ihn auch schwer in die Luft jagten. Jeder von ihnen würde ihm alles vom Militärkreuz bis zum VC bringen, wenn er auch nur die schlichte, ungeschminkte Geschichte davon erzählen würde. Doch der weltfremde Idiot fasste seinen Bericht so verflixt unverbindlich zusammen, dass sein Kommandant einfach nichts davon halten konnte. War in seiner jetzigen Form kaum ausreichend, um in den Depeschen erwähnt zu werden, geschweige denn, um ihm eine Auszeichnung zu verleihen. Seltsame Sache, aber sie sagen, sie hätten die gleichen Probleme mit einigen der fliegenden

Kerle gehabt. Scheint eine Art Kult bei ihnen zu sein. Ich kann auch nicht sagen, dass es ganz schlecht ist."

Haie der Luft

Der Seeangriff, der Landangriff, der Luftschiffangriff – das war das Trio von Schreckgespenstern, unter deren Bedrohung Großbritannien, das seit tausend Jahren nicht angegriffen und fast nicht bedroht war, sich bei Ausbruch des Krieges unruhig bewegte und ängstliche Augen auf das Blei richtete Nebelvorhang, der die Nordsee verschleierte. Dann schnappte die Bulldogge der Marine nach ein oder zwei zögerlichen Schnappschüssen in einen immer fester werdenden Würgegriff, und mit dem erlöschenden Keuchen der deutschen Seemacht verschwand die Bedrohung durch See- und Landangriffe für immer. Was England betraf, blieb Deutschland nur der Luftweg offen; Es blieb nur die Bedrohung durch den Zeppelin.

Und als sich die Wochen zu Monaten verlängert hatten und der Sommer dem Herbst und der Herbst dem Winter gewichen war, ohne dass die Bombardierung vom Himmel drohte, verlor der Name Zeppelin für den sturen Briten, der gerade erst erwachte, die Tatsache, dass er es war, kein Interesse mehr hatte eine gewaltige Aufgabe jenseits des Meeres zu erfüllen. Die anhaltende Immunität löste Verachtung aus, und selbst die vorauseilenden Hilfen im Frühjahr 1915 konnten London nicht aus seiner teilnahmslosen Ruhe aufrütteln. Im Hochsommer zeigte sie Anzeichen, dass ihr das ganze Thema langweilig wurde, und die himmelschreienden Possen der Komiker in ihren überfüllten Konzertsälen wurden von den Zuschauertribünen mit Gähnen begrüßt. Sie wurde langsam ungeduldig wegen ihrer dunklen Straßen, und launische „Pro Bono Publicos " schrieben an die Zeitungen und forderten mehr Beleuchtung und eine allgemeine Rückkehr zum „Business as Usual".

Anschein der Bereitschaft auf . Die sogenannten Flugabwehrgeschütze – eigentlich eine unscheinbare Ladung Geschütze, die übrig blieben, nachdem das leistungsstärkste der wenigen verfügbaren Geschütze für den Einsatz in Frankreich, an der Küste oder bei der Marine requiriert worden war – verfügten immer noch über eine Besatzung von halb ausgebildete Amateure, und die goldenen Strahlen der Suchscheinwerfer wirbelten und senkten sich weiter und machten Knickse in ihren nächtlichen Menuetten. In den Kunstgalerien und Museen standen Eimer mit Wasser und Kisten mit Sand für den Notfall bereit, und auf den Werbetafeln gaben auffällige Plakate mit akribischer Deutlichkeit Anweisungen, wie man sich verhalten sollte, wenn in seiner Nähe Zeppelinbomben zu regnen begannen. Beim ersten Anblick eines feindlichen Luftschiffs, so wurde uns gesagt, sollten wir uns sofort in den nächstgelegenen Keller begeben, und für den Fall, dass ein schmerzendes Gefühl in den Nasenlöchern die Freisetzung schädlicher Gase anzeigte, sollten Mund und Nase mit einem feuchten Tuch bedeckt werden

Verband, der eine Schicht aus kohlensaurem Natron enthält. Einige der Apotheken stellten in ihren Schaufenstern patentierte Anti-Gas-Atemschutzgeräte aus, aber keine gab zu, jemals eine Anfrage dafür gehabt zu haben.

„Wir müssen einen Krieg führen. Zepps ist kein Krieg; Fergit sie . _ So fasste ein Londoner Busschaffner die Situation für mich zusammen und schien die Mehrheit seiner Mitbürger aller Schichten genauso zu fühlen.

Dies war, was die Zeppeline betrifft, der Geist von „London und den Eastern Counties" – um den offiziellen Ausdruck zu verwenden –, als der Sommer 1915 zunahm und zu schwinden begann. Wie dieser Geist den schwierigen Ereignissen der folgenden Monate begegnete, möchte ich anhand einiger Auszüge aus meinem Tagebuch zeigen. Aus Rücksicht auf die Wünsche der britischen Zensur wurden die Namen mehrerer Punkte in London leicht geändert.

ICH

An Bord der Yacht –
unterwegs von
Wroxham Broad nach Hickling Broad.

August-.

Wir sind gestern entlang des Flusses und des Kanals gesegelt und gerudert und haben am Nachmittag an dieser Stelle, die nur ein oder zwei Meilen von der Nordsee entfernt ist, am Ufer festgemacht. Die Morgenzeitungen, die wir aufsammelten, als wir durch das kleine Dorf Potter Heigham fuhren , enthielten eine offizielle Meldung über einen Zeppelinangriff auf die „Eastern Counties" in der Nacht zuvor; und später am Tag wurde uns mitgeteilt, dass Lowestoft , der große Trawlerhafen etwa zwanzig Meilen südöstlich, schwer bombardiert worden war. Ein zweiter Überfall in dieser Gegend schien daher alles andere als wahrscheinlich.

Der Nachmittag endete mit einer dieser charakteristischen Schmetterlingsjagden mit Sonnenschein und Schauern, die dem August-*Voyageur* auf den Broads so vertraut sind, und als wir nach dem Abendessen entspannt an Deck saßen, hatten wir die dämmernde Flugzeugpatrouille beobachtet , die sich als schwarze Silhouette vor dem leuchtenden Westen abzeichnete Wolken, fliegen von Yarmouth nach Norden, um seinen Kollegen aus den Cromer-Hangars zu treffen. Eine halbe Stunde später erzählte uns das scharfe Stakkato seines Motors und nicht sein verschwommenes Bild vor dem verblassenden Nachglühen von seinem Heimflug.

Gut zwei Stunden, nachdem das Dröhnen des Flugzeugmotors verstummt war, wurde ein seltsames neues Geräusch hörbar, zunächst aus der Ferne, in den Stößen der immer stärker werdenden Nachtbrise, bald schon deutlicher und mit stetiger Beharrlichkeit. Offenbar waren es die dröhnenden Explosionen leistungsstarker Gasmotoren, und plötzlich war, vermischt mit diesen, ein summendes Klackern zu hören, das an surrende Propeller erinnerte.

„Noch ein Flugzeug ", schlug einer vor. „Eine Flotte von Flugzeugen ", riskierte ein anderer. „Eine lenkbare Dreschmaschine", meinte ein Dritter. Und dem mittlerweile fast überwältigenden Geräuschrausch nach zu urteilen, kam Letzteres der Wahrheit am nächsten.

Das ganze Universum schien sich in ein einziges mächtiges Brüllen aufgelöst zu haben, und ich erinnere mich deutlich daran, dass das Fall des Großsegels, an dem ich mich festhielt, im Takt des pulsierenden Grollens von oben vibrierte. Für einen Moment – eher spürend als sehend – war ich mir einer großen schwarzen Masse bewusst, die die Sterne über dem Fluss verdunkelte , und dann sprang der gelbe Blitz eines Suchscheinwerfers aus der düsteren Leere hervor und durchbohrte die Dunkelheit wie ein flammendes Schwert rannte in schnellen Zickzackkursen über die Sümpfe und Kanäle darunter hin und her. Jetzt konnte man sehen, wie eine Herde Kühe benommen auf die Beine kam, jetzt waren die erschrockenen Bridgespieler auf dem Deck des darüber vertäuten Hausboots zu erkennen, und jetzt blinzelten unsere eigenen Augen blind im gelben Glanz, bevor der suchende Schacht weiter das Wasser hinunterschoss Fluss, um eine Hütte eines Aalfischers auf dem Deich und das dürre Gerüst einer hoch aufragenden holländischen Windmühle dahinter ins Rampenlicht zu rücken.

Jetzt fand es die scharfe, rechtwinklige Biegung des Flusses, zitterte dort ein oder zwei Sekunden lang und blitzte dann auf, wobei eine noch leerere Schwärze zurückblieb. Fast im selben Moment schoss das „Ding des Schreckens" – eine rasende Masse dröhnender Motoren und klappernder Propeller – über uns vorbei, gefolgt von einer wirren Welle widersprüchlicher Luftströmungen. Es floss geradewegs über die Mitte des Flusses in einer Höhe von nicht mehr als 300 Fuß, und unter seiner undeutlich vermuteten Masse zeichneten helle Risse und Lichtquadrate, unterbrochen von den Schatten sich bewegender Männer, die Linien zweier darunterliegender Wassermassen Autos. Ein Zeppelin war fast nur einen Steinwurf entfernt vorbeigeflogen.

Kaum hatte man die Flussbiegung erreicht, sprangen die Lichter des Wagens steil nach oben, und nach ein paar Minuten wurde das Dröhnen der Motoren zu einem fernen Summen und verstummte völlig. Es vergingen zehn Minuten, in denen der alte Aalfischer seine Reusen weiter über den Fluss spannte und die Hausbootfahrer ihre unterbrochene Brücke wieder aufnahmen. Dann blitzte am Himmel ein rotes Signallicht in Richtung Yarmouth auf, und fast im selben Moment ertönte klar und scharf das Geräusch wütenden leichten Artilleriefeuers. Dies dauerte nur ein oder zwei Minuten, und es dauerte noch einmal acht oder zehn Minuten, bis ein noch weiter entferntes Geräusch von Schüssen schwach hörbar wurde. Das Knallen dieser letzten Schüsse wurde plötzlich von einem schweren Knall übertönt, dem schnell ein weiterer und noch einer und noch einer folgte, bis ein Dutzend oder mehr erklangen. Dann herrschte wieder die friedliche Stille des frühen Abends.

Der Aalfischer war damit fertig, seine Fallen zu versenken, bevor er die Gangway der Yacht hinaufpaddelte und eine beiläufige Frage wagte, ob wir „ Chance hatten, den Zepp zu sehen " oder nicht. „Er mach das mal vorher ", zwitscherte er. „'Er bekommt die Richtung von 'e' riv'r ' und dann 'fliegt fu No'ich o' Ya'muth . Ich denke , wenn er wüsste, dass dieses Auerhahnmoor lange her ist Tu Ser Edderd Grey, er hat es im Laufe der Zeit bombardiert ."

Heute Morgen haben die Londoner Zeitungen die Meldung über einen weiteren Überfall auf die „Eastern Counties" mit vielen Opfern; außerdem ein Bericht darüber, wie ein Zeppelin in der Nordsee abstürzte und von Flugzeugen aus Nieuport zerstört wurde .

II

LONDON , September —.

Die gestrigen Zeitungen enthielten den üblichen Bericht über einen Luftangriff auf die „Eastern Counties", und im Laufe des Tages ging das Gerücht um, dass es sich dabei um einen Bombenangriffsversuch auf das Arsenal von Woolwich gehandelt habe. Heute Morgen mussten sie endlich „und London" zur regulären Formel hinzufügen, da letzte Nacht zum ersten Mal Bomben auf das Herz der Stadt abgeworfen wurden und sieben Millionen Menschen die gesamte Aufführung verfolgten. Es kam ihrem versprochenen „großen Überfall", den die Deutschen bisher durchgeführt haben, am nächsten, und heute scheint London – zur Verteidigung des Großraums, in dem zum ersten Mal seit vielen hundert Jahren wieder Kanonen abgefeuert wurden – dies zu tun haben eine Art informellen Halburlaub ausgerufen, um die Konsequenzen zu erkennen.

Für die Londoner scheint ein Zeppelin-Angriff ein gutes Geschäft wie der paradoxe „Mann-sitzt-auf-der-Nadel"-Witz zu sein – am witzigsten ist er für diejenigen, die nicht verstehen, worum es geht. Für diejenigen, die in der Schneise des Überfalls sind, wie derjenige, der auf der Fahne sitzt, ist das alles andere als eine lächerliche Angelegenheit. „Aber der Streifen des Angriffs ist so schmal, London so breit; Die Getöteten so wenige, die Londoner so viele. Wenn das das Schlimmste ist, was die Hunnen tun können, dann machen Sie weiter mit ‚Business as Usual‘.“ Es lässt sich nicht leugnen, dass dies den Geist Londons verkörpert – auch wenn es um seine Toten trauert – am Tag nach dem ersten großen Luftangriff der Geschichte. Für mich selbst muss ich zugeben, dass ich der Nadelspitze etwas zu nahe war und seitdem viel zu viele der „Nadelstiche“ gesehen habe, um die Ablenkung ganz vom Standpunkt der großen Mehrheit aus betrachten zu können.

Die letzte Nacht war klar, ruhig und mondlos – ideale Zeppelin-Bedingungen – und als ich um acht Uhr von meinem Hotel zum Kolosseum ging, bemerkte ich, dass die Suchscheinwerfer die Himmelskuppel mit ihren gewobenen Bändern in ein einziges großes Kaleidoskop verwandelten Helligkeit. Die Aufwärmübung war beendet, als ich den Musiksaal betrat, und als ich am Ende des „Top-Liners“-Auftritts nach Hause zurückkehrte, suchte ich mir im Licht der Sterne und den diffusen Lichthöfen dessen, was einmal gewesen war, meinen gefährlichen Weg Straßenlaternen. Um Viertel vor elf lag ich im Bett, und nur wenige Augenblicke später drang der ferne, aber unverkennbare Knall einer Bombe an mein ungepolstertes Ohr. Mit einem Satz war ich an meinem nach Osten gerichteten Fenster, und einen Augenblick später wurde der undurchsichtige Vorhang der Nacht von den erwachenden Suchscheinwerfern in Stücke gerissen.

Ein oder zwei Minuten lang schienen sie alle blind und groß über den leeren Himmel zu taumeln, und dann schwenkten sie, geleitet von den bevorstehenden Explosionen, einer nach dem anderen nach Osten und konzentrierten sich auf einen großen Lichtkegel, wo zwei oder mehr Drei schlanke Splitter von lebhafter Helligkeit glitten über den trüben Massen der Kuppeln und Türme der „Stadt“ näher.

Schnell, unaufhaltsam und unerbittlich kamen diese kleinen blassgelben Tupfer auf und trugen wie durch eine Art magnetische Anziehung die Spitze des Kegels mit sich, der von den konvergierten Strahlen der Suchscheinwerfer gebildet wurde. Näher und lauter erklangen die Detonationen der Bomben. Jetzt explodierten sie in Salven von Dreien und Vierern; jetzt einzeln in Abständen, aber nie mehr als ein paar Sekunden dazwischen. Dem Geräusch der Explosion ging immer ein greller Lichtstrahl voraus, dem in den meisten Fällen der schnelle Sprung der Flammen gegen die Skyline folgte. Viele dieser Brände erloschen schnell, manchmal aus Mangel an Brennstoff, wie in einem steingepflasterten Hof; häufiger durch die Überwältigung durch die Feuerwehrleute, deren Motoren man zu Dutzenden durch die Straßen scheppern hörte, andere wurden heller und breiteten sich aus, bis die gelben Strahlen der Suchscheinwerfer vor dem immer stärker werdenden Schein des östlichen Himmels verblassten.

Das hölzerne Klappern der Propeller der Angreifer drang ungefähr in dem Moment zu meinen Ohren, als die glitzernde Spur der Zündschnur einer Brandbombe vor dem Vorsprung eines vertrauten Turms ungefähr den Angriffswagen lokalisierte, der sich jetzt etwa eine halbe Meile entfernt befand entfernt. Danach geschahen die Dinge so schnell, dass meine Erinnerungen, obwohl sie fotografisch lebendig sind, etwas unzusammenhängend sind. Mein letzter „ruhig kalkulierender" Akt bestand darin, eines der entgegenkommenden Luftschiffe – damals etwa fünfundzwanzig Grad direkt über mir – zwischen Daumen und Zeigefinger meiner ausgestreckten rechten Hand zu vermessen, wobei diese, bis zum Äußersten ausgestreckt, das Bild deutlich einrahmten perspektivisch verkürzter Gassack mit etwa einem halben Zoll übrig.

Bis zu diesem Moment schien es so, als würde die fast unveränderliche Fluglinie der herannahenden Zeppeline sie ebenso wahrscheinlich auf die eine Seite meines Aussichtspunkts tragen wie auf die andere; das heißt, es *schien* nicht unwahrscheinlich, dass sie direkt über ihnen hinwegfliegen würden. An diesem Punkt kam mir, nicht unnatürlich, der Gedanke, dass der Keller – zumindest für die nächsten ein oder zwei Minuten – meinem Fenster im obersten Stockwerk weitaus vorzuziehen wäre, außer zu Beobachtungszwecken. Bevor ich diesen willkürlichen Impuls jedoch in die Tat umsetzen konnte, blinkte ein kleines, aber helles Licht zwei- oder dreimal unterhalb des führenden Luftschiffs, und ein oder zwei Punkte wurden im Kurs geändert, mit dem möglichen Zweck (der mir inzwischen eingefallen ist). Ich hatte die Möglichkeit, etwa eine halbe Meile weiter nördlich über die große Gruppe miteinander verbundener Bahnhöfe zu schwenken. Das bedeutete, dass die Schneise der Bomben mindestens hundert Meter nordöstlich abgeschnitten werden würde, und ich blieb, getrieben von der Faszination des sich abspielenden Spektakels, an meinem Fenster.

Während der nächsten halben Minute fielen die Bomben einzeln im Abstand von drei bis vier Sekunden. Dann blitzte das blinkende Licht unter dem Anführer erneut auf – wahrscheinlich der Befehl zum „Schnellfeuer" – und unmittelbar danach verlängerten sich unter jedem der beiden Luftschiffe eine Reihe stotternder Feuerspuren – nicht unähnlich den Spuren von Meteoriten. (Ich könnte erklären, dass ich zu keinem Zeitpunkt mehr als zwei Zeppeline gesehen habe, obwohl einige behauptet haben, drei gesehen zu haben.)

Unmittelbar nach dem Abwurf der Bomben verliefen die Schusslinien in einer Vorwärtskurve, doch ab etwa der Hälfte der Höhe verlief der Fall nahezu senkrecht. Als sie sich der Erde näherten, wurde das Zischen der Luft – ähnlich, aber nicht so laut wie das Kreischen einer Granate – hörbar, und ein oder zwei Sekunden später waren der Blitz der Explosion und der rollende Knall praktisch gleichzeitig zu hören.

Zwischen acht und einem Dutzend Bomben fielen auf einer Länge von fünf Blocks und in einer Entfernung von ein bis dreihundert Metern von meinem Fenster, wobei sich das Echo einer Explosion mit dem Knall der nächsten vermischte. Links und rechts klirrten Glasscherben, und ein Schiefersplitter vom Dach zersplitterte auf meinem Balkon. Das bemerkenswerteste Phänomen war jedoch der Luftstrom von der Explosion bzw. zur Explosion hin. Bei jeder Detonation beugte ich mich instinktiv nach vorne und bereitete mich auf einen Schlag auf die Brust vor, und siehe da – er landete auf meinem Rücken. Dieselbe geheimnisvolle Kraft drang in meine halb verriegelte Tür ein, und aus offenen oder zerbrochenen Fenstern strömten alle Vorhänge entlang einer Seite der quadratischen Vorhänge nach außen. (Ich habe mich im Moment nicht hingesetzt und über die Frage nachgedacht, aber das Phänomen lässt sich leicht dadurch erklären, dass die Luft aus der unteren Ebene angesaugt wird, weil die Kraft der in Zeppelinbomben verwendeten Sprengstoffe immer nach oben wirkt Füllen Sie das so entstandene Vakuum. Dies erklärt auch die Tatsache, dass das gesamte von den Angreifern zerbrochene Fensterglas auf die Gehwege und nicht in die Räume gefallen ist.)

So gewaltig das Spektakel der langen Feuerreihe war, die sich aus dem Blickfeld bis zur Stadt und darüber hinaus erstreckte, lässt sich nicht leugnen, dass die Zeppeline selbst das dominierende Merkmal des Höhepunkts des Überfalls waren. Vielleicht ermutigt durch das Ausbleiben von Schüssen, verlangsamten sie ihre Abschiedssalve, so dass sie fast „schwebten“, als die Bomben gegenüber meinem Aussichtspunkt abgeworfen wurden. Strahlend beleuchtet von den Scheinwerfern, deren Strahlen sich unter ihnen wie die Bänder eines Maibaumtanzes bewegten, zeichneten sich die klaren Linien ihrer dürren Gerüste wie Flachreliefs aus gelbem Wachs ab. Hin und wieder schoss einer von ihnen heftig nach oben, wahrscheinlich beim Abwurf einer schweren Bombe, aber die Bewegung, die von Rudern und Flugzeugen gesteuert wurde, hatte viel von der Leichtigkeit des Pfeils eines großen Fisches. Tatsächlich lag in der geschmeidigen Anmut dieser schlanken gelben Körper, in den schnellen Schwankungen und Aufrichtungen , in den kraftvollen Führungsbewegungen dieser aufklappbaren „Schwänze“ eine starke Andeutung von etwas seltsam Vertrautem und auf einmal das Bild eines hageren „Mannes“. -Fresser“, der sich furchtbar zielstrebig unter den Kiel eines Südsee-Perlfischers schob, kam mir in den Sinn, und die Worte „Haie! Haie der Lüfte!“ sprang an meine Lippen.

Während die Plünderer immer noch mit bloßem Steuerdeck und zur Schau gestellter Verachtung umherschwebten, wurde der aus unerklärlichen Gründen verzögerte Feuerbefehl an die Geschütze herumgereicht, und – wie ein Rudel Hunde, die den Mond anbellten, und mit kaum größerer Wirkung – kam Londons „Luftverteidigung“ zum Einsatz Aktion. Alles, von

Maschinengewehren bis hin zu Drei- und Vier-Zoll- Gewehren – keines von dem, was für den Flugabwehreinsatz gebaut wurde – lieferte sein Bestes. Die Kugeln und Granatsplitter gingen hoch, und sie fielen wieder nieder, auf die Dächer und Straßen Londons. Weit, weit unter den verächtlichen Luftschiffen schossen die kleinen Sterne aus berstenden Granatsplittern in boshafter Ohnmacht ihre Stahlgeschosse aus, und zurück regneten sie auf die Fliesen und das Kopfsteinpflaster.

Plötzlich ertönte ein grimmigeres Knurren aus der jaulenden Meute, als die Kanoniere eines zuvor abgefeuerten Geschützes den Befehl erhielten, sich dem Angriff anzuschließen. Beim ersten Schuss durchbohrte ein Sternenstrahl die Nacht im Heck des zweiten Luftschiffs und befand sich genau auf einer Linie mit diesem. ein zweiter explodierte ziemlich darüber; und dann wurde mir plötzlich bewusst, dass die Scheinwerfer auf eine anschwellende weiße Nebelwolke fielen, die sich nach Nordosten hinzog. Der Zeppelin hatte sich offenbar vom Buch des Tintenfischs abgeschaut.

Das Klirren der Splittergeschosse auf dem Dach schickte mich zu diesem Zeitpunkt hinunter, um mich der Versammlung meiner Mitgäste im Erdgeschoss anzuschließen, wo ich froh war, als der Manager darauf aufmerksam machte, dass meine Knie vor Kälte zitterten Ich nehme die Leihgabe seines Mantels in Anspruch. Ich war nicht ohne Verständnis dafür, wie feinfühlig er das unbestreitbare Schauern in meinem Körper auf die Kälte zurückführte, und ich habe mir noch nicht ganz klar gemacht, inwieweit die kühle Nachtluft, in einer verdrehten und verkrampften Haltung zu stehen, um nach oben zu schauen, inwieweit es war , und purer Funk war dafür mitverantwortlich.

Ich war mehrere Male unter Granatenbeschuss, und ich gestehe ganz offen, dass ich mich noch nie annähernd so „panisch" gefühlt habe wie während dieser langen halben Minute, in der die Luftschiffe mit Sicherheit direkt über mir vorbeiflog. Die Erklärung hierfür liegt meines Erachtens in der Tatsache, dass man sich in den Schützengräben oder in einer Festung, die unter Beschuss steht, unter kühlen, entschlossenen und oft gefühllosen Männern befindet, die das Erwartete als Teil des Geschehens erfüllen die Arbeit des Tages, während man bei einem Zeppelinangriff mehr oder weniger unbewusst von der Unerwartetheit und dem ganz natürlichen Schrecken der unerfahrenen Nichtkombattanten betroffen ist. Zu sagen, dass in der unmittelbaren Umgebung des Streifens, in dem die Razzia gestern Abend stattgefunden hat, keine sehr ansteckende Art von Terror „in der Luft" lag, hieße jedenfalls, etwas zu sagen, das nicht auf meine eigene Nachbarschaft zutrifft .

Sobald das Feuer aufhörte, schlüpfte ich in meine Straßenkleidung und eilte hinaus. Ich erreichte den „Platz" etwa zehn Minuten, nachdem die letzte

Bombe gefallen war. An den weißen, ängstlichen Gesichtern an Straßentüren und Kellergittern konnte man erkennen, dass der Schrecken immer noch brodelte, doch die wachsende Stimmung war in den überflüssigen Ratschlägen zu erkennen, die die „Boots" am Eingang eines Hotels einem beleibten und nicht unteutonisch aussehenden Mann zuriefen Herr, der unter einer Straßenlaterne schnaufte.

„Es hat keinen Zweck , sich zu beeilen , Herr", zwitscherte der junge, unbändige Mann. „Der letzte Zepp für Berlin ist gerade abgezogen."

Am Ende eines Blocks knirschte unter meinen Füßen bei jedem Schritt Glas, und wenige Augenblicke später befand ich mich direkt auf der Spur des Überfalls. Durch einen seltsamen Zufall – es ist unmöglich, dass es absichtlich passiert ist – war der letzte heftige Bombenregen auf den einen Teil Londons niedergegangen, wo die Krankenhäuser dichter sind als in jedem anderen; Und obwohl alle von ihnen fensterlos und von den Explosionen in den Straßen und auf den angrenzenden Plätzen gezeichnet waren, schien keines davon getroffen worden zu sein. Ein großes Gebäude, das ausschließlich Nervenkrankheiten gewidmet war, war ein Chaos der Hysterie, und den Krankenschwestern soll es schrecklich schwer gefallen sein, ihre Patienten in den Griff zu bekommen. Aus einem anderen, der an Kinderlähmung, Hüftkrankheit und anderen Kinderleiden erkrankt war, ertönte ein jämmerlicher Chor aus Wehklagen in Babysängen. Die anderen Krankenhäuser, darunter ein oder zwei ausländische, schienen ihren Teil der Hilfsarbeit stillschweigend fortzusetzen und die Opfer so schnell wie möglich aufzunehmen und zu versorgen.

Abgesehen von ein paar breiten Flammen in Richtung der Stadt und einem bunten Flammengeysir aus einer kaputten Gasleitung im nächsten Häuserblock waren die Feuer wie durch Zauberei verschwunden, ebenso wie die meisten Orte, an denen in dieser Gegend Bomben abgeworfen worden waren konnte nur anhand der kleinen Menschenansammlungen vor den vergitterten Türen oder indem man einer Schlauchleitung folgte, die von einem Motor ausging, lokalisiert werden.

Abgesehen davon, dass gelegentlich eine überdachte Trage zu einem wartenden Krankenwagen getragen wurde, waren kaum Tote und Verletzte zu sehen; Und wenn es nicht eine zufällige Begegnung mit einem Freund gegeben hätte, der ehrenamtlich als Chirurg tätig war, wäre es mir überhaupt nicht gelungen, einen intimen Einblick in die düsterere Seite des Überfalls zu erhalten. Ich drängte ihn an eine Absperrung, wo die Menschenmenge aus einem zerbombten Mietshaus zurückgehalten werden sollte, und er drängte mich sofort zum Dienst.

„Sie versuchen, ein paar Kinder im zweiten Stock aufzuspüren. Vier davon – alle in einem Raum", erklärte er. „Zwei Stockwerke höher sind sie überrannt worden. Alle waren am Ende, und ich bin auf der Suche nach etwas Brandy, um sie aufzumuntern. Du bist frisch. Nehmen Sie diese Armbinde und sagen Sie es der Polizei an der Tür, die ich Ihnen geschickt habe."

Das kleine khakifarbene Band mit den Buchstaben ging an der Polizeiabsperrung an mir vorbei, und ich befand mich im von Laternen erleuchteten Flur eines klapprigen Backsteingebäudes, wie man es vor dreißig oder vierzig Jahren in London als Mietshäuser errichtete. Zwei mit Decken bedeckte Körper lagen auf dem Boden und warteten darauf, in die Leichenhalle gebracht zu werden, und ein dritter, schrecklich verstümmelt, aber noch atmend, wurde von einem Arzt hastig verbunden, bevor er ins Krankenhaus gebracht wurde. Ein Dutzend Kinder weinten in einem Raum, der zum Flur führte, und auch dort wurde eine hysterische Frau im Nachthemd, deren Gesicht und Hände blutüberströmt waren, von ein paar uniformierten Polizistinnen daran gehindert, die steile Treppe hinaufzustürmen .

Ein Feuerwehrmann, der auf dem Boden zusammengebrochen war, gab mir seine Axt, und ein spezieller Polizist mit einer Laterne führte mich die zitternde Treppe hinauf zu einer kleinen Hinterwohnung, wo mehrere Männer, die sich durch Armbinden als eine Art Freiwillige auszeichneten, daran herumhackten Trümmerhaufen , der den größten Teil eines Zimmers füllte. Vier Kinder hätten in diesem Zimmer geschlafen, erklärte der Polizist, und eines von ihnen habe man vor einiger Zeit wimmern hören. Es gab kein Licht außer einer Laterne und einer Taschenlampe, fügte er hinzu, und alle waren tot; Aber trotzdem würden sie dabei bleiben, solange die Chance bestand, dass der „Zangen" am Leben war.

Das muss irgendwo gegen Mitternacht gewesen sein, und als das erste Licht der Morgendämmerung durch die zerbrochenen Balken und Dachsparren hereindrang, erreichten wir den letzten der kleinen, verletzten Körper, die unter den *Trümmern begraben waren* . Die schreckliche Zeit dazwischen war in vielerlei Hinsicht die anstrengendste, die ich je erlebt habe. Alle paar Minuten ließen jemandes Kraft, seine Nerven oder sein Mut nach, und es gab eine schreckliche Viertelstunde, in der wir alle eine Pause einlegen und dabei helfen mussten, die nun völlig verrückte Mutter festzuhalten, die irgendwie aus dem Zimmer darunter entkommen war. Als Belohnung stellten wir fest, dass das jüngste Kind atmete und dies nach Angaben des Arztes möglicherweise noch mehrere Stunden tun würde. Seine beiden Brüder und seine Schwester waren beim ersten Absturz gnädigerweise völlig ums Leben gekommen.

Ich habe das Vorstehende nach ein paar Stunden Schlaf geschrieben; Dann ging er hinaus und verbrachte den Rest des Tages damit, die Räuber zurückzuverfolgen. Da die Schneise größtenteils durch die Miets- und Slumviertel des East End geschlagen wurde, war der Sachschaden nicht groß, aber aus dem gleichen Grund muss der Verlust an Menschenleben beträchtlich gewesen sein. Hier und da waren erbärmliche kleine Beerdigungen zu sehen – wie man sie auf Plakaten unternehmungslustiger Leichenbestatter in Shoreditch und Whitechapel beworben sieht, die zwei Pfund zehn Schilling kosten, mit Leichenwagen und zwei Kutschen, wobei eine zusätzliche Kutsche für sogar drei Pfund hinzukommt; Dennoch war in den Menschenmengen, die von nah und fern zusammenströmten, um die Arbeit der nächtlichen Besucher von jenseits der Nordsee zu betrachten, ein bemerkenswerter Mangel an „Hass" zu beobachten.

Es ist in der Tat gut gesagt, dass der Brite ein schlechter Hasser ist, und fast der einzige Beweis, den ich sehen konnte, dass ihn die Ereignisse der letzten Nacht bewegt haben, war die erhöhte Aktivität bei der Rekrutierung. Die scharfsinnigen Behörden erkannten schnell, welchen Vorteil es hatte, bei Überschwemmung die Flut zu nutzen, und hielten Redner – sowohl Zivilisten als auch Soldaten – den ganzen Tag an den Absperrungen, wo die Menschenmengen in der Nähe der bombardierten Punkte zurückgehalten wurden, und viele bisher schwankende Freiwillige versammelten sich als Konsequenz. Hier und da versammelten sich bedrohliche Menschenmengen vor Bäckereien und Metzgereien, die deutsche Namen trugen; aber ihre Anführer waren halb betrunkene Cockney-Damen, die die stets unerschütterlichen „Bobbies" problemlos aus dem Weg drängen konnten. Nein, der Brite, der hartnäckige Kämpfer, der er ist, ist nur der gleichgültigste Hasser.

III

Vom Zeitpunkt des großen Angriffs Anfang September bis zur zweiten Oktoberwoche gab es keine einzige Nacht, in der Mond, Wind, Wolken oder eine Kombination meteorologischer Bedingungen nicht ungünstig für den Zeppelineinsatz waren, und das war auch nicht der Fall bis zu diesem Datum, an dem sie versuchten, wiederzukommen. Obwohl ich zwei oder drei der Explosionen etwas näher als zuvor war, hatte ich nicht die Gelegenheit, den Fortgang des Angriffs zu beobachten wie beim vorherigen Mal, und dieser jüngste Bombenanschlag ist mir vielleicht am meisten im Gedächtnis geblieben, da er dazu beigetragen hat, das Monumental zu erschüttern Ruhe zweier der berühmtesten und beeindruckendsten Londoner Institutionen, des „Bobby" und des Frivolity Chorus Girl. Ich wende mich wieder meinem Tagebuch zu.

Gestern Abend war ich mit meinem Freund Captain J... von der Royal Artillery im Frivolity, der gerade für eine Woche Urlaub aus Frankreich zurückgekehrt war, um einen Augenarzt aufzusuchen. Gegen halb neun kündigte der herannahende Knall schwerer Explosionen einen weiteren Zeppelin-Angriff an. Ich machte mich sofort auf den Weg zur Tür, aber J..., ein alter Londoner, zog mich am Rockschöße in meine Kabine hinunter und stellte trocken fest, dass sich direkt vor uns im Rampenlicht von Frivolity ein unendlich epochaleres Ereignis abspielte als alles, was man draußen sehen könnte.

„Wir hatten schon andere Zeppelin-Angriffe", rief er dicht an meinem Ohr, um sich über den unruhigen Trubel hinweg Gehör zu verschaffen, der das Theater erfüllte, als die Bomben immer näher rückten, „aber noch nie zuvor in der Geschichte hat der Mensch gesehen, wie der Frivolity-Chor aus seiner Fassung gebracht wurde." traditionelle Trägheit. Aber jetzt schau! Sie fallen links und rechts in Ohnmacht, und ich bin ziemlich sicher, dass M—— erst im nächsten Akt ihr Zeichen bekommt, G—— zu umarmen. „Glauben Sie mir, ich hätte nie gedacht, dass ich die Wasser dieser Quelle von Bräuten für den so verstörten britischen Adel noch erleben würde." J——s Stimme verstummte in staunender Sprachlosigkeit.

"Boom!" Diesmal war es ganz in der Nähe, und das Klappern herabfallender *Trümmer* war über dem dissonanten Heulen des mechanisch arbeitenden Orchesters zu hören. Da ich absolut nicht in der Lage war, noch länger still zu sitzen, schüttelte ich J——s fesselnden Arm ab und erreichte einen Seitenausgang, als hundert Meter die Avenue hinauf gerade zwei Bomben schnell hintereinander einschlugen. Wieder wurden mir die seltsamen Luftstöße aus der „falschen" Richtung bewusst, die ich beim vorherigen Überfall erlebt hatte. Die Scheiben der oberen Fenster zersplitterten, aber die Bruchstücke, die gegen das verstärkte Glas des Festzeltes prallten, wurden ihrer Kraft beraubt, bevor sie auf den Bürgersteig geschleudert wurden.

Auf beiden Seiten der Avenue fielen unzählige Tonnen Glas herab – allein in einem großen Eckgebäude wurden schätzungsweise 25.000 Pfund Glasscheiben zerbrochen – und es besteht kein Zweifel, dass viele getötet und verletzt wurden, weil sie unter den Glaskörpern hängen blieben Lawine.

Fast sofort fielen drei oder vier weitere Bomben hinter der Avenue, es gab ein weiteres Crescendo fallenden Glases, und dann flog ein einsamer Zeppelin – offenbar am Ende seiner Munition – nach Nordosten, verfolgt von einem einzelnen Suchscheinwerferstrahl und ein vereinzeltes Gewehrfeuer.

Nachdem der Frivolity-Chor beruhigt und wiederbelebt worden war, nahm er sein gewohntes Verhalten wieder auf und nahm den heruntergefallenen Faden der Aufführung auf, und J..., der nicht länger von dem Wunder seines Abbruchs fasziniert war, gesellte sich zu mir auf den Bürgersteig, um zu sehen, was passiert war draußen passiert. Es ist eine bemerkenswerte Tatsache, dass die große Mehrheit des Publikums, von denen sich viele nicht von ihrem Platz gerührt hatten, sich dafür entschied, zu bleiben und sich die Show anzusehen. Aus den drei gegenüberliegenden Theatern, von denen eines getroffen worden war, strömten jedoch beträchtliche Mengen. Aber nicht in der nun dichten Menschenmenge auf der Allee gab es Anzeichen einer Panik.

Als wir den Bordstein verließen, klingelte etwas an meinem Fuß. Als er es aufhob, stellte sich heraus, dass es sich um ein noch warmes Stück zerrissenen Stahls handelte, das J. sofort als Fragment der Hülle einer Brandbombe identifizierte. Es war nicht dicker als einen Achtel Zoll, aber von so hervorragender Qualität, dass es selbst beim Antippen eines Fingernagels wie eine silberne Glocke klingelte. Ein weitaus mörderischeres Fragment aus zersplittertem Metall, in das J——— ein paar Minuten später trat, war ein Stück Splitterhülse, und es besteht kein Zweifel daran, dass die Verluste durch Flugabwehrkanonen-Projektile sehr beträchtlich sind.

Die Arbeit von Polizei und Feuerwehr war noch bemerkenswerter als bei der Razzia im September. Kein einziges verräterisches Leuchten markierte den Weg, den der Zeppelin genommen hatte, und das einzige Feuer in unserer unmittelbaren Nähe war der Auslauf einer anderen durchtrennten Gasleitung. Absperrungen sperrten die Menschenmassen bereits von den Stellen ab, an denen der größte Schaden angerichtet worden war, und die Beseitigung der Toten und Verwundeten wurde schnell und zügig vorangetrieben.

Eine Bombe, die auf halbem Weg zwischen einem Autobus und einem Taxi in die Avenue einschlug, hatte einen hohen Tribut an die Passagiere beider Fahrzeuge gefordert, während die beiden Fahrzeuge, die noch aufrecht standen, dem Erdboden gleichgemacht wurden, bis ihr Aussehen dem ihres jeweiligen „Eigentums" nicht mehr unähnlich war. Gelegentlich wurden Prototypen eingesetzt, um der Inszenierung einer Straße eine Perspektive zu verleihen. Ein Dutzend oder mehr Tote und Verwundete lagen in einer Reihe vor einem Gin-Palast, der unter einer Bombe eingestürzt war; Aber soweit wir sehen oder erfahren konnten, gab es im historischen alten Theater, das getroffen worden war, kaum oder gar keine Todesopfer.

Durch einen unheilvollen Zufall landete eine Bombe in einem provisorischen Holzgebäude, das als belgisches Flüchtlingshauptquartier diente. Wie durch ein Wunder entstand jedoch kein Feuer zwischen den kleinen Bergen leicht entzündlichen Gepäcks, auf denen die Bombe explodierte, obwohl der wackelige Rahmen völlig aus der Form gesprengt wurde.

„Die , Uns Ich bin nicht zufrieden mit dem, was sie ihnen in Belgien angetan haben ", schnaubte ein empörter Bootsmann , als er das Wrack betrachtete. „Die Babymörder sollten ihnen nach Lunnon folgen ." Ich glaube, das kam dem „Hass" am nächsten, den ich in den mehreren Stunden, in denen wir uns unter die Menschenmassen auf den Straßen mischten, zum Ausdruck gebracht habe.

Als wir den „Bombenpfad" entlang in den historischen Teil von Old London fuhren, der östlich der Avenue liegt, stießen wir auf eine Erscheinung, die für mich genauso verblüffend war wie das Schauspiel der „panischen" Frivolity-Mädchen in J ... —. Es war nichts weniger als ein Londoner Polizeibeamter, ohne Hut, atemlos und so wenig Herr seiner selbst, dass er nicht in der Lage war, mit der üblichen Formel „Erster rechts, zweiter links usw." zu antworten, als wir ihn fragten Wir fuhren zum B-Court, wo wir gehört hatten, dass es schwere Schäden gegeben hatte. Er warf eine schwere Last, die er an einer Drahtschlaufe trug, auf den Bürgersteig und fing an, etwas zu plappern, das besagte, dass die „ blühende Pille" „eine Stange " von seinem Standort herunterkam und dass Befehle erforderlich seien sofortiges Abholen aller „Beweise" zur nächstgelegenen Station. Ich schaltete meine elektrische Taschenlampe ein – jeder hier hat sie bei sich, seit es auf den Straßen dunkel war – , um zurückzuschrecken, als ich den birnenförmigen Kegel aus verbeultem Stahl sah, der zu meinen Füßen auf dem Kopfsteinpflaster umfiel.

„Mein Gott, Mann, du hast eine nicht explodierte Bombe!" Ich schnappte nach Luft und lehnte mich gegen die Wand. „Was meinst du damit, es so herumzuschlagen?"

„Wenn sie nicht explodiert ist , nachdem sie vom Himmel gefallen ist , schätze ich, dass sie einen Sturz von ein paar Zentimetern aushält", lautete die Antwort. „Es ist nicht ' Avin ' 'er' hier, Sir, das geht mir auf die Nerven. Sie zerfielen, als sie herunterkam, und hüpften über den Bürgersteig vor mir."

„Vielleicht hat sie einen Zeitzünder, der losgeht, wenn sie von einer Menschenmenge umringt wird", sagte der unbezähmbare J—— ermutigend. „Die Hunnen beherrschen genau solche Formen der Subtilität. Lass sie lieber eine Weile in Ruhe."

Mit allen Gliedern zitternd, aber immer noch entschlossen, „Befehle" bis zum letzten auszuführen, schlüpfte der tapfere Bursche mit seinen blutenden Fingern durch die Drahtschlaufe und trottete unter dem Gewicht von einem halben Hundert Pfund taumelnd auf dem Weg zum Bahnhof davon. TNT" [3] Dass er dort ohne Zwischenfälle ankam, wird durch eine Taschenlampe in einem der „Penny-Bilder" von heute Morgen bewiesen, die sowohl ihn als auch seine Beute am Tor der B-Street-Polizeistation zeigen.

[3] Trinitrotoluol.

Zwei- oder dreimal während der nächsten paar Stunden blitzten Suchscheinwerfer nach Osten und Süden, und das Aufblitzen von Granatsplittern, die unter kaum erkennbaren blassgelben Flecken explodierten, deutete darauf hin, dass es sich um einen ehrgeizigen Angriff handelte, an dem viele Luftschiffe beteiligt waren. Das Herz der Stadt wurde jedoch nicht wieder erreicht. Ich habe heute Morgen aus verlässlicher Quelle erfahren, dass auf den Werken in Woolwich mehrere Bomben explodiert sind, aber selbst wenn dies zutrifft, zeigt dies nur, dass das große Arsenal Großbritanniens, wenn nicht sogar kleiner, so doch nicht anfälliger ist als das Nicht-Bombenarsenal -militärische Gebiete.

Wenn möglich, nahm London diese jüngste Razzia sogar noch gelassener hin als die vorherige und bewies die besonnene Praktikabilität der Bemerkung des Busschaffners, die ich zitiert habe : „ Wir haben einen Krieg zu führen." Zepps ist kein Krieg; Fergit ' em !" – kann als treffender Ausdruck der Stimmung angesehen werden, in der die Metropole auf die wirklich schreckliche Heimsuchung wartet, die Deutschland versprochen hat.

Drei Monate lang nach der Visitation im Oktober gab es keine weiteren Luftangriffe auf England, und es war bekannt, dass diese Immunität auf eines oder mehrere von vier Dingen zurückzuführen war: die Stärkung der britischen Flugabwehr , ungünstiges Wetter und die Wirksamkeit der Alliierten ' Vergeltungsmaßnahmen gegen süddeutsche Städte oder eine dämmernde Erkenntnis seitens Deutschlands, dass der maximale physische Schaden, der Großbritannien möglicherweise durch Luftangriffe zugefügt werden kann, niemals mehr als ein unbedeutender Bruchteil des Schadens sein kann, der der Sache des Deutschen Ordens als Ganzes zugefügt wurde Folge des Rückgriffs auf diese Form des Terrorismus.

Als Wochen ohne Angriff zu Monaten wurden – obwohl unaufhörliche Berichte aus einer Reihe von Quellen von fieberhaften Zeppelinbauarbeiten in allen Teilen des Kaiserreichs berichteten –, erwachte in den Brüsten der Feinde Deutschlands und seiner Freunde die Hoffnung, dass die humanitäre Rücksicht genommen worden war der Bewegte. Diese Hoffnung wurde durch den Flugzeugangriff auf Kent Mitte Januar – offenbar ein Aufklärungsflug – und die erneuten Zeppelin-Angriffe auf Paris und die Midland-Counties brutal zunichte gemacht . Vorbehaltlich nur des Wetters und etwaiger Verteidigungsmaßnahmen, die in Frankreich und England ergriffen werden, wissen wir jetzt, dass diese am wenigsten gerechtfertigte und grausamste aller Formen teutonischer „Schrecklichkeit" voraussichtlich bis zum Ende des Jahres andauern wird Krieg.

AN BRITISCHE HANDELSKAPITÄNE

Gestern Abend traf ich auf kleine Gruppen von Matrosen, die sich am Kai oder an den Straßenecken von Harwich und Dovercourt versammelt hatten . Ihre wettergegerbten, pergamentbraunen Gesichter waren verhärmt und besorgt, und sie sprachen mit den ruckartig gesenkten Stimmen von Männern, die es nicht gewohnt waren , ihre Zunge oder ihre Leidenschaften an der Leine zu halten. In den halb verblüfften, halb wütenden Blicken lag etwas, das an die Gesichtsausdrücke erinnerte, die ich an dem Abend auf den Gesichtern der Matrosen in einem Hafen in Nordwales gesehen hatte, an dem eine nachlässig gerahmte Depesche sie vorübergehend zu der Annahme verleitet hatte, die britische Flotte sei war von den Deutschen in der Nordsee geschlagen worden. Aber ich war den ganzen Nachmittag mit Marinemännern zusammen gewesen und wusste, dass es hinter dem grauen Nebelvorhang im Norden nichts Neues zu berichten gab. Das Problem war anderer Art, aber aus früherer Erfahrung wusste ich, dass es der Moment war, als der britische Seemann mit zusammengebissenen Zähnen und ruckartig gesenkter Stimme sprach, seine Stirn in mahagonifarbenen Falten der Unruhe gerunzelt und seine blauen Augen geistesabwesend auf die Finger gerichtet Seine arbeitenden Hände waren nicht einmal für die mitfühlendsten Neugierigen geeignet, sich in ihn einzumischen.

Die Erleuchtung kam später, als ich das Dienstmädchen fragte, das die Fensterläden herunterließ und die Doppelvorhänge meines Zimmers in dem kleinen Hotel auf der Klippe von Dovercourt zuzog , warum die Kinder, die in einer schmalen Straße spielten, die schräg unter meinem Fenster abzweigte, ihre Geräusche verstummten Stimmen und auf Zehenspitzen, als sie dem seewärtigen Ende entgegenkamen, und warum viele der verspäteten und eiligen Lieferkarren anhielten und auf ihren klappernden Runden einen anderen Weg einschlugen.

„Ist jemand krank?" Ich fragte: „Oder ist einer der Nachbarn tot?"

„Wussten Sie das nicht, Sir?" stockte das Mädchen. „Das ist Captain Fryatts Zuhause da unten . Es ist das kleine Haus aus roten Backsteinen – das vierte oder fünfte von der Ecke, Sir. Wir alle von uns kannten ihn , Sir, und liebten ihn ; und – Sie werden mich entschuldigen, Sir" (ihre Stimme brach für einen Moment und die beginnenden Tränen glänzten im flackernden Licht ihrer Kerze) – „ aber ich dachte an die Frau und die Zange." Sie sind Ich warte dort unten auf weitere Neuigkeiten aus Belgien . Ich hasse es , an sie zu denken , Sir. Es bringt mich dazu, zu schreien und zu kämpfen. Ich werde jetzt gehen, Sir; Es regt mich auf, wenn ich darüber rede ."

Mir wurde plötzlich klar, wovon diese verblüfften, wütenden Matrosen auf der Straße sprachen, und die heiße Welle der Empörung – die ein oder zwei Stunden lang durch die Aufregung, ein U-Boot zu treffen und an Bord zu gehen, gedämpft wurde –, die an diesem Nachmittag über mich hinweggeschwappt war Als ich zum ersten Mal die Nachricht von Captain Fryatts Hinrichtung in der Zeitung las, stieg es erneut in mir auf und pochte in meinen Schläfen. Ich war mir des Todes eines Mannes aus einer Klasse von Männern bewusst, die ich in vielen Jahren enger Zusammenarbeit kennen und lieben gelernt hatte – in kräftigen und gebrechlichen Booten, auf klarer und stürmischer See – und der Tatsache, dass der Tod dieses Mannes dies getan hatte von einem kaltblütigen Zynismus begleitet war, der in der modernen Geschichte kaum seinesgleichen hat, machte mir die Bedeutung davon mit besonderer Eindringlichkeit klar. Auf eine dumpfe Art und Weise hatte ich jedes Mal ein ähnliches Gefühl verspürt, wenn ich von den Verlusten an Handelsoffizieren und Besatzungen seit Beginn des U-Boot-Feldzugs gelesen hatte, aber erst jetzt wurde mir klar, wie sehr diese davon betroffen waren Welche Matrosenmänner mir am Herzen lagen, welche Rollen sie in Dutzenden der lebhaften Ereignisse meines Lebens gespielt hatten, an die ich mich am liebsten erinnern wollte.

Drei der letzten zehn Jahre meines Lebens hatte ich auf dem Meer verbracht, überlegte ich, und von dieser Zeit hatte ich vielleicht sechs Monate auf dem einen oder anderen der „schwimmenden Paläste" der Haupttouristenrouten verbracht, aber nicht mehr als das an Bord von Schiffen unter deutscher, französischer, niederländischer oder amerikanischer Flagge. Damit blieben noch gut zwei Jahre – mehr als siebenhundert Tage und Nächte –, die wir an Bord der kleineren britischen Handelsschiffe – Tramps, Küstenschiffe, Kohlenschiffe, Händler, Flussheckdampfer mit flachem Boden – auf abgelegenen Wasserwegen verbrachten die Welt.

Zwei Jahre meines Lebens – und was für kostbare Jahre das waren ! – verbrachte ich in der Obhut der kühnen, schroffen, bronzefarbenen britischen Handelskapitäne, die „die schnellen Schiffchen des Webstuhls eines Imperiums" steuerten. Durch welche seltsamen Meere hatten sie mich gesteuert, und durch welche seltsamen Ecken in den Häfen, die diese Meere bedienten! Und was für Abenteuer hatten sie mich erlebt, und aus welchen Schwierigkeiten haben sie mich herausgeholt! Und welche Höflichkeit, welche Rücksichtnahme – ja, welche Zärtlichkeit in Zeiten des Unglücks und der Krankheit – hätte ich von ihnen nicht genossen!

Ich zog meine Strickjacke an und „stand" um ein Uhr daneben – Mitternacht nach der Sonnenzeit, in der die Schiffe des Meeres noch fahren

– und in dem Moment, als die Dampfer im Hafen das Geräusch gemacht
hätten. „Eight Bells", wenn es keine lauernden Zeppeline gegeben hätte, vor
denen man sich hätte schützen müssen, lehnte sich aus dem offenen Fenster,
bis mir der einziehende Nebel scharf ins Gesicht wehte, und begann mit
meiner „Wache".

Genauso hatte ich mich – mit einem rauen blauen Ärmel, der meinen
eigenen berührte – über die Brücke oder Heckreling von hundert Dampfern
gelehnt, die hundert Seewege durchpflügten, und jetzt, mit dem vertrauten
Atem des Meeres in meiner Nase und dem vertrauten Nebel von Während
das Meer wieder mein Haar durchnässte, schritten alte Freunde von früher
durch die Korridore der Erinnerung und stellten sich einer nach dem anderen
an meine Seite. Zuerst habe ich versucht, sie chronologisch
zusammenzustellen, in der Reihenfolge, die ich von meinen ersten zaghaften
Küstenreisen im Pazifik kannte – (B–), des Vancouver-Seattle-Pakets, der
mich eines Nachts auf seiner Kabinencouch schlafen ließ, als der Alle
Zimmer waren belegt, damit ich für das Tennisturnier, an dem ich morgen
in Tacoma teilnahm, ausgeruht sein konnte; R..., von der alten Alaska-
Achterbahn „Inland Passage", die mir beibrachte, den Kompass zu „boxen",
und erwachte die schlummernde Liebe zum Meer in meinem Blut mit
Geschichten über die Robbenflotte von Victoria; P——, vom
mexikanischen Händler, der mich aus Guaymas herausgeschmuggelt hat, als
die Behörden von Sonora versuchten, mich zu verhaften, weil ich ohne
Genehmigung auf Tiburon gelandet war) – aber plötzlich begann der Magnet
meines beschleunigten Gedächtnisses, sie aus der Reihe zu locken, und schon
bald drängten sie sich wie Gäste bei einem Empfang zusammen.

Jetzt dachte ich an den Mut von ihnen, und augenblicklich nahm eine
Reihe von Bildern vor meinen Augen Gestalt an, ein Dutzend Namen
sprangen mir auf die Lippen, ein Dutzend Hände – harte braune Hände, die
eine Welt voller Wärme in ihrem festen Griff hielten – streckte die Hand aus,
um meine eigene zu umklammern. Wer war der mutigste unter den Männern,
die alle mutig gewesen waren? Ich habe mich selbst gefragt; Und dann
schossen mir durch den Kopf, wie sich die Bilder bildeten und auflösten, als
ein bewegendes Ereignis nach dem anderen! Was hätte schöner sein können
als die Art und Weise, wie Kapitän K. von diesem launischen alten „CN"-
Dampfer mit Clipper-Bug diesen Taifun vor Taiwan überstanden hatte, drei
Tage lang an der Brücke festgebunden war und sich von Kaffee, Rum und
Lotsenbrot ernährte ? Ich konnte sehen, wie sein salzwasserweißes Gesicht
(wie ich es sah, als ich an dem Tag, an dem der „Twister" nachließ, einen
schüchternen Blick auf den Niedergang warf) dort draußen im treibenden
Nebel Gestalt annahm, selbst als die Erinnerung an dieses Furchtbare
aufkam Der Sturm kristallisierte sich in meiner Erinnerung heraus, und dann

drehte die Fantasie ein weiteres Rädchen, und ich schien einen sonnenverwöhnten Südpazifik-Händler zu sehen, mit einer blassen, fiebrigen Gestalt am Steuer und zwei oder drei Dutzend nackten Schwarzen, die sich darin windeten Qual auf dem Vorderdeck. Wie der alte B—— von der *Cora Andrews* seine Ladung seuchengeplagter Papua durch das Barrier Reef und in die Quarantänestation in Townsville brachte, ist ein Südsee-Epos.

Dann kamen Erinnerungen mit einer persönlicheren Note, und ich verweilte einige Momente bei den wechselnden Szenen der Verwechslung, die ich begonnen hatte, als ich versuchte, mit einer Taschenlampe die Raucher in der „Opiumhöhle" des alten Yo San *zu fotografieren* . auf der Strecke Hongkong-Bangkok unterwegs. Einige der chinesischen Besatzungsmitglieder schmuggelten auf dieser Reise Opium, hielten mich für einen Beamten des Geheimdienstes und begannen, mit meiner protestierenden Anatomie das Deck aufzuwischen. Zusammengerollt um meine Kamera herum unter einer Koje in der Ecke der Opiumhöhle, mit nichts außer der Tatsache, dass meine Angreifer so zahlreich waren, dass sie sich gegenseitig in die Quere kamen und mich vor der sofortigen Vernichtung bewahrten, und jeden Moment in der Erwartung, dass einer von ihnen die seinen einsammeln würde Mit genügend Verstand, um durch die Latten auf mich herabzustürzen, duckte ich mich vor Angst und war immer musikalisch süßer als das lärmende Gebrüll des blöden alten Kapitäns G..., als er wie ein Pirat fluchte und mit den Sicherungsnägeln, die er hielt, nach rechts und links schlug Mit beiden Händen bahnte er sich seinen Weg in die Höhle und riss mich am Genick heraus. Armer alter G——! Zwei Reisen später ging er mit seinem Schiff verloren, als die alte *Yo San von einem Taifun an der* Tongking -Küste aufgeschüttet wurde .

Dann erinnerte mich die Erinnerung an die schändliche Art und Weise, wie der alte G. mich am Mantelkragen unter der Koje hervorgezogen hatte, an die Zeit, als ein anderer britischer Kapitän – sein Kommando war nur ein „PSNC"-Tender in Valparaiso, und ich es längst getan hatte Ich vergaß seinen Namen – rettete mir das Leben, indem er mich genauso unzeremoniell behandelte. Der Schoner, mit dem ich nach Juan Fernandez segeln wollte, hatte sich in einem heftigen „Nordwind" losgerissen und fuhr schnell vor den bergigen Wellen auf den *Malecon* oder Uferdamm, als der Tender der „Navigation Company" auszog, um einige treibende Lastkähne zu retten, näherte sich vorsichtig der Stelle, an der sich die hohlen Wellen in krachende Brecher verwandelten. Die Lastkähne und ihre Ladung waren wahrscheinlich mehr wert als unsere alte Hure, aber der Kapitän des Tenders, der nur bemerkte, dass auf dem letzteren Leben zu retten waren, zögerte keinen Moment und beschloss, es zu versuchen und in Bereitschaft zu bleiben. Leider hatten wir viele deutsche *Kolonisten* an Bord und die Panik unter ihnen verhinderte, dass viele vom Schoner gerettet wurden. Ich gehörte zu dem halben Dutzend , deren Sprünge zum Steuerbordbug des Tenders nicht scheiterten, aber mein Halt an der rutschigen Reling war so unsicher, dass nur die mächtige Hand des Kapitäns an meinem Hals mich daran hinderte, zurück ins Meer zu rutschen . Für einen Moment sah ich draußen im treibenden Nebel sein rundes rotes Gesicht unter dem „Südwestwind", gerade als ich hineingeblickt hatte, nachdem er mich über die Reling gezogen und auf das krängende Deck geschleudert hatte.

Manchmal drängten sich die Erinnerungen so sehr, dass sie verwirrt wurden. Ich war mir zum Beispiel nicht sicher, ob es T—— vom *Eimoo* oder P—— vom *Levuka war* , den ich über die Reling in die von Haien befallene Lagune von Rotrura gehen sah , um den Knick aus der Luft zu reißen - Schlauch vor seinem Taucher erdrosselt; oder welcher von zwei ansonsten gut in Erinnerung gebliebenen „BI"-Kapitänen war es, der mit bloßen Händen hineinwatete und jeden einzelnen der Lascars niederschlug, die mit ihren Messern kämpften? oder ob es der Steuermann oder der Kapitän des ostafrikanischen Küstenmotorschiffs war, der die Kehle eines jungen Leoparden festhielt, der aus seinem Käfig gerutscht war, während einer seiner Schenkel von den Hinterklauen des Tieres in Stücke gerissen wurde er fürchtete, er könnte in Panik geraten und über Bord springen, bevor es zurückerobert werden konnte; oder ob es der Kapitän eines „Burns, Philips"- oder eines „Union"-Dampfers war, den ich durch die gewundene Passage der Suva-Bucht fahren sah, als der Wind die Wipfel der Kokospalmen abriss und das Barometer bei 28,50 stand und sie fielen immer noch, nur weil die Frau des Missionars in einem abgelegenen Teil des Fidschi-Archipels im Norden erwartete, Mutter zu werden, und die Aufmerksamkeit des Schiffsarztes brauchte.

Am Ende meiner „Wache" wäre ich mit dem Gedanken an den moralischen und physischen Mut, die Bereitschaft meiner alten Freunde und die allgemeine „Denkwürdigkeit" meiner alten Freunde weitergegangen, aber die meisten, die mutig gewesen waren, waren auch freundlich und rücksichtsvoll gewesen , und hin und wieder waren meine Gedanken mit Erinnerungen an die kleinen Dinge beschäftigt, die sie für mich getan hatten oder die ich gesehen hatte, wie sie sie für andere taten. Da war B... vom alten *Changsha* , der von Yokohama nach Sydney rannte und meilenweit von seinem Kurs abkam, nur um meine Laune zu befriedigen und über die Stelle zu fahren, an der *Mary Gloster* auf See begraben lag. Was war das für ein Nachmittag! Die Straße von Macassar war „ölig und siruphaltig", wie Kipling sie beschrieben hatte, und die milchig warme Landbrise wehte mit den Gerüchen der Gewürzhaine von Celebes. B – hatte sein Buch über Kipling und ich hatte meins, und zwischen uns befand sich die mit Riffen übersäte Karte der Macassar-Straße mit Borneo an Steuerbord, Celebes an Backbord

und tausend gepunkteten Linien, die Inselchen, Riffe und Felsen anzeigten –
die meisten davon lauerten, die Hälfte -untergetaucht – dazwischen.

„Bei den kleinen Paternostern, wenn Sie zur Union Bank kommen,

Wir haben sie fallen lassen – ich glaube, ich habe es dir gesagt – und ich habe
    es an der Stelle abgerissen, an der sie gesunken ist –

(Sie blickte winzig auf das Gitter – dieses ölige, siruphaltige Meer –)

Denken Sie daran, einhundertachtzehn Osten, und Süden nur drei.

Leicht zu transportierende Lager...“

Lesen Sie B——— und streichen Sie mit dem Finger über die Tabelle.

„Ja, leicht zu tragen. *Hier ist* die Stelle“, und er markierte sie mit einem
eingekreisten Punkt. Dann „errechneten“ wir den Breitengrad anhand der
Mittagssicht und „schossen“ auf den Längengrad, als wir „zur Union Bank
kamen“. Und schließlich, als wir so nah an der Stelle waren, wie es durch eine
schnelle Berechnung ermittelt werden konnte, blieb uns nichts anderes übrig,
als B-- mit der Führung zu beginnen, um die Tiefe zu bestimmen. Ich werde
nie vergessen, wie sein Gesicht aufleuchtete, als die Hauptdarsteller
„Vierzehn“ dröhnten, und wie Tränen in seinen Augen glänzten, als er ein
paar Seiten zurückblätterte und las:

„Und wir ließen sie in vierzehn Faden Tiefe fallen; Ich habe es dort
    abgerissen, wo sie gesunken ist.“

„Ich hätte wissen können, dass Kipling es anhand einer Karte
herausgefunden hat“, rief er aus; „Aber was für ein Nervenkitzel ist es für
einen, es genau zu finden, bis hin zur Sondierung!“

Die Ränder von „The *Mary Gloster* “ in meinen „Seven Seas“ tragen bis
heute die mit Bleistift gezeichneten Aufzeichnungen unseres „Mitten im
Meer“-Wahnsinns – die jetzt mit dem Daumen und den Fingern zu
schwachen Unschärfen verschwimmen –, und es gibt nichts, was ich mehr
schätze. B— hätte seinen 5.000-Tonnen-Frachter auf Kosten einiger
Stunden Zeit und einiger Tonnen guter Nagasaki-Kohle nie meilenweit vom
Kurs abgekommen, wenn er gegenüber Kipling weniger dumm gewesen
wäre als ich. Aber alle britischen Seeleute lieben Kipling; Als Klasse hatte ich
immer das Gefühl, dass sie die Botschaft des „ungekrönten Preisträgers“
besser verstanden als alle anderen.

Mindestens eine Stunde lang muss ich in Gedanken die Seiten von Kipling durchgeblättert haben, bald mit diesem wohlbekannten Kapitän, bald mit jenem, bis ich mich daran erinnerte, wie freundlich der alte N..., von einem Liverpooler Para-Manaos- Frachter , ihn gelesen hatte Als er mir eines Abends „The Hymn Before Action" vorspielte, als ich wegen des Amazonas-„Schwarzwasser"-Fiebers, mit dem er mich geplagt hatte, halb im Delirium war, brachte er meine Gedanken in eine andere Richtung. N... war nur einer von einem Dutzend, die mich während irgendeiner Tropenkrankheit verhätschelt oder mich nach einer Art Zusammenbruch zusammengeflickt hatten.

Es war R... von der Valparaiso-Panama-Küste, der meine Hand geschienen hatte, nachdem sie zwischen der Gangway und einem Unterstand voller Elfenbeinnüsse aus einem aufgeschütteten Dorf in Ecuador zerquetscht worden war, und es war meine Es war nicht seine eigene Schuld, dass der kleine Finger immer noch schief war. Und es war H... vom großen White Star-Frachter auf der Australien-Südafrika-Route, der eine Stunde lang daran arbeitete , dem Schiffsarzt dabei zu helfen, die Schulter wieder in Position zu bringen, die ich mir eines Nachmittags beim „Sport" ausgerenkt hatte; und es war D..., von der Rangun-Kalkutta „BI", der mit Pferdesalbe den Knöchel gelindert hatte, den ich mir verstaucht hatte, als ich an Land in Akyab einem launischen Wasserbüffel ausweichen wollte ; und es war A... vom Lynch-Flussschiff, das von Basra nach Bagdad fuhr, der mir den Schädel zugenäht hat, nachdem die Araber des Basars des damals noch fast unbekannten Kut - el -Amara sich damit amüsiert hatten, Steine von meinem Kopf abzuprallen, weil (das war während des türkisch-italienischen Krieges) Sie stellten sich vor, ich sähe aus wie ein „außerirdischer Feind".

A-- wurde getötet, als die Türken sein Schiff – damals ein Transporter – zu Beginn der mesopotamischen Operationen beschossen, erinnerte ich mich, und das führte meine Gedanken zu der langen Wache, die ich am Bett des armen alten Y-- hielt, auf dessen „ „BP"-Dampfer Ich war zwei Monate lang zwischen den Salomonen, den Neuen Hebriden, Fidschis und anderen Inseln Westpolynesiens unterwegs. Y——s Herz versagte schon seit einigen Jahren, und jetzt, nach sehr heißem Wetter, hatte die Aufregung, sein Schiff durch einen ungewöhnlich starken Hurrikan zu sehen, ein längst unvermeidliches Ende herbeigeführt. Er wusste, dass seine „Nummer hoch" war, und so erzählte er mir an diesem Abend von Dingen, die ich ihm in Australien erklären und in Ordnung bringen sollte. Der Gedanke daran und der Besuch, den ich anschließend seiner Frau und seinen Kindern in Illawara abstattete , brachten mich schließlich zurück zu der anderen trauernden Familie in dem kleinen roten Haus unter meinem Fenster.

Fryatts Haus entfernt anhielt und sanft auf Zehenspitzen zu seinen Lieferungen in der Nähe ging, um unnötige Lieferungen zu vermeiden Lärm.

Aus der sich meerwärts zurückziehenden Nebelbank nahmen zwei kleine Frachter geschärfte Linie und machten sich auf den Weg zur Hafeneinfahrt . Sie waren in Größe und Typ sehr ähnlich, aber die fröhlichen roten und weißen Flecken am Bug der nördlicheren zeigten an, dass sie unter der Flagge eines unternehmungslustigen skandinavischen Landes segelte, während das ununterbrochene Schwarz auf der Seite des anderen Landes es genauso deutlich verriet dass sie Britin war. Während ich zusah, verriet mir die Bewegung der Schatten an den Seiten der „Norweger", dass sie alle paar hundert Meter ihren Kurs abrupt änderte – „ im Zickzack", um die Gefahr von U-Boot-Angriffen zu minimieren . Eine kluge Vorsichtsmaßnahme, sagte ich mir; Was ist nun mit dem anderen? Ich nahm mein Glas und richtete es auf den Briten. Eine, zwei, drei, vier, fünf Minuten vergingen. Die ganze Zeit rollte die Welle gleichmäßig von ihrem Vorderfuß zurück; Nicht die geringste Welle sich verändernden Lichts oder Schattens deutete auf eine Abweichung ihres Kurses um den Bruchteil eines Punktes hin.

„Direkt zum Ziel, kleines Schiff", sagte ich und salutierte mit meinem Glas.

Aber ich hätte es vielleicht wissen können. Das war Fryatts Art, und das haben auch alle meine Freunde von der Red Ensign getan und werden es auch immer tun. „Viel Glück, schönes Wetter und gemütliche Liegeplätze euch allen; Ja, und ein ruhiger Zufluchtsort, wenn die letzte Wache, die lange Wache, endlich vorbei ist!"

An diesem Morgen versammelten sich immer noch Scharen besorgter Matrosen am Kai von Harwich, aber nachdem ich nun verstand, was sie bewegte, zögerte ich nicht länger, mich unter sie zu mischen und mit ihnen zu reden. Ihre langsame Wut nahm mit jedem Wort, das gesprochen wurde, mit jeder Stunde, die verging, stetig zu und verdrängte nach und nach alle anderen Gefühle. Aber unter ihnen waren immer noch Männer, die fassungslos und benommen waren und nicht verstehen konnten, wie etwas so Ungeheuerliches wirklich passieren konnte.

„Aber warum , warum haben die Uns das getan?" beharrte ein ergrauter alter Salzmann und richtete seinen besorgten Blick auf meinen, nachdem alle anderen ratlos den Kopf geschüttelt hatten.

„Es ist durchaus möglich", sagte ich, „dass die Deutschen glauben, dass die Hinrichtung eines Kapitäns, der versucht hat, eines ihrer U-Boote zu rammen, die anderen dazu bringen wird, zweimal darüber nachzudenken, bevor sie versuchen, dasselbe zu tun."

Zwei oder drei der älteren Männer schnaubten fast ungläubig darüber, dass selbst die Deutschen den britischen Seemann so gering bewerten sollten, aber die Plausibilität der Theorie überzeugte bald auch diese.

„Glauben Sie wirklich , dass die Uns das von uns denken?“ Einer von ihnen wagte es schließlich.

„Das tue ich“, antwortete ich, „denn es gibt nichts anderes zu denken.“

Der alte Mann holte tief Luft und wandte seinen Blick dem Meer zu. „Gott habe Mitleid mit allen Uns !“ murmelte er und „Gott habe Mitleid mit ihnen !“ „Gott habe Mitleid mit ihnen !“ wiederholten seine Freunde.

Der Vorbeiflug eines Zeppelins

Wir wussten, dass in dem Jahr, das seit dem ersten großen Luftangriff auf London vergangen war, viel zur Stärkung der Verteidigungsanlagen getan worden war . Was genau getan wurde, wussten wir natürlich nicht und wissen es auch nicht. Wir wussten, dass es mehr und bessere Waffen und Suchscheinwerfer gab und wahrscheinlich auch deutlich verbesserte Möglichkeiten, das Kommen der Räuber vorherzusehen und ihre Bewegungen zu verfolgen und zu melden, nachdem sie eintrafen. Gleichzeitig wussten wir auch , dass der neueste Zeppelin erheblich verbessert worden war; dass es größer, schneller, in der Lage war, in größere Höhen aufzusteigen und wahrscheinlich mehr und schwererem Geschützfeuer standhalten konnte als sein Prototyp von vor einem Jahr. Es schien also eine Frage zu sein, ob die Geschütze die Räuber in Reichweite bringen konnten und ihnen, wenn ja, lebenswichtigen Schaden zufügten, wenn sie sie tatsächlich trafen. Das Flugzeug war eine unbekannte Größe und zumindest in der allgemeinen Meinung wurde nicht ernsthaft damit gerechnet. London wusste, dass der entscheidende Test erst kommen würde, wenn ein Luftschiff erneut versuchte, ins Herz der Metropolregion vorzudringen, und wartete gelassen, wenn auch nicht ganz gleichgültig, auf das Ergebnis.

Die Zeppelinangriffe im Frühjahr und Frühsommer, so zahlreich sie auch gewesen waren, hatten nur einen vernachlässigbaren militärischen Schaden und kaum größeren Schaden an zivilem Eigentum angerichtet. Auch die Todesliste war glücklicherweise sehr niedrig gewesen. Es schien jedoch bedeutsam, dass die Hauptverteidigungsanlagen Londons während dieser ganzen Zeit umgangen worden waren, was offenbar darauf hindeutet, dass die Räuber aus Angst vor dem Möglichen zögerten, den Deckel der Büchse der Pandora zu öffnen, die so verlockend vor ihnen lag Folgen. Nachdem ich durch ferne Bombenexplosionen oder Schüsse geweckt worden war, hatte ich zwei- oder dreimal mit meiner Brille beobachtet, wie ein Luftschiff voller Granaten zurückwich, wie ein gelber Hund die Herausforderung ablehnte, die sein Eindringen provoziert hatte, und hineinglitt die Dunkelheit einer sichereren Gegend. „Würden sie es noch einmal versuchen?" war die Frage, die sich die Londoner jeden Monat stellten, als die Dunkelheit des Mondes hereinbrach, und die meisten von ihnen schienen ziemlich besorgt zu sein, abgesehen von den vergleichsweise wenigen, die persönlich den Schrecken und den Tod erlebt hatten, der den Schneisen eines Luftangriffs folgt die Sache auf die Probe stellen zu lassen.

Letzte Nacht – nur zwölf „Darks of the Moon" nach dem ersten großen Luftangriff des Jahres 1915 – kam die Bewährungsprobe. Es war vielleicht kaum schlüssig (obwohl das vielleicht schon geschah, bevor diese Zeilen ihren Weg in den Druck fanden), aber es war auf jeden Fall sehr aufschlussreich. Ich schreibe dies auf meiner Rückkehr nach London, wo ich – zwanzig Meilen entfernt – eine verworrene Trümmermasse und einen Haufen verkohlter Koffer besichtige, die alles sind, was von einem Zeppelin und seiner Besatzung übrig geblieben ist – sei es durch Zufall, Absicht oder die Gewalt der Umstände wird wahrscheinlich nie erfahren werden – stürzte dorthin, wo zwei andere seiner Luftschwestern Angst hatten zu fliegen, und zahlte die Kosten.

Bei der Razzia gestern Abend gab es keine Überraschung (zumindest für London; was die unglückselige Zeppelin-Besatzung angeht, kann niemand sagen). Die Nacht wurde stärker bewölkt, während die Dunkelheit immer tiefer wurde, und gegen Mitternacht verrieten verstohlene kleine Strahlen von Suchscheinwerfern, die auf den östlichen Wolken Pirouetten drehten, dem heimkehrenden Theaterpublikum am Samstagabend, dass London mit der unmittelbar bevorstehenden Annäherung der Räuber eine Ecke von London heben würde seine Maske der Schwärze und eine offene Herausforderung an den Feind. Dies war das erste Mal, dass ich erlebte, dass die Lichter einer tatsächlichen Bombenexplosion vorausgingen, und die kühle Zuversicht des Dings deutete darauf hin (wie ich einen Polizisten einem anderen sagen hörte), dass die Verteidigung etwas „im Ärmel" hatte.

Es war gegen ein Uhr morgens, als ich mein Abendessen in einem Restaurant im West End beendete und mich auf den Weg durch die fast menschenleeren Straßen zu meinem Hotel machte. London ist nach Mitternacht alles andere als ein Chaos, aber die Stille in den frühen Morgenstunden war geradezu unheimlich. Jetzt, da die letzten Busse weg waren und alle Züge anhielten, unterbrach nur das gedämpfte Summen eines gelegentlichen, verspäteten Taxis, das vorsichtig mit Abblendlichtern weiterfuhr, die Stille.

Als ich in meinem Zimmer ankam, zog ich einen Pullover an, zog den Vorhang hoch, stellte mein Glas bereit und setzte mich ans Fenster, dasselbe Fenster, von dem aus ich vor einem Jahr zugesehen hatte, wie diese beiden unverschämt verächtlichen Räuber über mich hinwegsegelten und ein loderndes Feuer hinterließen Tod und Zerstörung hinter sich. In dieser Nacht, dachte ich, hatte ich den Luftstoß der Bomben gespürt und – später – beobachtet, wie die Feuerwehrleute die Flammen löschten und wie die Krankenwagen die Verwundeten in die Krankenhäuser brachten. Würde es heute Abend so sein? Ich fragte mich (es gab jetzt keinen Zweifel daran, dass die Räuber in der Nähe waren, denn die Suchscheinwerfer hatten sich vervielfacht und weit im Südosten, obwohl keine Detonationen zu hören waren, schnelle Blitze deuteten auf vereinzeltes Gewehrfeuer hin), oder ob die Verteidigung mehr haben würde Gibt es dieses Mal ein Wort, das ich für mich selbst sagen kann? Ich schaute in den östlichen Himmel, wo die wechselnden Wolken jetzt mit den flatternden goldenen Partikeln von zwanzig Suchscheinwerfern „gepunktet" waren, und dachte, ich hätte meine Antwort gefunden.

Die Lichter drehten und schwankten nicht wie vor einem Jahr in weiten Kreisen, sondern ein stetiges, beharrliches Stechen gegen die Wolken, wobei sich jedes einzelne an seinem ihm zugewiesenen Bereich zu halten schien. „Erstechen" drückt die Aktion genau aus, und es erinnerte mich an eine Gelegenheit vor einem Monat, als ein „Tommy", der mich durch einige erbeutete Unterstände an der Somme führte, mit Bajonettstößen die Art und Weise veranschaulichte Sie hatten ursprünglich nach Deutschen gesucht, die sich unter den Strohmatratzen versteckten. Diesmal war in der Arbeit der Lichter nichts „Panikartiges" zu sehen, sondern lediglich die Andeutung methodischer, geordneter und unerbittlicher Wachsamkeit.

„Vorab ermutigend", sagte ich mir; „Jetzt" (denn die Nacht war elektrisierend mit Import) „für das Hauptereignis!"

Es dauerte nicht lange. Im Südosten hatten die Schüsse an Häufigkeit zugenommen, gefolgt von nebelgedämpften Helligkeitsschwaden in den Wolken, die von explodierenden Granaten kündeten. Plötzlich sah ich durch einen Spalt in den Wolken eine neue Art von Blendung – den von der Erde abgefeuerten Strahl eines Luftschiff-Suchscheinwerfers, der nach seinem Ziel tastete –, aber der sich bewegende Nebelvorhang intervenierte erneut, als einer der Abwehrscheinwerfer die Herausforderung annahm und ließ als schnelle Antwort seinen eigenen Rapierstrahl aufblitzen. Plötzlich drang das gedämpfte Knallen von Bomben an meine Ohren und dann das schärfere Knattern eines plötzlichen Schüssefeuers. Darauf folgte schnell ein verwirrtes Dröhnen, offensichtlich von vielen Bomben, die gleichzeitig oder in schneller Folge abgeworfen wurden, und ich wusste, dass eines von zwei Dingen passiert war – entweder hatte der Angreifer sein Ziel gefunden und gab „Schnellfeuer" ab, oder das Die Kanonen machten es dem Besucher so heiß, dass er gezwungen war, seinen Sprengstoff abzuwerfen und sich im Flug in Sicherheit zu bringen. Als eine Minute oder länger vergangen war, war ich mir sicher, dass letzteres versenkt worden war und dass es nur noch eine Frage war, in welche Richtung der Flug gehen würde.

Wieder gaben mir die Suchscheinwerfer nach Osten die Antwort. Zu zweit und zu dritt – ich konnte der Reihenfolge der Dinge nicht folgen – bewegten sich die Lichter, die den östlichen Himmel „patrouilliert" hatten, und nahmen ihre Station um eine bestimmte tief hängende Wolke im Süden ein. Die trübe Schicht aus Cumulonimbus schien in den konzentrierten

Strahlen zu verblassen und sich aufzulösen, und dann schoss ein riesiger Schuss direkt in den Fokus des goldenen Scheins, der von den tanzenden Lichtpartikeln gebildet wurde, wild und blind davonlaufend, wie ein Stier auf den roten Mantel zugreift, der den Matador verdeckt Zeppelin.

Vielleicht war noch nie zuvor ein einzelnes Objekt im Mittelpunkt eines so blendenden Lichts. Es schien, als müsste der Sehnerv in einem so grellen Licht verkümmern, und sicherlich hätte sich kein ungeschütztes Auge ihm öffnen können. Eine dunkle Brille hätte es vielleicht erträglich gemacht, aber die Aussicht auf die Erde hätte unmöglich zu etwas Geringerem als dem Herzen eines feurigen Ofens werden können. Tatsächlich ist es sehr zweifelhaft, ob der verwirrte Flüchtling auch nur im Geringsten wusste, wo er sich befand. Durch die Kanonen im Südosten vom Rückzug in diese Richtung abgeschnitten, aber da er wusste, dass die Nordsee und die Sicherheit erreicht werden konnten, indem er nach Nordosten vordrang, ist es mehr als wahrscheinlich, dass sich der bedrängte Angreifer über den „Löwen" befand Den" eher, weil es nicht anders konnte, als aus bewusster Absicht.

Was für ein Kontrast war dieses geblendete, schwankende Ding zu den arrogant zielstrebigen Räubern von vor einem Jahr! Mit äußerster Verachtung für Schusswaffen und Suchscheinwerfer waren diese über London gestreift, bis die letzten Bomben gelegt worden waren, und eine von ihnen war sogar umgedreht, um die Zerstörung, die ihr Vorbeiflug angerichtet hatte, besser sehen zu können . Aber *dieser* Angreifer – viel größer als seine Vorgänger und obwohl er in mehr als der doppelten Höhe flog – raste auf seinem unberechenbaren Kurs, als würde er von den rachsüchtigen Geistern derjenigen verfolgt, die seine Harpyienschwestern in ihren Betten zu Tode bombardiert hatten. Wenn es noch Bomben abzuwerfen hatte, hatte sein Kommandant entweder keine Zeit oder kein Herz für diese Aufgabe. Noch nie habe ich ein lebloses Ding gesehen, das den Schrecken verkörpert – den Schrecken, der die Herzen seiner (den Bewegungen des Luftschiffs nach zu urteilen) spürbar nervösen Besatzung erfasst haben muss – wie den taumelnden, hilflosen Außenseiter eines Zeppelins, als er schließlich von den Tentakeln umklammert wurde der Suchscheinwerfer der Luftverteidigung von London.

Die ganze Zeit über hielt die unheimliche, unheimliche Stille, die über den Straßen lag, bevor ich ins Haus kam, die Stadt in ihrem Bann. Die zuschauenden Tausenden – nein, Millionen – hielten ihre Aufregung im Zaum, und der Propeller des Raiders – gedämpft durch die Nebel, die zwischen der Erde und den 12.000 Fuß, in denen er surrte, lag – gedämpft zu einem schläfrigen Dröhnen. In diese angespannte Stille schnitt das plötzliche Feuer von hundert Flugabwehrgeschützen – die sich gleichzeitig öffneten, als ob sie an einer einzigen Leine gezogen würden – und erzeugte ein gemischtes Brüllen wie der Crack o' Doom; Tatsächlich *war* es tatsächlich der Knall des Untergangs, der ertönte, auch wenn nur wenige unter den schweigend zuschauenden Millionen es bemerkten . Vielleicht eine oder anderthalb Minuten lang vibrierte die Luft vom Dröhnen hartgepumpter Kanonen und dem Kreischen der rasenden Granaten, wobei das große Geräusch von unten die schärferen Knallgeräusche der stahlkalten Blitze in der oberen Luft übertönte.

Es waren Geschütze, die für diese Aufgabe gebaut worden waren – nicht die hastig versammelte und völlig unzureichende Artillerie von vor einem Jahr –, die jetzt sprachen, und die Stimme war von geordneter, herrischer Autorität. Entfernungsmesser ermittelten die Flughöhe des Plünderers und die Informationen wurden den Geschützen zur Verfügung gestellt, die in der Lage waren, auf dieser Flughöhe „die gewünschten Ergebnisse zu liefern". Was für ein Kontrast die Fortsetzung zu dem erbärmlichen Abfeuern des anderen Raids war! Nur die Eröffnungsschüsse waren jetzt „Shorts" oder „ Wides ", und zehn Sekunden nach dem ersten Schuss verriet ein diamantenklarer Schuss, der durch einen Spalt in den oberen Wolken hervorblitzte, dass der Raider – um einen Marinebegriff zu verwenden – „geritten" war. Sowohl darüber als auch darunter explodierten Granaten. Von diesem Moment an, bis die Kanonen siebzig oder achtzig Sekunden später aufhörten, explodierten die Granaten, überzogen die Luft mit goldenen Schimmern und verfingen den fliegenden Angreifer in einem feurigen Netz.

Ein paar Sekunden lang kam es mir so vor, als ob die Blitze trotz des engmaschigen Netzes der Granateneinschläge kaum so schnell kamen, wie das Donnern der Kanonen es zu rechtfertigen schien, und ich suchte mit meiner Brille den Himmel ab für andere mögliche Ziele. Aber kein anderer Räuber war in Sicht; Es gab keinen anderen „Knotenpunkt " für Schüsse und Suchscheinwerfer. Plötzlich war mir der Grund für die scheinbare Diskrepanz klar. Die Blitze, die ich sah (abgesehen von ein paar Splittergeschossen, die sie abfeuerten), waren nur Fehlschüsse; Die Treffer konnte ich nicht sehen. Der lang erwartete Test befand sich in seiner entscheidenden Phase. Ohne Bomben und mit der Hälfte seines Treibstoffs befand sich der Angreifer im Zenit seines Fluges, und doch konnten die Geschütze ihn problemlos anvisieren. Es ging nun darum, wie viel Granatenbeschuss der Zeppelin aushalten konnte.

Auch wenn das Luftschiff – soweit ich durch meine Brille sehen konnte – nicht schien, langsamer zu werden oder durch das Geschützfeuer merklich erschüttert zu werden, habe ich keinen Zweifel daran, wie das Ende ausgefallen wäre, wenn der Test möglich gewesen wäre wurden in einem offenen Land zu ihrem Abschluss gedrängt. Aber einen brennenden Zeppelin über drei oder vier Blocks des dicht besiedelten Londons zum

Absturz zu bringen, war kaum etwas, was die Luftverteidigung tun wollte, wenn es überhaupt vermieden werden konnte. Der Plan wurde mit der fast mathematischen Präzision zu Ende geführt, die die vorbereitenden Suchscheinwerfer- und Schießarbeiten kennzeichnete.

Von dem Moment an, als er in Sichtweite kam, hatte der Angreifer weiße Gaswolken ausgestoßen, um sich vor den Scheinwerfern und Geschützen zu verstecken, während die deutlich sichtbaren Bewegungen seiner Seitenflächen darauf hinzudeuten schienen, dass er verzweifelte Anstrengungen unternahm, noch höher zu klettern die dünner werdende Oberluft. Keines dieser Hilfsmittel war von großem Nutzen. Die wirbelnden Gaswolken hätten durchaus ein schwebendes Luftschiff verdecken können, aber nie eines, das mit 110 km/h durch die Luft raste, während es, weit davon entfernt, seine Höhe zu erhöhen, von dem Moment an, als die Kanonen aufhörten, einen leichten, aber stetigen Verlust zu verzeichnen schien Bis es zwei oder drei Meilen weiter entfernt für eine Minute von einer tief hängenden Wolke verdeckt wurde. Zweifellos bestand das Ziel der Kanoniere darin, den Marodeur zu „lochen" und nicht darin, ihn abzufeuern, und er musste sehr schnell Gas verloren haben, selbst als der Höhepunkt des Angriffs näher rückte und ein erhöhter Auftrieb am wünschenswertesten war.

Die „massierten" Scheinwerfer Londons „ließen los", kurz nachdem das Feuer aufgehört hatte, und nun, als der Angreifer in ihr Feld kam, rollten die verstreuteren Scheinwerfer der nördlichen Vororte heran und „fixierten sich". Ungefähr zu dieser Zeit änderte der Flüchtling seinen Kurs von Norden nach Nordosten, und die anschwellenden Dampfwolken, die zurückblieben , versperrten mir bald seine perspektivisch verkürzte Länge völlig aus meiner Sicht. Hinter den Höhen im Norden schien ein dichter Bodennebel zu herrschen, und im diffusen Schein der Suchscheinwerfer, die versuchten, diese Maske zu durchdringen, zeigten meine Brillengläser die gespenstischen Schatten huschender Flugzeuge , die auf den Todesstoß zusteuerten .

Der Bodennebel (der jedoch nicht das eigentliche London bedeckte) hielt die volle Stärke der Suchscheinwerfer von der oberen Luft ab, und in einem Himmel von fast stygischer Schwärze wurde der letzte Schlag nach Hause geschickt. Die Bauern von Hertfordshire erzählen seltsame Geschichten über die Detonationen explodierender Bomben, die auf ihren Feldern einschlugen, aber all diese Geräusche wurden von dem zwanzig Meilen langen Luftkissen absorbiert, das jetzt zwischen meinem Aussichtspunkt und dem letzten Schauplatz des Geschehens lag.

Kein Laut, kein Schatten kündigte den Aufflackern gelben Lichts an, das plötzlich am nordöstlichen Himmel aufblitzte und sich in

Breitenrichtung ausbreitete, bis der gesamte Körper eines Zeppelins – selbst in zwanzig Meilen Entfernung kein kleines Objekt – in glühender Glut hervortrat. Dann schoss eine große Fläche rosa-weißer Flammen auf, und in den Wellen rosigen Lichts, das die Erde über Dutzende Meilen hinweg erfüllte, konnte ich die vergoldeten Buchstaben auf meinem Fernglas lesen. Dies war zweifellos die Explosion des entzündeten Wasserstoffs der Hauptgassäcke, und unmittelbar darauf brach der große Rahmen in der Mitte zusammen und begann langsam auf die Erde zu fallen, wobei er jetzt mit einer hellgelben Flamme brannte, über der sich schwarze Rauchwolken bildeten war deutlich sichtbar. Ein greller Lichtstoß – zweifellos von den explodierenden Benzintanks – flammte auf, als die brennende Masse die Erde traf, und eine halbe Minute später war die Nacht, abgesehen von den suchenden Suchscheinwerfern im Osten und Süden, wieder so schwarz wie eh und je.

Dann geschah vielleicht das Seltsamste von allem. London begann zu jubeln. Ich hätte in Paris, Rom, Berlin oder sogar New York darauf vorbereitet sein sollen, aber dass der Brite – der von allen Menschen auf der Welt den Klang seiner eigenen, in hemmungslosem Jubel erhobenen Stimme am meisten fürchtet – wirklich jubelte, und in Millionen, war fast zu viel. Ich kniff mir in den Arm, um sicherzugehen, dass ich nicht eingenickt war, und vergaß für ein oder zwei Minuten voller Staunen das große Drama, das sich gerade abspielte.

zerrissen ein halbes Dutzend australischer „ Tommies “ die Luft mit „ Cooees “ und tanzten um einen Laternenpfahl, während überall auf der Straße, aus Türen und Fenstern, jubelndes Geschrei zu hören war. Mehrere Blocks lang in alle Richtungen ertönte der Jubel laut und deutlich, deutlich als solcher zu erkennen ; Das Geräusch der Millionen von Kehlen in der Ferne war nur ein schweres, grollendes Summen. Vielleicht hat die Luft seit Anbeginn der Schöpfung nicht mehr von einem so seltsamen Geräusch gezittert – einem Geräusch, das zwar in seinem Ursprung völlig menschlich war, aber immer noch unmenschlich, überirdisch, fantastisch. Sicherlich gab es noch nie zuvor in der Geschichte – nicht einmal während der großen Vulkanausbrüche – eine so große Anzahl von Menschen (der Absturz des Zeppelins war in einem Umkreis von 50 bis 75 Meilen in alle Richtungen sichtbar, eine Region mit wahrscheinlich 100 km). 10.000.000 bis 15.000.000 Einwohner) durch ein einziges Ereignis plötzlich und intensiv aufgerüttelt worden.

Es war zweifellos die Spektakularität des unerwarteten *Putsches* , die diese normalerweise unterdrückten Millionen so plötzlich und so heftig lautstark zum Ausdruck gebracht hatte. Viele – vielleicht die meisten – hörten auf zu jubeln, als ihnen klar wurde, dass im Herzen dieses brennenden Kometen am nordöstlichen Himmel zwanzig Menschen zu Asche verbrannten ; andere – ich kannte die erst kürzlich renovierten Mietskasernen, in denen sich einige von ihnen befanden – müssen angesichts dieser Erkenntnis in noch grimmigerem Jubel geschrien haben . Ich kann noch kaum sagen, was mich tiefer berührte: der Absturz des Zeppelins selbst oder der gewaltige Gefühlsausbruch, der durch seinen Absturz ausgelöst wurde.

Mit dem Taxi, dem Milchwagen, der Straßenbahn und jedem anderen Verkehrsmittel, das sich bot, meist jedoch zu Fuß, schlängelte ich mich in den nächsten vier Stunden über Landstraßen und Nebenstraßen, und kurz nach Tagesanbruch kletterte ich durch die letzten von einem Dutzend dorniger Hecken und fand mich neben dem noch immer schwelende Trümmer des gefallenen Angreifers. Ein geordneter Kordon von Soldaten, der einen Hektar geschwärztes und verdrehtes Metall umgab, kilometerlange verwickelte Drähte und etwa zwanzig Männer des Flying Corps, die bereits damit beschäftigt waren, die Trümmer in wartende Motorlastwagen zu verladen – das war so ziemlich alles, was es zu sehen gab . Eine drei Meter große grüne Plane bedeckte die gesamte Luftschiffbesatzung, die versammelt werden konnte. Einige der Fragmente waren eindeutig als Arme, Beine und Rumpfteile von Menschen zu erkennen ; andere waren es nicht. Ein Mann neben mir stand eine Weile da und blickte mit nachdenklich gerunzelter Stirn auf den erbärmlichen Haufen. Dann drehte er sich zu mir um, ein grimmiges Leuchten in seinen Augen, und sprach.

„Wissen Sie", sagte er, „dass diese" (wobei er auf die verkohlten Baumstümpfe unter dem Leinwandquadrat deutete) „mich gerade an die Worte erinnert haben, die Graf Zeppelin Berichten zufolge bei einer großen Massenversammlung in Berlin verwendet haben soll, um darauf zu drängen." eine strengere Führung des Luftkrieges gegen England zur weiteren Steigerung der Schrecklichkeit? Er führte zwei Luftschiffpiloten zur Vorderseite der Plattform und rief der Menge zu: „Hier sind zwei Männer, die letzte Nacht über London waren!" Und die versammelten Tausende, so hieß es in der Depesche , jubelten laut und forderten immer wieder die Entsendung der Zeppeline, bis die arroganten Engländer in die Knie gezwungen wurden. Nun" – er hielt inne und holte tief Luft, als sein Blick wieder auf den Haufen geschwärzter Fragmente fiel – „ es scheint, dass sie die Zeppeline erneut geschickt *haben* – mehr als je zuvor – und jetzt sind wir an der *Reihe* , uns vorgestellt zu werden. die Männer, die letzte Nacht über London waren.' Ich frage mich, ob die Fackel, die diese armen Teufel verzehrte, hell genug war, um die schwarze Nacht zu durchdringen, die sich über Deutschland gelegt hat?"

Die Anspannung ließ in der Nacht nach und – der Überfall war vorbei. Wer weiß, aber was die Bedrohung für England betrifft, bedeutete der Vorbeiflug *eines Zeppelins auch den Vorbeiflug des* Zeppelins?

KÄMPFEN FÜR SERBIEN

Ich hatte viele seltsame Treffen – seltsam in Bezug auf den Ort und die damit verbundenen Umstände – in den verschiedensten seltsamen Ecken der Welt, aber alles in allem neige ich dazu, zu glauben, dass meine Begegnung mit Radovitch Ende März letzten Jahres die seltsamste von allen war das Einkaufszentrum.

Es lag an einem herrlich mit Blumen bedeckten Hang eines Berges in …. Aber lassen Sie das an der richtigen Stelle geschehen.

Es gab Hinweise darauf, dass sich die marschierenden Truppen auf den Straßen versammelten, und ich wusste, dass eine Art Scharmützel im Gange war, weil über mir und rechts von mir vereinzelte Gewehrfeuerspritzer verstreut waren; Aber dass ich tatsächlich zwischen die Kämpfer geraten war, wurde erst deutlich, als unten im Wäldchen das Stakkato eines plötzlich enttarnten Maschinengewehrs ertönte . Ich hörte nicht das vertraute, einschmeichelnde Rauschen der Kugeln, und nur ein gelegentliches Zucken im Eichengestrüpp verriet, dass es sich um einen plänkelnden Soldaten handelte, aber es war klar, dass, wenn die Gewehre in die Richtung des Maschinengewehrs feuerten und dic Maschine – Als die Waffe in Richtung der Gewehre feuerte, blockierte die Position meines zitternden Körpers fast einen Teil des engen kleinen Halses der Atmosphäre, entlang dem die ausgetauschten Kugeln ihren Weg finden mussten. Man lernt es erst, wenn man zum ersten Mal unter Beschuss steht – insbesondere unter Gewehrfeuer –, aber die Fähigkeit, in Deckung zu gehen und sich bei der Annäherung an eine reale oder eingebildete Gefahr unauffällig zu machen, ist eines der wenigen Dinge, bei denen das mehr Der oder weniger degenerierte Mensch von heute leidet am wenigsten im Vergleich zu diesem schönen und autarken Tier, seinem primitiven Vorfahren.

Ich hüpfte geschickt über ein natürliches „Gewirr" aus magentafarben blühenden Kakteen, tauchte durch einen waldigen Tunnel im knorrigen Eichengestrüpp und landete bequem in der verfilzten Masse aus weichem Jungfernhaar, wo das Wasser von der Seite eines tiefen ausgegrabenen Lochs tropfte von den Ziegelmachern des Dorfes beim Herausnehmen von Lehm. Auf beiden Seiten gab es ausreichend Schutz vor allem außer Artilleriefeuer aus großer Entfernung. Also suchte ich mir ein Bett aus üppigem Gras mit einem Kornblumen- und Butterblumenkissen aus und streckte mich in luxuriöser Leichtigkeit, um den Kampf vorbeiziehen zu lassen.

Die Gewehre feuerten ein oder zwei Minuten lang auf die Spechttrommel des Maschinengewehrs, dann verstummten sie plötzlich und machten dem Krachen des Unterholzes und den brüstigen Flüchen zwischen den Zähnen Platz, die von angreifenden Männern erzählen. Vereinzelt, einzeln, zu zweit und zu dritt, begannen sie über meinem Kopf vorbeizustolpern, bald erkennbar an der schnellen Silhouette eines angespannten Kiefers und vorgestreckter Schultern, bald am Glitzern eines zuckenden Bajonetts, vor allem aber an den kehligen Schimpfwörtern, die … Markieren Sie den ernsthaften, geschäftstüchtigen Mann. Einer von ihnen – ein Serbe mit hageren Augen in der verblassten, horizontblauen Uniform eines französischen *Poilu* –, der nahe genug an den Rand meines Zufluchtsorts vorbeikam, um einen dreiviertel langen Blick auf ihn zu werfen, trug eine kreischende goldfarbene Henne an den Federn ihrer Nackenhaare, und ich dachte gerade darüber nach, wie jeder andere Soldat, den ich kannte, diesem verräterischen Lärm einen Strich durch die Rechnung gemacht hätte, indem er seinen Griff um die Luftröhre ausgeweitet hätte, als Radovitch herunterkam, um sich mir anzuschließen. Nicht, dass er die Absicht gehabt hätte, Deckung zu suchen, die mich dorthin geführt hätte – ganz im Gegenteil. Ich sah, wie er schnell und tief rannte (wie es bei jedem guten Soldaten der Fall ist, wenn er sich mit seinem Feind auseinandersetzt), wie er aus dem Dickicht hervorbrach, wie er sich aufrichtete und versuchte, nach rechts auszuweichen, als plötzlich das Loch seinen Weg versperrte, und schließlich sah, wie sich die schuppige gelbe Schlaufe der erdverlaufenden Aloe-Wurzel schnell straffte, die geschickt die Spitze seines schlurfenden Stiefels packte und das Manöver zunichte machte .

Von der feinen Finesse meiner eigenen sanften Landung im hämmernden „ Kerplump “, die den hohen Sprung vollendete, den Radovitch nach seinem Kontakt mit der Aloe-Wurzel vollführte , war kaum etwas zu spüren. Seine Waffe überholte ihn und unterbrach seine Parabel, wobei das Bajonett einen Farnwedel am gegenüberliegenden Ufer durchbohrte, aber sein breites, gebräuntes slawisches Gesicht war der erste Teil von Radovitch selbst, der den Boden erreichte, so dass die ganze Trägheit des Knochens zu spüren war und die Muskeln seiner fest zusammengewachsenen Gestalt trieben die elfenbeinernen Halbmondzähne seines nach hinten gebogenen Unterkiefers in einem schnellen, rauen Schnitt durch den nachgebenden Rasen. Er riss sich benommen zusammen, setzte sich auf, rieb sich das Gras aus den Augen und knetete sanft die angespannten Kiefergelenke, um zu sehen, dass sie immer noch in ihren Angeln schwangen. Beruhigt spuckte er stotternd Aphodel und Anemone sowie den Rest seines Mundes Blumenbeet aus und beendete den Vorgang, indem er mit dem Zeigefinger zwischen den unteren Zähnen und der Lippe herumfuhr, um lauernde Erd- und Kiesstücke zu entfernen.

Diese Operation mit dem Zeigefinger hatte etwas seltsam Vertrautes, und es war die plötzliche Erinnerung an die gleiche Art und Weise, wie wir früher die Rostklumpen losgeworden waren, die unter unsere Fußball-Nasenschützer gedrängt worden waren, die für meinen Eifer verantwortlich war Ausruf der Überraschung. Ich erinnere mich nicht genau, was ich gesagt habe, aber es war wahrscheinlich so etwas wie „Ich werde umgehauen sein !"

Der Ausdruck benommenen Grolls auf Radovitchs gras- und schmutzverschmiertem Gesicht verwandelte sich augenblicklich in Ausdruck leerer Überraschung. Der arme, angespannte Kiefer entspannte sich, und er warf mir einen starrenden Blick voller Verwunderung zu.

„Wo zum Teufel kommst du her?" er keuchte schließlich; und dann: „Sprechen Sie Englisch?"

Als ich die erstere Frage ignorierte und der letzteren zustimmend grinste, antwortete er: „ Bist du doch nicht Merican , oder? " Du kennst New York nicht, oder?"

Als ich in beiden Anklagepunkten meine Schuld eingestand, kroch er herüber und ergriff mit seiner schmutzigen Pfote meine Hand.

„Mein Name ist Radovitch . „ Ich bin selbst amerikanischer Staatsbürger", sagte er stolz. „Ich habe meine letzten Papiere herausgeholt, kurz bevor ich hergekommen bin, um für Serbien zu kämpfen. Als Kind ging ich fünf Jahre lang in New York zur Schule. Waren Sie schon einmal in Chicago?"

"Natürlich."

Radovitchs Aufregung steigerte sich, als er herausfand, dass ich in Omaha (wo er auf den Viehhöfen gearbeitet hatte) und in Jerome, Arizona (wo er in der Kupferhütte „Schlacke abgeladen" hatte) gewesen war, und erreichte ihren Höhepunkt, als ich ihm versicherte, dass ich es getan hatte spielte einmal eine Partie Baseball in Aldridge, einer kleinen Kohlebergbaustadt in Montana, in der Nähe des Nordportals des Yellowstone Parks.

„Ich habe dort ein Geschäft und ein halbes Interesse an den Baseballplätzen und einem Tanzsaal", rief er; und er war gerade mitten in einem aufgeregten Bericht über seinen Aufstieg zum Glück in dem, wie er es nannte, „heißesten kleinen alten Lager im Yellowstone", als der Lärm von zwei oder drei frischen Maschinengewehren, die gleichzeitig öffneten, seine Stimme übertönte. und ein paar Minuten später wurde ein halbes Dutzend Gewehrmündungen über den Rand unserer Zuflucht geschleudert, während uns ein serbischer Korporal mit rauer Stimme in der khakifarbenen Tunika eines britischen Tommy und den weiten Hosen einer französischen Zuave mitteilte, dass wir es waren seine Gefangenen.

Radovitch warf mit einem verlegenen Grinsen im Gesicht die Hände hoch und rief den klassischen „ Kamerad !" aus. Dann schlenderte er seinen Häschern gegenüber und forderte sie kühl auf, eine Schachtel Zigaretten für ihn und seinen „ Merikansky "-Freund wegzuwerfen.

„Ich habe meins zerschmettert, als ich gefallen bin", erklärte er, schlenderte zurück und bot mir ein „Mazedonien" an. „Würden Sie nicht meinen, dass wir in Serbien ohne diese verdammten Scheinkämpfe genug Kämpfe gehabt hätten, während wir uns hier oben auf Korfu ausruhen sollten? Für neue Rekruten mag das in Ordnung sein; Aber Sie müssen zugeben, dass uns zwei Jahre des Kampfes, wie wir ihn dort drüben in den Bergen erlebt haben, nicht dazu bringen werden, solche spielerischen Auseinandersetzungen wie diese auf die Probe zu stellen. Aber egal, in ein oder zwei Monaten kehren wir wieder zur Realität zurück. Kommen Sie mit ins Lager und treffen Sie meinen Colonel. Wir waren zusammen Kinder in Prilep . Jetzt hat er das Kommando über dreitausend Mann und ich bin nur ein Korporal; aber trotzdem könnte ich ihn zwanzigmal auskaufen.

Den bloßen Umriss von Radovitchs Geschichte erzählte er mir an diesem Abend (nachdem er offiziell wieder „freigelassen" worden war), als ich neben ihm über die Hügel zu seinem Lager stapfte; Aber erst als er drei oder vier Tage später einen Nachmittagsurlaub bekam und mit mir einen Spaziergang durch das serbische Hilfslager machte, erfuhr ich, dass er zu dieser unsterblichen Schar von Helden gehört hatte, die es verschmähten, die freie Natur auszunutzen Nach dem Fall Belgrads machten sie sich auf den Weg zu einer Bergfestung im Herzen ihres eigenen Landes und blieben zurück, um so viel Krieg wie möglich gegen den verhassten Eindringling zu führen. Was für eine Art Krieg das war – tatsächlich, was für eine Art Krieg es *ist* , denn die Band überlebt immer noch und macht in unauslöschlichem Geist wieder auf, was sie an Zahl verloren hat –, erfuhr ich dann zum ersten Mal.

Erst die unerwartete Begegnung mit einem neu angekommenen Kameraden (der an einer offenen Bajonettwunde und einem fortgeschrittenen und bisher vernachlässigten Skorbutanfall litt – und es schien mir, als würde er sterben –) lenkte Radovitch von der wehmütigen Erinnerung an Aldridge, Montana und … ab brachte ihn dazu, über die düstere Realität seines Lebens in Serbien zu sprechen, ein Thema, bei dem ich ihn bis zu diesem Moment seltsam zurückhaltend empfunden hatte. Die Dinge, über die er an diesem Nachmittag sprach, deckten nur ein oder zwei Vorkommnisse in seinem Leben mit einer Gruppe von Männern ab, die, immer schwächer werdender und doch immer wieder von Gott weiß wo rekrutiert, ein Beispiel für Tapferkeit und Hingabe an eine fast verlorene Sache waren beispiellos, selbst in einem Krieg, in dem Tapferkeit und Hingabe die tägliche Arbeit bilden.

Denn obwohl die Serben ihre Heldentaten zusammen mit denen der halblegendären Helden ihrer frühen Geschichte noch heute besingen, ist diese Band immer noch eine „lebende Kraft", die in ihrem Wirkungsbereich einen ganz eigenen Einfluss ausübt Im Verlauf des Krieges ist es notwendig, dass die Namen der Dörfer und Städte sowie der Berge und Täler und Flüsse, auf die sich Radovitch in seiner Erzählung so ständig bezog, vollständig unterdrückt werden. Ich kann jedoch sagen, dass die spätere Untersuchung, die ich im serbischen Hauptquartier in Saloniki durchgeführt habe, zahlreiche Beweise dafür erbracht hat, dass die Dinge, von denen er mir erzählte – sowie andere kaum weniger bemerkenswerte Dinge, über die es noch nicht an der Zeit ist, sie aufzuschreiben – jenseits des Schattens stattgefunden haben eines Zweifels.

Die Stimmung zum Reden überkam Radovitch erst, als er mich auf den Gipfel des Hügels hinter dem Hilfslager geführt hatte, von wo aus der Blick nach Osten über eine violette Meerenge zu den schneebedeckten Gipfeln von Epirus und Albanien nach Westen schweifte wo sich das, was einst die Villa des Kaisers Achilleon war, deutlich vom düsteren Grün des Rückgrats der Insel abhob , nach Norden, wo seine Zwillingsburgen rechts und links die weißen Mauern und roten Dächer der Stadt Korfu flankierten, und nach Süden ins Dunkle Umrisse von Leukas und Kefalonia, die im violetten Dunst des späten Nachmittags dünner werden. Unten befand sich auf drei Seiten das Meer, und die sagenumwobenen Odysseus-Inseln wappneten sich gegen die Flut, die in die Bucht strömte. Oben ein Gewölbe aus wolkenlosem Himmel und rundherum ein etwa tausend Jahre alter Wald aus knorrigen Oliven. Es war die Wirkung all dessen, zusammen mit dem Anblick seines Freundes aus Serbien in dem kleinen Zeltkrankenhaus des Hilfslagers, das Radovitch dazu brachte , über Dinge zu sprechen, auf die ich ihn seit meiner Begegnung vergeblich aufmerksam gemacht hatte. Solange die Stimmung anhielt, schien er keine andere Ermutigung zu brauchen als den aufmerksamen Zuhörer, der immer zur Hand war; Als es vorüber war, war er wieder in den Minen von Montana, taub und blind für jeden meiner Versuche, ihn über Serbien und das, was ihm dort widerfahren war, zum Reden zu bringen.

„Wie kam eure Band überhaupt zusammen?" Ich hatte gefragt: „Und aus was für Männern bestand es?" Gab es vor dem Retreat eine Art Organisation oder seid ihr danach einfach zusammengedriftet?"

„Es muss hauptsächlich ‚Drift' gewesen sein", antwortete Radovitch . „Wahrscheinlich wussten die Regierung und unsere Generäle, dass wir nachgeben mussten, wenn die Österreicher und Bulgaren gemeinsam auf uns losgingen, aber keiner von uns anderen hätte sich jemals träumen lassen, dass wir nicht die ganze Truppe umhauen könnten. Daher glaube ich nicht, dass an der Geschichte über die Bande der „Blutsbrüder", die im Voraus gegründet wurde, viel Wahres dran ist. Wir waren zu Beginn ungefähr gleich stark aus Männern zusammengesetzt, die das Land nicht verlassen wollten, und Männern, die das Land nicht verlassen konnten. Die ersten waren überwiegend Bergbewohner der Region, in die wir gingen. Unter ihnen waren viele ehemalige Räuber, und die meisten von ihnen hatten ihr ganzes Leben lang gegen die Türken, die Bulgaren, die Regierung oder einander gekämpft. Der Art und Weise, wie diese Leute das Land kannten und wie man davon lebt und darin kämpft, verdankten wir den größten Teil unseres Erfolgs. Der Rest von uns bestand aus allerlei Kriminellen, die aus dem Rückzug herausgefallen waren, es aber dennoch geschafft hatten, sich den Händen des Feindes zu entziehen.

„Zuerst war diese besondere Bergregion – die später zu unserer Hochburg wurde und heute der einzige Teil Altserbiens ist, in den der Feind noch nie einen Fuß gesetzt hat – nur ein Zufluchtsort, und ein paar Wochen lang hatten wir ziemliche Mühe, genug zu finden auf etwas Leben. Den ganzen ersten Winter über ging es nur ums Überleben, und wir lebten hauptsächlich von nächtlichen Überfällen auf vereinzelten österreichischen Versorgungszügen. Aber es dauerte nicht lange, bis wir genügend Schafe und Ziegen zusammentrieben, um weiterzumachen, und im Frühjahr bewirtschafteten wir eines der kleinen Bergtäler. Seit letztem Sommer war Essen – abgesehen von Gemüse, mit dem wir kein Glück hatten – eines unserer geringsten Probleme.

„Wir hatten von Anfang an jede Menge Gewehre. Ein Serbe wird seine Kleidung fallen lassen, bevor er seine Waffe wegnimmt, wie Sie feststellen werden, wenn Sie jemals unsere Armee in Aktion sehen, wo ein Fluss durchquert werden muss. So mancher Mann schlenderte ohne Hose oder Hemd zu uns, aber nie einer, von dem ich jemals gehört habe, ohne sein Gewehr. Wir waren auch einigermaßen gut auf Patronen vorbereitet, weil ein Mann bei Raubzügen oder Kämpfen aus dem Hinterhalt bis zum Anschlag keine solche einsetzt Hundert erschlägt er in den Schützengräben. Es gelang uns immer, genug für unsere eigenen regulären Armeegewehre zu haben, und nachdem wir mit den Raubzügen gut begonnen hatten, trafen österreichische Gewehre und Munition schneller ein, als wir sie jemals brauchen konnten. Wir hätten ein oder zwei zusätzliche Maschinengewehre gebrauchen können, bevor wir unsere steinerne Verteidigung hatten organisiert , und bevor die Österreicher gelernt hatten, dass es sich nicht lohnte, hineinzukriechen und uns aus unseren Löchern zu ziehen. Aber noch bevor der Winter vorüber war , hatten wir genügend Ersatzfeuerwerke, so dass es uns nichts ausmachte, den Verlust von ein oder zwei zu riskieren, indem wir sie auf Raubzüge mitnahmen.

„Die Lage der Berge machte die gesamte *Mesa* [4] zu einer einzigen großen natürlichen Festung, und ich weiß nicht, ob es auf der ganzen Welt einen anderen Ort der gleichen Art gibt, der so leicht zu verteidigen und so schwer anzugreifen ist. Die Berge sind steiler und felsiger als das Hauptmassiv Albaniens, das man dort am Himmel sieht, und das ist schon etwas Besonderes. In all den Sommern, die ich mit Schürfen in Arizona, Utah und Colorado verbracht habe, bin ich noch nie auf etwas halb so Raues gestoßen. Nur zu einem der Pässe führte eine Karrenstraße hinauf, und nur drei führten über Saumpfade. An zwei oder drei anderen Stellen konnte ein Mann mit den Händen hochklettern, aber überall sonst brauchte er Seile und Kletterleitern.

[4] Tafelland.

„An jedem der Pässe – einschließlich dem der Karrenstraße – könnte ein halbes Dutzend guter Rockroller mit reichlich ‚Munition‘ einer Armee den Garaus machen, und Sie können darauf wetten, dass wir dafür gesorgt haben An Kieselsteinen mangelte es nicht. In den ersten ein oder zwei Wochen waren meine Finger durch den Umgang mit Steinen fast bis zum Knochen abgenutzt. Die Österreicher hätten uns, sobald wir uns heimisch gemacht hatten, nur mit nicht weniger als einem Dutzend Regimentern ihrer Kaiserjäger, Gebirgsbatterien und allem anderen besiegen können. Aber als ihnen diese Tatsache klar wurde, beschäftigten die Italiener sie so sehr, dass sie wahrscheinlich dachten, sie könnten nicht so viele Alpentruppen für Nebenauftritte entbehren. Wie dem auch sei, sie haben uns in Form von Angriffen noch nicht einmal eine ordentliche Chance gegeben, auch wenn einige der Razziatrupps natürlich ab und zu recht schlimm bestraft wurden.

„Das Einzige, was wir als Erstes und Letztes am meisten brauchten, war Dynamit. Hätten wir in den ersten ein oder zwei Monaten, bevor die Österreicher ihre Patrouillen organisierten , auch nur eine halbe Tonne davon erbeuten können , hätten wir durch die Sprengung von Brücken und Tunneln, wo sie im Ansturm übersehen worden waren, riesigen Schaden anrichten können des Rückzugs und die Störung der Kommunikation im Allgemeinen. Als wir endlich Pulver bekamen, waren alle Gefahrenstellen so stark bewacht, dass wir nie eine faire Chance hatten, sie zu erreichen. Einmal stürmten wir mit fünfzig mit Messern bewaffneten Männern die Wache an einer wichtigen Brücke und säuberten das Gelände, bevor ein Schuss fiel. Aber irgendetwas musste mit der Zündschnur oder den Zündkapseln nicht in Ordnung sein, denn das unter dem nahegelegenen Widerlager platzierte Dynamit explodierte nie, und es blieb keine Zeit, zurückzugehen und die Arbeit noch einmal zu erledigen. Das nächste Mal versuchten wir die gleiche Taktik in einem Tunnel, aber hier hatten sie einen Hinterhalt parat, und nur etwa ein Dutzend der hundert Männer, die an dem Überfall beteiligt waren, kamen jemals zurück. Die reibungsloseste Tunnelarbeit, die jemals durchgeführt wurde, wurde überhaupt nicht von unserer Gruppe durchgeführt, sondern von einer viel kleineren Gruppe, die eine Zeit lang in der Region Uskub arbeitete und von einem serbischen Geheimdienstoffizier aus Saloniki angeführt wurde, der einen Monat lang dort abgesetzt worden war vorher aus einem Flugzeug . Sie stiegen am helllichten Tag zu einem sehr wichtigen Pass hinab, ergriffen einen Zug leerer Güterwaggons, der auf einem Abstellgleis auf einen vorbeifahrenden Truppenzug in Richtung Süden wartete, und hielten ihn fest, bis ein im Voraus vereinbartes Signal ihnen mitteilte, dass die Truppe Der Zug fuhr in das nördliche Ende des längsten Tunnels in diesem Teil des Landes ein und ließ die Fracht dann am anderen Ende los. Später erfuhren wir, dass nie ein Mann lebend herausgeholt wurde, aber die beste Wirkung der Aktion war, dass sie den Kalkfelsen im Herzen des Berges in Brand setzte und den Verkehr für viele Monate blockierte.

„Nachdem diese Gruppe im Süden bis zu über tausend Männer auf einmal rekrutiert und den Österreichern fast vier Monate lang das Leben schwer gemacht hatte, ging ihr mitten im Winter die Nahrung aus und sie musste sich auflösen. Sein als bulgarischer Soldat verkleideter Anführer kämpfte sich jedoch durch die feindlichen Linien zurück, und nachdem er nur knapp verpasst hatte, von der ersten serbischen Patrouille, auf die er nach dem Überqueren der Cerna traf, getroffen zu werden , erreichte er Saloniki sicher und mit einem vollständigen Bericht über das, was er getan hatte hatte fünf Monate lang in feindlichem Gebiet gesehen. Es war die raffinierteste Arbeit dieser Art, die in dieser Phase des Krieges durchgeführt wurde. Der Name des Kerls ist——, und wenn er nicht gerade auf einer anderen Tour der gleichen Art ist, kann man ihn wahrscheinlich in Saloniki sehen. [5]

[5]   Mit freundlicher Genehmigung des Kronprinzen von Serbien wurde dem Schriftsteller bei seinem anschließenden Besuch in Saloniki ein Interview mit dem betreffenden Geheimdienstoffizier gewährt und er erwartet in Kürze die Erlaubnis, einen vollständigen Bericht darüber zu schreiben, was zweifellos nicht der Fall war nur eine der gewagtesten, aber auch erfolgreichsten Heldentaten des Krieges.

„Wie ich Ihnen schon sagte ", fuhr er fort Radovitch : „Dynamit war das Einzige, was wir mehr als alles andere brauchten, und doch – vielleicht wäre das eine große Ding, das wir gemacht haben, nicht halb so groß gewesen (und vielleicht wäre es völlig gescheitert), wenn wir es getan hätten." das Pulver, um die Arbeit so zu erledigen, wie wir es ursprünglich geplant hatten.

Haben Sie jemals gehört, was mit der österreichischen Truppe passiert ist, die im letzten Frühjahr im …-Tal lagerte?"

„Ich erinnere mich, dass ich eines ihrer Bulletins gelesen habe", antwortete ich, „in dem zugegeben wurde, dass bei einer Überschwemmung in dieser Region ein oder zwei Bataillone verloren gegangen seien. Aber das hatte doch „natürliche Ursachen", oder? Hatte nicht ein Dammbruch etwas damit zu tun?"

„Natürliche Ursachen und ein Dammbruch hatten etwas damit zu tun", sagte Radovitch grinsend; „Aber die Natur leistete in diesem Fall tatkräftige Hilfe, und da kamen wir ins Spiel. Es war auch nicht nur ein Bataillon, das flussabwärts ging; Es waren eher zwei ihrer großen Regimenter – die gesamte Hauptstreitmacht, die sie zusammengewürfelt hatten, um uns unterzubringen. Es war mit Abstand das Beste, was wir gemacht haben; Und wie ich Ihnen bereits sagte, wäre die Reinigung nicht einmal halb so groß gewesen, wenn wir überhaupt das Pulver gehabt hätten, um es auf „normale Weise" zu erledigen. Wenn wir das Pulver gehabt *hätten* , hätten wir Providence nie eine Chance gegeben, und glauben Sie mir, es war nichts anderes als die Vorsehung, die die Dinge hätte regeln können, bis sie schließlich herauskamen.

„Sehen Sie, es war so", fuhr Radovitch fort, lehnte sich bequem zurück und lächelte das erfreute Lächeln der Erinnerung, das auf dem Gesicht eines Mannes liegt, der sich an Ereignisse erinnert, auf die er großen Stolz und Freude hatte, „die offenste Herangehensweise." Zu unserem Gebirgsland führte die Schlucht, durch die die Karrenstraße hinaufführte. Auf diese Weise entwässerte ein großes Wassereinzugsgebiet, so dass der kleine Fluss, der durch die Schlucht floss, selbst bei Niedrigwasser ein ziemlich mächtiger Bach war – ein gutes Stück größer als das alte Firehole im Yellowstone Park. Dieser Fluss floss aus dem Hauptmassiv der Berge in eine feine Mulde eines Hochlandtals und dann weiter aus dieser heraus, durch eine raue Gebirgskette, in eine andere Schlucht. An der Spitze dieser letzten Schlucht befindet sich ein natürlicher Standort zum Speichern von Wasser, und dort wurde – als Projekt eines alten Rekultivierungsplans der Regierung, der aus Geldmangel auf halbem Weg aufgeschoben worden war – ein hoher Staudamm gebaut, der die Lage unterstützte einen tiefen, schmalen See hinauf, der vier oder fünf Meilen lang ist.

„Die Österreicher hatten eine kleine Streitmacht in dem kleinen Dorf im Tal des Sees und patrouillierten vier oder fünf Meilen der Karrenstraße in die Berge hinein, aber der Großteil von ihnen lagerte unterhalb der zweiten Schlucht in einem offenen Dreieck -förmiges Tal, das von der Ebene bis zu den Ausläufern reichte. Es war ein gutes, sicheres, gesundes, gut entwässertes Lager, das weit über den Höchstwerten des Frühlingshochwassers lag. Die einzige Bedrohung für ihn war der See hinter dem Damm im Tal darüber, aber zu ihrem Pech wussten sie nicht alle Fakten über diesen Damm.

„Die Wahrheit war, dass dieser Damm gebaut wurde, um einen See zu stützen, der noch halb so tief war wie der damalige Damm, aber schlechte Ingenieurskunst und schlechte Bauarbeiten führten dazu, dass er zu schwach war, um dem Druck bis zum vorgesehenen Niveau standzuhalten. Der englische Ingenieur, der zur Inspektion kam, markierte etwa zwei Drittel der Höhe und warnte, dass es nicht sicher sei, das Wasser jemals über diese Höhe steigen zu lassen. Als Vorsichtsmaßnahme war es jedes Jahr im Februar oder März, bevor das Tauwetter im Frühjahr kam, Brauch gewesen, das Wasser des Sees in den ein oder zwei Monaten vor dem größten Abfluss abzulassen, so dass genügend Spielraum dagegen vorhanden war Die Überschwemmungen treiben das Niveau über den Gefahrenpunkt in die Höhe. Die Österreicher waren gute Ingenieure, um zu wissen, dass es sich um einen morschen Damm handelte, aber sie schienen nicht klug genug zu sein, mit der Senkung des Wasserspiegels zu beginnen, bevor die Frühlingsfrische einsetzte.

„ Natürlich mussten wir nicht nächtelang planen, um herauszufinden, was ein Dammbruch – wenn er nur plötzlich genug käme – für das österreichische Hauptlager bedeuten würde; Aber die Entwicklung von Mitteln und Wegen, um diesen „plötzlichen Bruch" herbeizuführen, schien uns von Anfang an im Unklaren zu lassen. Das Einfache und Natürlichste wäre gewesen, zu versuchen, ein paar Überfalltrupps auf beiden Seiten des Sees niederzuschlagen, die Wachen am Damm mit Messern anzugreifen (wie wir es später an der Brücke taten, von der ich Ihnen erzählt habe), zwei oder mehr zu platzieren Drei Ladungen Dynamit, zünden die Zünder und schlagen es zurück in die Berge. Wenn wir genug Pulver gehabt hätten, hätten wir es wahrscheinlich versucht, aber mit welchem Erfolg, lässt sich schwer sagen. Die Chancen gegen einen „sauberen Job" lagen zwischen zehn und fünfzig zu eins. Erstens bestand die Möglichkeit, dass einige der Räuber auf eine österreichische Patrouille oder einen Wachposten stießen und etwas starteten, bevor sie überhaupt in die Nähe des Damms gelangten. Dann bestand die Möglichkeit, dass der Ansturm auf den Damm nicht leise genug vonstatten ging, um die Kräfte des Dorfes nicht auf uns zu stürzen und es hoffnungslos zu machen, das Pulver zu platzieren, selbst wenn wir die Wachen beseitigt hätten. Oder wenn wir das Pulver tatsächlich platziert hätten, bestünde die Möglichkeit, dass es uns nicht gelingen würde, es zur Explosion zu bringen (wie es an der Brücke passierte). oder selbst wenn es tatsächlich explodierte, war es kein Zufall, dass der Damm auf einmal brechen würde oder dass das Lager darunter nicht rechtzeitig gewarnt werden würde, um freizukommen. Ja, ich bin mir sicher, dass es ein gutes Verhältnis von fünfzig zu eins gewesen wäre, dass eines dieser Dinge den Apfelkarren umgeworfen hätte, wenn wir zufällig in der Verfassung gewesen wären, es mit Dynamit zu versuchen. Und nachdem wir unsere Karten gezeigt hatten, mussten die Österreicher natürlich nur noch das Wasser aus dem See lassen oder das untere Lager verlegen, und das Spiel war endgültig entschieden.

„Aber die hundert oder so bleiben bei vierzig Prozent. Die „Riesen", die wir auf Lager hatten, kamen nicht in Frage, mit denen wir die Aufgabe angehen konnten, und so wurde keine Bewegung unternommen, die den Verdacht des Feindes auf das, was wir für ihn bereithielten, geweckt hätte. Also traf er keine Vorsichtsmaßnahmen, als die Hochwassersaison näher rückte, sondern ließ das Wasser im See weiter ansteigen und baute das Hauptlager um hundert Meter näher am Fluss aus. Wir besprachen in den langen Winternächten über hundert Pläne, aber erst als der Schnee gegen Mittag, gegen Mitte März, matschig zu werden begann, fielen wir auf einen, der Aussicht auf Erfolg zu versprechen schien.

„Wir hatten die ganze Zeit gehofft, dass die Österreicher das Wasser hinter dem Damm weiter aufstauen lassen würden, bis es nachgab, aber erst eines Tages brachten unsere Späher die Nachricht, dass die Tore nun mit der offensichtlichen Absicht geöffnet worden seien Da wir versuchten, den See auf einem Niveau zu halten, das ihrer Schätzung nach etwa zehn Fuß über der Gefahrenstelle lag, kam uns der Gedanke, dass wir vielleicht etwas tun könnten, um die gute Arbeit voranzutreiben. Niemand erinnerte sich hinterher, wessen Idee es war, aber ein Dutzend von uns – Offiziere und Männer zusammen, nach serbischer Art – schwenkten plötzlich die Arme und wurden rot im Gesicht, als wir über einen Plan für den Bau eines eigenen kleinen Staudamms diskutierten, den wir unterstützten Dahinter ließen wir einen möglichst großen See voller Wasser aufsteigen und ließen ihn dann auf dem großen See unten auf dem Höhepunkt der Frühlingsfluten los . Wenn einer von uns einen Sinn für Technik gehabt hätte, hätten wir gewusst, dass wir – ohne Werkzeuge außer ein paar Äxten und Spaten und ohne Materialien außer dem, was die Natur dort hingelegt hat – in einem Jahr keinen Staudamm bauen könnten, der groß genug wäre von Nutzen, geschweige denn in einem Monat. Aber da wir in solchen Dingen keinen nennenswerten Verstand hatten, machten wir mit der Arbeit weiter und schafften es mit dem Glück eines Narren.

„Es gab einen guten Standort für einen Damm am oberen Ende der Karrenstraßenschlucht, wo es aussah, als ob eine solide, dreißig Fuß hohe Barriere einen See von etwa einer Dreiviertelmeile Länge und einer Viertelstunde Staumauer sichern würde eine halbe Meile breit. Wir begannen mit dem Bau einer „Krippe" aus zehn Meter breiten Kiefernstämmen, die mit Felsbrocken und Kies gefüllt werden sollte. Nach unserem Bleistiftplan sollte es von unten stark abgestützt werden und von beiden Seiten abfallen, bis es an der Spitze nur noch drei Meter breit war. Unsere Idee war, es einer Festung so ähnlich wie möglich zu machen, damit die Österreicher, wenn sie es aus einem Flugzeug ableiten würden, denken würden, wir würden nur an der Verteidigung arbeiten . In der Mitte sollte ein Loch gelassen werden, durch das der Fluss abfließen konnte, da wir nicht vorhatten, Wasser zu speichern, bis die großen Regen- und Tauwetter einsetzten. Da es von Beginn unserer Arbeit an jeden Tag regnerisch oder windig war Die Österreicher flogen – soweit wir wussten – nicht über die Berge, so dass wir uns diesbezüglich keine Sorgen machen mussten.

„Mehr als fünfhundert stämmige Serben können eine Menge Arbeit leisten, aber es hat nicht mehr als drei Tage des Baumstammrollens und Steinpackens gedauert, um zu zeigen, dass – selbst bei unserem Tempo – diese Hundert-Meter- Der lange, zehn Meter hohe Damm würde nicht vor der nächsten Saison fertig sein, und selbst wenn wir es irgendwann schaffen würden, sei das Material, das wir hineingesteckt hätten, zu locker, um Wasser aufzuhalten. In diesem Stadium der Dinge hatte ich *meine* große Idee. Ich hatte im Westen in hydraulischen Minen gearbeitet, und obwohl wir nichts hatten, woraus wir ein Rohr und eine Düse herstellen konnten, bestand *die* Möglichkeit, einen kleinen Wildbach umzuleiten, der nur wenige Meter unterhalb unseres Staudamms aus dem Schnee herabstürzte. Warum nicht, schlug ich vor, nur ein schmales Geflecht aus Felsbrocken und Kiefernstämmen als Barriere zu errichten und dann diesen kleinen Wildbach – er floss zu diesem Zeitpunkt etwa 30 cm weit – herüberzuleiten und ihn in freier Wildbahn hinunterfließen zu lassen? „Konglomerat" aus der 120 Meter hohen Klippe, durch die es floss? Da niemand etwas anderes zu bieten hatte, beschlossen wir, es auszuprobieren.

„Wir haben gut die Hälfte unseres dürftigen kleinen Pulvervorrats verbraucht, um den Schnitt zu machen, um ihn über den Bach zu bringen, aber die Arbeit war größtenteils leicht zu graben und wir haben sie in drei Tagen erledigt. Meine junge „Hydraulik" riss sicherlich viel Gestein und Kies ab, aber da wir nichts aufbauen konnten, um es richtig einzudämmen, breitete es sich nur in einem großen „Fächer" aus, der wiederum vom Fluss weggeschwemmt wurde . Das hat uns ziemlich verblüfft, und als darüber hinaus ein großer Sturm aufzog und eine Flut mit sich brachte, die all unsere Kleinigkeiten wegspülte, gaben wir voller Abscheu unser Projekt auf, die „Natur" gegen die Österreicher einzusetzen, und begannen erneut, Raubzüge zu planen.

„Die ganze Nacht über hat es in Strömen geregnet, und als ich am nächsten Morgen aus meiner Hütte schaute, stand der Fluss über seinen Ufern und ließ ihn wie ein „Lokomotiv"-Mustang auf und ab hüpfen. Aber das Lustige war, dass der Wasserfall aus dem kleinen Bach, den wir umgeleitet hatten, verschwunden zu sein schien. Zuerst dachte ich, es hätte sich in seinen alten Kanal zurückbewegt, aber als ich nach unten ging, um nachzusehen, stellte ich fest, dass es von der Klippe „verschluckt" worden war . Fünfmal so groß wie in der Nacht zuvor, stürzte es über eine umgedrehte Schieferschicht und verschwand in einem schaumigen gelb-weißen Schwall in einem tiefen Spalt, den es in das weiche „Konglomerat" gegraben hatte. Am Fuß der Klippe strömte es unter der schrägen Schieferschicht in einem Bach hervor, der zu etwa gleichen Teilen aus Kies und Wasser zu bestehen schien. Meine kleine „Hydraulik" hatte offensichtlich einen abfallenden Abschnitt der Klippe über dreißig Meter oder mehr untergraben, und nur die robuste Schieferschicht verhinderte einen großen Einsturz. Wie groß der Einsturz sein würde und wohin er führen würde, hätte ich nie gedacht.

„Der warme Regen ließ den ganzen Tag über nach und prasselte immer noch heftig, als ich in dieser Nacht schlafen ging. Gegen Morgen wurde ich von einem Brüllen geweckt, das hundertmal lauter war als jeder Schneerutsch, den ich je gehört hatte, und dann kam ein Stoß, der das ganze Tal erschütterte. Ich war mir sicher, dass ein Teil der Klippe heruntergefallen war, hatte aber nicht die geringste Ahnung, dass sich so etwas wie das, was das erste Tageslicht zeigte, abgelöst hatte. Das erste, was ich sah, als die Dunkelheit nachließ, war das Schimmern eines flachen Gewässers am Boden des Tals, eines Sees – als wäre er vom Himmel gefallen – genau dort, wo wir versucht hatten, einen zu beginnen uns selbst.

„Die Klippe war bis zum Gipfel um ein paar hundert Fuß oder mehr zurückgebrochen und hatte sich beim Fallen am Ende der Schlucht aufgetürmt. Auf der gegenüberliegenden Seite war es etwa hundertfünfzig Fuß hoch, auf der anderen Seite etwa sechzig.

„Während der Regen immer noch in Strömen regnete und der Schnee überall auf den Bergen schmolz, fiel das Wasser mit einer Geschwindigkeit, die den See den ganzen Morgen über mit einer Geschwindigkeit von zwei Fuß pro Stunde ansteigen ließ, und mehr als halb so schnell, selbst als es begann am Nachmittag über den Talboden ausgebreitet. Der Sturm hielt drei Tage lang an. Am zweiten Morgen stand der Staudamm 25 Fuß hoch, am dritten 40 Fuß und am vierten fast 50 Fuß. Der See war zu diesem Zeitpunkt sowohl größer als auch tiefer als der, den wir selbst anlegen wollten.

„Zum Glück hielten die Bäche, die von den Bergen in die Schlucht unterhalb der Rutsche hinabflossen, das Zwei- oder Dreifache ihres durchschnittlichen Durchflusses im Fluss, und so bemerkten die Österreicher – die seine Gewohnheiten nicht sehr gut kannten – nichts Ungewöhnliches war stromaufwärts abgekommen. Unsere Späher berichteten, dass das Wasser im unteren See nicht stark gestiegen sei und dass er etwa fünfzehn Fuß über der Gefahrenmarke zu stehen scheine. Sie sagten, die Österreicher schienen dem Damm nicht mehr Aufmerksamkeit zu schenken als sonst.

„Wir hatten gehofft, dass der Sturm so lange anhalten würde, bis genug Wasser zurückgekommen wäre, um den Damm von selbst zu sprengen, aber als es am vierten Tag zu klären begann, war klar, dass der beste Ausweg darin bestand, dem Ding einen Schubs zu geben unser eigenes Konto. Wir hatten nicht ein Hundertstel genug „Riesen", um die Arbeit zu erledigen, also mussten wir den bestmöglichen Behelf herbeischaffen, indem wir den immer noch heiseren Strom meiner „Hydraulik" direkt entlang der schrägen Oberseite der Rutsche und hinunter in die Rutsche lenkten Schlucht.

„Es war gegen Mittag, als wir es zum Schleusen brachten, und den ganzen Nachmittag leckte es die lockere Erde ab, als wäre es Zucker. In der dunklen Hälfte war das nahe Ende der Rutsche weggerutscht, und die Wand, die noch stand, begann sich auszubeulen und einzustürzen, da das Sickerwasser von der anderen Seite durchdrang. Eine halbe Stunde später zeigten unsere Taschenlampen aus Pechkiefernholz, dass das Wasser die ganze Zeit hindurch sprudelte, und wir wussten, dass es Zeit für uns war, aufzubrechen. Es war auch nicht zu früh, denn der letzte Mann war gerade aus dem Weg, als ein heftiges Rollen begann, und dann – pfui ! – ging sie hinaus.

„Ich war im ‚Yankee Jim‘ Canyon des Yellowstone, als die Flut, die hinter dem Aufbrechen des Eisstaus im See steckte, niederging, aber das war ein deutlicher Kontrast zu dem Getöse, das jetzt zu hören war. Die Berge selbst bebten und die Bewegung löste Schneerutschen aus, die bis in die Schlucht hinabrutschten. Es muss ein solcher Krach gewesen sein, als die Welt erschaffen wurde. Innerhalb von zehn Minuten wurde der See bis auf den Schlamm vollständig entleert, und es muss ungefähr doppelt so lange gedauert haben, bis ein neues Geräusch zu hören war – ein Brüllen, das so tief war, dass es fast wie ein Grollen unter der Erde schien. Aber wir wussten, dass es der große Damm war – dass unsere Arbeit für diese Nacht getan war.

„Am nächsten Morgen stürzte sich bei Tagesanbruch jeder Mann, der in der Lage war, den Aufstieg über einen uns bekannten Bergpfad zu ertragen – die Straße hinunter zur Schlucht war sauber gesäubert worden –, von drei Seiten auf die kleine österreichische Truppe in dem Dorf, in dem sich der Damm befunden hatte , und die ganze Gruppe getötet oder gefangen genommen. Dann stiegen wir weiter auf die Spitze der Ausläufer und blickten auf die Ebene hinunter. An der Stelle, an der sich das Hauptlager der Österreicher befunden hatte, befand sich ein Streifen glatten Schlamms, übersät mit den Stümpfen abgebrochener Bäume. und genau das und nicht mehr war alles, was wir sehen konnten, soweit unsere Augen reichten.

„Und genau so", rief Radovitch , sprang auf und schüttelte die Faust in Richtung der gezackten Skyline im Nordosten, hinter der die Straßen nach Monastir, Prilep und Uskub verliefen . „Genau so wird, wenn die Zeit gekommen ist, die ganze Schweineherde aus Serbien vertrieben werden!"

AUS DEUTSCHLAND ZURÜCKSCHLAGEN
(Erzählt von einem entflohenen Gefangenen).

Ich wurde auf einer Farm in Wisconsin geboren, fast in Sichtweite des Michigansees und nur wenige Meilen von der Grenze zum Bundesstaat Illinois entfernt. Mein Vater war Ire und meine Mutter Deutsche. Wie mein Name stammten die meisten meiner Eigenschaften – sowohl gute als auch schlechte – eher von meinem Vater als von meiner Mutter. Er starb, als ich zehn war, und innerhalb eines Jahres heiratete meine Mutter unseren deutschen Lohnarbeiter. Meine Mutter war nie unfreundlich zu mir, aber mein Stiefvater war ein Rohling, und seit dem Tag, als er zu uns kam, empfand ich eine stetig wachsende Abneigung gegen seine Rasse, die durch eine Art Schicksalsschlag noch schlimmer wurde von mir selbst schien mein ganzes Leben lang daran zu arbeiten, mich unter sie zu bringen.

Mein Stiefvater war immer grob zu mir, aber bis ich sechzehn war, beschränkte er sich darauf, mich mit der schwarzen Schlange und der Pferdepeitsche zu schlagen. Ich verstand mich, so gut ich konnte, mit ihm, aber als er meine Ankunft auf dem, wie er es nannte, „Männergrundstück" feierte, indem er mit einem Hackenstiel auf mich losging, war das mehr, als ich ertragen konnte. Als er es das zweite Mal versuchte, war ich bereit für ihn und versetzte ihm mit einem eisernen Schraubenschlüssel einen Schlag hinters Ohr, der ihn auf den Hackklotz warf. Aus Angst, ich hätte ihn getötet – er war wirklich nicht sehr verletzt – rannte ich weg und nahm nichts mit außer dem Schraubenschlüssel, den ich in der Hand hatte. Während all meiner Wanderungen in den nächsten zehn Jahren habe ich mich nie von diesem guten alten Schraubenschlüssel getrennt, und es war für mich schlimmer, ihn an die Deutschen in Flandern zu verlieren, als wegen der beiden Finger, die ihre Schrapnelle abgeschossen hatten.

In den nächsten Jahren erledigte ich alle Arten von landwirtschaftlichen Arbeiten, wobei ich immer bei Deutschen angestellt war, da fast alle Farmen im Süden Wisconsins diesen Leuten gehörten. Möglicherweise waren viele gute Leute unter ihnen, aber es schien immer mein Glück zu sein, mit den anderen zusammenzukommen. Sie waren selbst harte Arbeiter, aber auch harte Fahrer derer, die für sie arbeiteten, und voller gemeiner kleiner Tricks, um mehr Zeit aus einem herauszuholen oder einem weniger Geld zu geben. Da ich aufbrausend war und sowieso eine Art ständigen Groll gegen alle „Quatschköpfe" hegte, die in mir aufwuchsen, war ich natürlich die meiste Zeit in der Klemme. Die Woche, die kampflos verging, war etwas ganz Besonderes. Wenn sie sich damit begnügten, mich mit ihren Fäusten zu verfolgen, behielt ich normalerweise die gleichen Waffen und kann mich kaum an eine Zeit erinnern, in der ich nicht das Beste davon hatte. Aber wenn sie jemals etwas anderes versuchten, griff ich immer auf meinen treuen Schraubenschlüssel zurück, den ich normalerweise mit einer rohen Haut am Gürtel trug. Nach einer Weile begann ich, genau wie die Indianer ihre Kopfhaut an den Griffen ihrer Tomahawks abzuzählen, für jedes Mal, wenn ich sie fallen ließ, eine Kerbe in den Holzgriff meines Schraubenschlüssels zu schneiden – ich glaube nicht, dass ich jemals einen getötet habe – ein „Quadratkopf" damit. Zuerst – stolz auf das, wofür sie standen – schnitt ich sie breit und lang, aber bald merkte ich, dass ich meinen begrenzten Platz zu schnell aufbrauchte, und begann, sie kleiner zu schneiden, um „zukünftige Entwicklungen" zu ermöglichen. Es war überraschend, wie sehr die Kerben den Grip verbesserten.

Mit zwanzig konnte ich sowohl den Motor als auch den Separator einer Dreschmaschine bedienen und fing an, jeden Sommer nach Westen in die Dakotas und nach Montana zu fahren, um von der hohen Erntevergütung zu profitieren. Meine Winter verbrachte ich in einer großen Fabrik in Racine und lernte, Dreschmaschinen und Traktoren zu reparieren und zu bauen. Teilweise um das Geld zu sparen, das ich für eine Fahrkarte hätte bezahlen müssen, aber mehr auch aus Spaß, fing ich an, mich mit den Zügen zwischen Ost und West hin und her zu schlagen. Manchmal verstaute ich mich mit dem Essen für eine Woche in einem leeren Möbelwagen, manchmal fuhr ich mit dem „blinden Gepäck", aber meistens war es die alte Bereitschaft des „Bindesteifen", das „Fahren mit den Ruten" genannt wurde. Ich hatte gute Nerven und meine Arme stark, und es dauerte nicht lange, bis ich mich hochschwingen und in den „Stoßstangen" eines Zuges verschwinden konnte, der dreißig Meilen pro Stunde schnellte, so leicht wie der Schaffner, der sich neben ihm auf das Heck der Kombüse schwang Geländer. Ich hatte keine Ahnung, dass die Tricks, die ich damals gelernt hatte, den entscheidenden Unterschied machen würden zwischen meinem Hungern in einem deutschen Gefangenenlager und (was jetzt passiert) dem Essen von Pralinen und rosa Tees in London während meiner Ausbildung noch ein Versuch gegen die Hunnen.

1913 ging ich nach Südamerika, um Dreschanlagen aufzubauen und zu betreiben, die von der Racine-Firma, bei der ich im Winter gearbeitet hatte, an die Viehzüchter verkauft worden waren. Ich hatte einen Zweijahresvertrag und sollte nach Uruguay oder Argentinien gehen. Wenn ich das getan hätte, wäre wahrscheinlich alles in Ordnung gewesen. Aber im letzten Moment wurde ich nach dem Ausstieg eines anderen nach Rio Grande do Sul geschickt, im südlichen „Pfannenstiel" Brasiliens. Aber glauben Sie nicht, dass es dort Brasilianer gab, weil es Brasilien war, oder zumindest solche, die von Bedeutung waren. Seit dreißig Jahren strömen die Deutschen in Rio Grande und Santa Catharina ein, und heute ist Südbrasilien genauso „niederländisch" wie – Südwisconsin. Wahrscheinlich ist es sogar noch mehr, denn es gibt dort über eine halbe Million Deutsche und kaum ein Drittel so viele Brasilianer.

In den letzten zwei oder drei Jahren hatte ich deutsche Farmen gemieden, aber in Rio Grande waren alle Viehzüchter Deutsche, und ich musste ohnehin dorthin gehen, wo ein Outfit verkauft worden war. Die Kerben an meinem alten Schraubenschlüssel vervielfachten sich ungefähr drei Wochen lang ziemlich schnell, aber am Ende dieser Zeit landete ich im Gefängnis, weil ich einem dicken deutschen Bauern die Vorderzähne ausgeschlagen hatte, nachdem ich einem Stachel seiner Heugabel ausgewichen war. Unser Agent in Santa Catharina und der amerikanische Konsul in Santos brachten mich frei, aber ersterer nutzte die Gelegenheit, um meinen Vertrag zu kündigen und mich nach Hause zu schicken, bevor ich, wie er es ausdrückte, den Handel der Firma in diesem Teil Brasiliens ruiniert hatte.

Als der Europäische Krieg begann, war ich mit einer großen Benzintraktorgruppe im Norden von Manitoba unterwegs und war mir so sicher, dass mein Land sich irgendwie gegen die Invasion Belgiens stellen würde, dass ich mich sofort auf den Heimweg vorbereitete und melden Sie sich für den Fall, dass wir den Protest mit Gewalt untermauern müssen. Ich wartete mit festem Griff, bis klar war, dass unsere tapferen Staatsmänner in Washington keine Chance hatten, etwas zu unternehmen – es muss drei oder vier Wochen gedauert haben, bis ich die Hoffnung aufgegeben hatte – und dann gab ich meinen Job auf und erledigte sechzig In neun Stunden fuhren wir zu Pferd kilometerweit zum Bahnhof und gingen zum nächstgelegenen Rekrutierungsbüro. Wahrscheinlich hätten sie mich für einen Amerikaner gehalten, aber ich wollte nicht das Risiko eingehen, abgelehnt zu werden. Ich sagte ihnen, ich sei irisch-kanadischer Abstammung und werde am nächsten Tag vom Drill-Sergeant auf Herz und Nieren geprüft. Ich hätte viel mehr Lohn und allgemein eine bessere Unterkunft bekommen können, wenn ich in den Transportdienst gegangen wäre und einen Lastwagen gefahren hätte, aber mir wurde plötzlich bewusst, dass ich seit einem Jahrzehnt eine Art schlummerndes Verlangen hegte, Deutsche zu töten, und ich Ich wollte mir die Gelegenheit nicht entgehen lassen, diesen Wunsch in mir erwachen zu lassen. Ich nähte eine zusätzliche Schlaufe an meinen Gürtel, damit ich meinen guten alten Schraubenschlüssel immer griffbereit hatte, und freute mich gespannt auf die Zeit, in der ich mein „Register“ der angeschlagenen Holländer am Griff vervollständigen könnte. Für den Fernkampf müsste ich vielleicht mein Gewehr benutzen, sagte ich mir, aber für den Nahkampf in den Schützengräben würde ich mit meinem Schraubenschlüssel das tun, was die anderen Kerle mit ihren Bajonetten machten. Zum Glück konnte ich damals zu meinem Seelenfrieden nicht nach vorne blicken und sehen, was das Ende der nächsten acht oder zehn Monate für mich bereithalten würde.

In den ersten Kriegsmonaten war der Ruf bei den Männern ziemlich hartnäckig und trotz des Mangels an Ausrüstung aller Art wurde unsere Ausbildung von Anfang an überstürzt durchgeführt. Die meisten Jungen in meinem Regiment hatten bereits Dienst geleistet oder eine Ausbildung absolviert – einige waren im Südafrikanischen Krieg gewesen, andere waren Mitglieder der englischen Territorien oder der kanadischen Miliz –, und wir kamen viel besser voran als die einfacheren Kontingente kam später. Wir verbrachten etwa drei Monate in Kanada, etwas länger in England (wo ich in der Salisbury Plain einen Hauch von Typhus hatte) und im Frühjahr 1915 befanden wir uns in Flandern in der Reserve. Als die Deutschen ihren zweiten Versuch unternahmen, über Ypern nach Calais vorzudringen, waren wir bereits in die erste Reihe gedrängt worden. Bis zum großen Angriff kam es jedoch zu keinen wirklichen Kämpfen. Die Deutschen – ich nannte sie inzwischen Hunnen statt Holländer – führten vereinzelte Überfälle auf unsere Schützengräben durch, und wir führten vereinzelte Überfälle auf ihre Schützengräben durch, aber ich habe nie daran gedacht, dass es zu einem Nahkampf kam arbeiten. Ich hatte keine Chance, dem Griff meines alten Schraubenschlüssels Kerben hinzuzufügen, aber weil ich ihn immer mit mir herumtrage, gaben mir die englischen „ Tommies “ (die einen Schraubenschlüssel als Spanner bezeichnen) den Spitznamen „Spanner Mike“. Sie taten so, als ob sie glaubten, ich sei ein wenig „verärgert“ über meinen treuen alten Freund, aber ich stellte fest, dass sie nie davor zurückschreckten, ihn sich für alles auszuleihen, vom Öffnen von Kisten zu Hause bis hin zum Ausbessern der Ausrüstung von kaputten Lastwagen – „ Lastkraftwagen“, “, nennen sie sie. Es ist wirklich bemerkenswert, wofür ein Mann einen Schraubenschlüssel gebrauchen kann, wenn er ihn nur zur Hand hat, wenn er ihn braucht.

Seit einigen Tagen wurde das Granatfeuer auf uns immer heftiger – zumindest nannten sie es damals schwer; jetzt würde es nichts mehr sein – und wir wussten, dass die Hunnen sich auf eine Art Angriff vorbereiteten. Was für ein Gas es sein würde, ahnten wir kaum, denn selbst unsere Offiziere schienen nichts von dem Gas gewusst zu haben, mit dem sie drüben in Deutschland experimentiert hatten. Als es kam – es rollte in schweren Wolken auf uns zu wie die Morgennebel in den „Bad Lands“ von Dakota – verbreitete sich die Nachricht, dass die Munition der Hunnen in Brand geraten sei, und wir sagten einander, dass wir dorthin geschickt werden sollten Nutzen Sie die Verwirrung aus. Erst als wir bemerkten, dass es in ziemlich regelmäßigen Abständen Blasen bildete – dicke, schmierige, gelbe Wolken –, schien es, als würden sie ein Spiel mit uns, und zu diesem Zeitpunkt einer der fortschrittlichsten Zungen des Zeugs, anstellen in unseren Graben gespült.

Ich werde den schrecklichen Schmerz und die Überraschung in den Augen der Männer, die diese erste Dosis bekamen, nie vergessen. Es war das Aussehen eines Hundes, der plötzlich für etwas geschlagen wurde, das er nicht getan hatte. Sie sahen sich fragend an – ich erinnere mich nur daran, wie ein Mann anfing zu fluchen – dann begannen sie zu schlucken und zu husten und fielen dann mit dem Gesicht in den Händen zu Boden. Die ganze Zeit über knallten die Schrapnelle und ließen Kugeln um sich herabregnen, und gerade als das Gas über meine Brustwehr zu strömen begann, schlug mir eine Kugel mein Gewehr aus der Hand, und ich rutschte im Schlamm aus, sprang zurück und ging hinein ein Haufen. Es muss ganze sechs Wochen gedauert haben, bis ich wieder auf den Beinen stand.

Mein erstes Gefühl war ein schmerzendes Gefühl in meiner Nase. Dies breitete sich schnell bis zu meiner Kehle aus, und dann, als meine Lungen plötzlich mit glühenden Nadeln gefüllt zu sein schienen, überkam mich ein Hustenanfall. Das Aushusten glühender Nadeln ist keine gerade angenehme Operation und die Schmerzen waren stark. Zum Glück dauerte es nur ein paar Minuten, bis eine Art Benommenheit eintrat, aber selbst als ich halb bewusstlos wurde , merkte ich, wie meine empörten Lungen sich mit heftigen Stößen, die meinen Körper erschütterten, gegen das Gift auflehnten, das die Luft überschwemmt hatte Graben. Bei manchen meiner Kameraden war der Kampfinstinkt das letzte, was starb, und ich erinnere mich noch an zwei oder drei von ihnen, die sich an der Brustwehr festhielten und mit hustenden Schultern in die Tiefen der rollenden gelben Gaswolken schossen . Ein Junge kippte neben mir um und schoss immer noch vom Boden des Grabens aus weiter. Ich erinnere mich, wie er verschwommen versuchte, ihm das Gewehr aus der Hand zu treten, als er es über mein Ohr abfeuerte, und dass ich es mit meinem Fuß nicht finden konnte, wie ich instinktiv nach meinem alten Schraubenschlüssel tastete und versuchte, ihn damit zu entwaffnen. Meine letzte Erinnerung an diese Phase der Dinge war der Schock, als ich spürte, wie der Schraubenschlüsselgriff harmlos nach hinten schwang, da meine beiden von Splittern zerschmetterten Finger ihn nicht stabilisierten.

Ich hatte mich unter der Qual des Schmerzes des Gases in meiner Lunge in einer Matschpfütze am Boden des Grabens gewälzt und gekrümmt, und das lag wohl daran, dass mein Gesicht in der Schulter meiner nassen Wolltunika vergraben war Das hat mir das Leben gerettet. Die meisten meiner Kameraden waren völlig bewusstlos, als die Hunnen, deren Köpfe durch ausgebeulte „Snoots" geschützt waren, in den Graben strömten, aber ich hatte noch genügend Sinnesorgane, um sie auf verschwommene Weise beobachten zu können. Die schreckliche Stille der Sache war geradezu unheimlich. Früher hatte der Feind schon immer mit Geschrei angegriffen (in seinem Handbuch steht, dass er das tun soll, obwohl ein Mann bei solchen Gelegenheiten natürlich aus reiner Aufregung „die Zunge herausstreckt"), aber jetzt gaben sie kaum noch einen Ton von sich. Wahrscheinlich geschah dies auf Befehl, so dass nicht mehr Luft als nötig in die Lungen gelangte, aber selbst als einige von ihnen versuchten zu sprechen, waren die Worte so gedämpft, dass es sehr schwer gewesen sein musste, sie zu verstehen.

Die Hunnen waren zunächst ziemlich aufgeregt und machten sich direkt auf den Weg in den Graben, indem sie einen Körper nach dem anderen mit dem Bajonett erlegten. Doch bevor sie zu mir kamen, hielt ein Beamter sie für eine Minute an und gab ihnen offenbar zu verstehen, dass sie ihr Blutbad nur auf diejenigen beschränken sollten, die Widerstand leisteten. Zwei oder drei unserer Jungs, die nicht völlig untergegangen waren, aber nicht genug Verstand hatten, um zu verstehen, wie sinnlos es ist, sich zu wehren, machten ein paar benommene Pässe auf die Hunnen und bezahlten den Elfmeter. Ich lag ruhig da und spielte „Possum", bekam aber einen heftigen Stoß in die Leistengegend, als einer von ihnen mich mit seinem Bajonett umdrehte, um zu sehen, wo ich verwundet war. Am Boden des Grabens befand sich immer noch eine beträchtliche Menge Gas, und zwischen dieser Zeit und dem Blutverlust musste ich zu diesem Zeitpunkt völlig das Bewusstsein verloren haben.

Meine Erinnerungen an die nächsten ein oder zwei Tage sind sehr düster und verworren, aber eine Sache war mir so deutlich vor Augen, dass das Bild davon nie verblasst ist; Jetzt, über ein Jahr später, wird mir sogar heiß, wenn ich daran denke. Das war das Letzte, was ich sah, bevor ich in den Schützengräben „schlief" – zwei Hunnen, die meinen Schraubenschlüssel benutzten (das Werkzeug, mit dem ich die „Holländer" in den letzten zehn Jahren „beschossen" hatte und das ich mitgebracht hatte). um diese gute Arbeit fortzusetzen) eines unserer eigenen kaputten Maschinengewehre zu basteln, um es gegen unsere eigenen Männer einzusetzen. Ich habe es nie wieder gesehen, und sein Verlust beschäftigte mich während des ganzen Jahres, das ich in deutschen Krankenhäusern und Gefangenenlagern verbringen musste.

Ich erinnere mich noch gut daran, wie ich auf einer Trage getragen wurde und ein oder zwei Verbandsstationen durchlaufen habe, wo meine Wunden gewaschen und verbunden wurden. Meine zusammenhängenden Erinnerungen beginnen, nachdem ich in einem Krankenhaus aufgewacht bin – weit zurück von der Front, aber immer noch nicht aus dem Lärm der Waffen verschwunden –, das offensichtlich ausschließlich „Gas"-Fällen gewidmet war. Die Station, auf der ich mich befand, war mit Männern aus meinem eigenen Regiment gefüllt, aber was mich besonders interessierte – sobald ich in der Lage war, mich für etwas zu interessieren, das über mein eigenes Leiden hinausging – war die Beobachtung, dass auch sehr viele Deutsche behandelt wurden das gleiche Krankenhaus. Ich habe nie herausgefunden, wie es dazu kam, dass diese „vergast" wurden, aber ich gehe davon aus, dass dies entweder auf Unfälle mit ihren Apparaten oder auf fehlerhafte „Snoots" zurückzuführen ist.

Auf jeden Fall hatten sich die Deutschen offensichtlich im Voraus auf „Gas"-Fälle vorbereitet, und die Chancen stehen gut, dass sie viele von uns durchgebracht haben, die vielleicht gestorben wären, wenn wir in unsere eigenen Krankenhäuser zurückgebracht worden wären, wo sie es damals getan haben Zeit, kleine Einrichtungen zur Bewältigung dieser Art von Problemen. Auf der Station war es so heiß wie in einem türkischen Bad, und einige unserer Leute dachten, dies sei mit der Absicht geschehen, unsere Qualen zu verschlimmern. Einer von ihnen, der aus dem Bett sprang, ein Fenster hochwarf, eine Lunge voller kalter Luft bekam und noch in derselben Nacht starb, gab uns eine richtige Anschauungsstunde darüber, warum die Luft nahe an der Bluttemperatur gehalten werden musste. Einige von ihnen dachten auch, dass eine Art Zeug, das sie uns zum Einatmen gaben, uns eher schlechter als besser machte, aber das war nur ihre Einbildung. Wenn es einen wirklichen Grund zur Beschwerde gäbe, könnte es gewesen sein, dass die Ärzte viele Experimente an uns durchgeführt hätten, weil dies die erste Chance war , die Gasvergiftung in großem Maßstab zu untersuchen, aber das war nicht mehr als wir hätte erwarten können. Wahrscheinlich hätten sich unsere eigenen Ärzte über ein paar „Hunde" in Form von Hunnen gefreut, die sie „anprobiert" hätten, als sie begannen, sich mit der „Vergasung" zu beschäftigen.

Aber die Ärzte waren immer aufmerksam und die Krankenschwestern immer freundlich – mehr als freundlich, die meisten von ihnen. Aber ich hatte bereits gelernt, dass das beste Handwerkszeug einer Krankenschwester ihr „Mitgefühl" ist, und diejenigen, die ich in Deutschland traf, bildeten keine Ausnahme von der Regel. Ich glaube, es war die Art und Weise, wie sich diese rundlichen blonden *Fräuleins* in dieser dampfend heißen Station um uns arme Teufel kümmerten, die mich davon abhielt, Amok zu laufen und einen Mord zu begehen, sobald es mir wieder gut genug ging, um sicher zu sein, dass ich mich an diese beiden Hunnen erinnern konnte Mit meinem alten Schraubenschlüssel an unserem Maschinengewehr herumzubasteln, war keine „Fiebervision".

Seit meiner Rückkehr nach England wurde mir oft gesagt, dass es besser wäre, nicht zu viel über meine Nöte in den deutschen Gefangenenlagern zu sagen, da dies die Situation für diejenigen, die immer noch dazu verdammt sind, dort zu bleiben, möglicherweise nur noch schlimmer machen würde. Deshalb werde ich diese Seite meiner Erlebnisse nur kurz ansprechen und sicherheitshalber versuchen, keine Lager oder andere deutsche Orte namentlich zu erwähnen. Nach meiner Entlassung aus dem Krankenhaus wurde ich, hätte ich es gewusst, in das am großzügigsten geführte Gefangenenlager Deutschlands geschickt, aber selbst dann war die

Behandlung im Vergleich zu dem, was ich erhalten hatte und worauf ich ein Recht hatte, so abscheulich Erwarten Sie, dass es die „beruhigende" Wirkung, die die freundlichen Krankenschwestern und Ärzte auf mich hatten, sofort zunichte machte. Damit meine ich nicht, dass ich körperlich stark zurückgegangen bin – meine Konstitution war dafür zu stark –, sondern nur, dass sich mein alter Hass auf die Hunnen verdoppelt hat. Das wäre alles schön und gut gewesen, wenn ich nur wieder in den Schützengräben gewesen wäre, aber in einem Gefangenenlager konnte es nur ein Ende haben. Ich stürzte mich mit der Faust in seine Fußstapfen – mit großer Kraft spürte ich seinen rasierten Kopf bis zu meiner halb geheilten „Rechten" – der erste Wächter, der versuchte, mich mit der Spitze seines Stiefels auf eine Linie zu bringen. Dann verbrauchte ich im Kampf mit drei oder vier anderen meine verbliebene Kraft, bis einer von ihnen mich schließlich mit dem Gewehrkolben einschläferte. In mindestens drei anderen Lagern, die ich nennen könnte, wäre ich dann und dort erschossen worden (das ist schon so manchen Jungen passiert, dessen Stolz ihn dazu brachte, sich einem brutalen Wachmann zu überlassen), und ich kann mich sehr glücklich schätzen, dass ich mit keinem Schuss davongekommen bin mehr als eine Prügelstrafe und zwei Wochen Einzelhaft mit Schwarzbrot und Wasser. Die vielleicht schlimmste Konsequenz meiner Aktion war meine Verlegung einige Wochen später in ein Lager, das seitdem sowohl für seine Gesundheitsschädlichkeit als auch für seine Unmenschlichkeit berüchtigt ist.

Der erste Funke von Vernunft (im Hinblick auf die Situation, die mir als Kriegsgefangener in Deutschland bevorstehen würde) wurde durch den Schlag dieses Gewehrkolbens in meinen ziemlich dicken Kopf eingedrungen; Der Rest – zumindest genug, um mich auf den richtigen Weg zu bringen – drang während meiner zweiwöchigen Einzelhaft mit Brot und Wasser ein. Ich war weder für mich selbst noch für irgendjemanden anderen in einem deutschen Gefangenenlager von Nutzen, sagte ich mir. Ich hatte dort weder die Chance, Hunnen zu töten noch Eigentum der Hunnen zu zerstören. Sobald ich draußen bin, kann ich vielleicht beides tun – vielleicht sogar nach England zurückkehren und mich meinem Regiment anschließen, falls noch etwas davon übrig ist. Wie komme ich da raus? – das war die Frage. Von da an richtete ich jeden meiner Gedanken und Taten auf dieses eine Ziel.

Was es für einen Kriegsgefangenen nahezu aussichtslos macht, aus Deutschland herauszukommen, ist nicht so sehr die tatsächliche Flucht aus seinem Gefängnis – die vergleichsweise einfach ist, insbesondere wenn er außerberuflich arbeitet –, sondern vielmehr der Mangel an Kleidung und Geld sowie die Schwierigkeit zu vermeiden, sich dadurch zu verraten, dass er die Sprache nicht beherrscht. Diese Dinge erhöhen die Chancen tausend zu eins, dass ein durchschnittlicher Gefangener mehr als vierundzwanzig

Stunden Freiheit im Freien hat. Die Erfolgsaussichten sind so groß, dass nur wenige es versuchen. Zum Glück hatte ich gegenüber der Masse der Gefangenen einen Vorteil: Ich konnte einigermaßen gut Deutsch sprechen. Ich musste natürlich einen starken Akzent gehabt haben , aber ich verstand trotzdem alles, was mir auf Deutsch gesagt wurde, und konnte auch alles sagen, was ich wollte. Das wäre gut genug, sagte ich mir, um mit den gewöhnlichen Leuten, die ich treffen könnte, darüber zu bluffen, dass ich ein zurückgekehrter Deutsch-Amerikaner bin, der zurückgekehrt ist, um für mein Vaterland zu arbeiten; Das heißt, ich sollte verhindern können, dass solche Leute mir gegenüber misstrauisch werden und einen Mann, der nicht sofort Deutsch sprechen kann, angegriffen oder angezeigt hätten. Vor allem, was der Polizei oder den Beamten im Weg stand, musste ich mich scheuen, und da ich vorhersah, dass es alle Arten von Kontrollen bei Fremden und Reisenden geben würde , wusste ich, dass ich Züge und Hotels meiden musste. Ich fühlte mich daher sprachlich sicher; Kleidung und Geld waren Dinge, die je nach Gelegenheit zur Verfügung gestellt werden mussten. Glücklicherweise war das Schicksal in dieser Hinsicht sehr freundlich zu mir.

Ein kleiner Vorfall muss ich erwähnen, bevor ich mit meiner Geschichte fortfahre. Im Gefängnis wurde ich zu den meisten englischen Gefangenen verlegt, nach einer Weile begannen sie, Pakete von zu Hause zu erhalten, sogar einige der Kanadier kamen in den Deal. Da ich weder in Kanada noch in England Freunde hatte, bekam ich nichts Direktes, aber in der letzten „Divvy" kamen allerlei nette Kleinigkeiten und Kleinigkeiten zu mir. Ein Junge aus dem Süden Englands, der mit einer Art langsamer Blutvergiftung und mangelnder Pflege einer nie verheilten Wunde im Nacken im Sterben lag, war mir gegenüber besonders großzügig mit den Dingen, die er von zu Hause bekam, und Als er schließlich unterging, gelang es mir, die Erlaubnis zu bekommen, ein paar Worte an seine Familie zu schreiben und ihnen unter anderem zu erzählen, wie freundlich er mit seinen Paketen zu mir gewesen sei. Und was sollten sie tun – seine Mutter und seine Schwestern mit gebrochenem Herzen in Devonshire –, als mich an seiner Stelle zu „adoptieren" und weiterhin genauso regelmäßig Schokolade, Zigaretten und andere „Leckereien" zu schicken wie zuvor? Und jetzt haben sie mich hier besucht und mir gesagt, dass sie mir weiterhin Sachen schicken werden, wenn ich an die Front zurückkehre, genauso als wäre ich der Junge, den sie verloren hatten.

Sobald ich mich völlig darüber im Klaren war, was ich tun wollte, benahm ich mich gut , kam in die „Vertrauensklasse" und gehörte zu den ersten, die für die Arbeit außerhalb ausgewählt wurden, als der Ruf nach Hilfe für englische Gefangene kam im Ernte- und Straßenbau. Während der Erntearbeit hatte ich eine gute Gelegenheit, mein Deutsch zu üben , aber die Aussichten, nach einem „Ausflug" wieder gut zu machen, waren nicht sehr vielversprechend, und ich hatte genug Verstand, den richtigen Zeitpunkt abzuwarten. Aber als ich mich auf die Straßenarbeiten konzentrierte und fast zum ersten Mal eine Gruppe Hunnen sah, die sich um einen alten Holt „Caterpillar"-Traktor versammelt hatten, der auf ihnen steckengeblieben war, hatte ich das Gefühl, dass die Zeit nahte.

Nun ist ein „Caterpillar" so ziemlich der beste Traktor der Welt für allgemeine Zwecke, vorausgesetzt, er wird von einem Mann bedient, der viel Erfahrung mit seinen lustigen kleinen Tricks hat; In den Händen eines anderen – selbst eines erstklassigen Ingenieurs, der sich mit einem Radtraktor auskennt – ist es die ursprüngliche Quelle des Ärgers. Für mich war die Maschine jedoch ein alter Freund, denn ich hatte sie zwei oder drei Saisons lang im Westen eingesetzt und einen Winter lang in einer der Fabriken des Unternehmens in Illinois gearbeitet. Ich nutzte die erste Gelegenheit, um den Hunnen meine Qualifikationen mitzuteilen, und als sie sahen, wie ich mich auf die wackelige „Strecke" begab, fielen sie mir auf der Stelle fast um den Hals. Sie hätten die Maschine einige Tage nach Kriegsausbruch auf einem belgischen Zuckerrübenfeld beschlagnahmt, erklärten sie, und sie sei eine Zeit lang zum Transport schwerer Artillerie auf dem Vormarsch nach Frankreich eingesetzt worden. Nach einiger Zeit machte sich auf der „Strecke" die starke Beanspruchung bemerkbar, und da es keine neuen Teile gab, durch die man die verschlissenen ersetzen konnte, machte es seitdem ungefähr so viel Ärger, wie es wert war. Als ich ihnen sagte, dass es eher um eine Anpassung als um einen Austausch ginge und dass ich die Maschine in ein paar Tagen so gut wie neu haben könnte, waren sie fast überfordert, mich für den Job zu „leihen".

Tatsächlich war der alte „Crawler" gerade in den letzten Zügen, aber ich wusste auf jeden Fall, dass ich ihn in eine Art Laufform bringen konnte, und die relative Freiheit des Jobs war das, was ich wollte. Das klappte sogar noch besser, als ich erwartet hatte, denn nach den ersten ein oder zwei Tagen sorgten sie dafür, dass ich im Lager einquartierte, um die Zeit zu sparen, die ich für die nächtliche Rückführung ins Gefangenenlager und für die Rückführung am nächsten Morgen in Anspruch nehmen musste das Roadcamp. Sie waren zu sehr mit der hektischen Arbeit beschäftigt, als dass sie darüber nachgedacht hätten, mich um meine Bewährung zu bitten – ein Glücksfall, denn es hätte mir schwer fallen müssen, sie nicht zu brechen.

Mit zwei Männern, die mir halfen, baute ich den Traktor komplett ab, „bummelte" an den Lagern, stellte die Gänge neu ein und hatte ihn am Ende einer Woche betriebsbereit. Mit einer Schnur zurück zum Sitz, um den Gashebel für die scharfen Züge zu öffnen, ließ ich ihn eine Reihe von zehn Wagenladungen Schotter entlangschlängeln, wo er vor der Überholung auf drei Wagenladungen zum Stillstand gekommen war. In dieser Woche war es mir auch gelungen, – egal wie – mehrere Mark Geld zu ergattern, und es war mir gelungen, die fettige Jacke eines meiner Assistenten so gut zu verbergen, dass er die Suche danach aufgab und sich eine neue besorgte. Ich hatte bereits eine Maschinistenmütze bekommen, und an dem Abend, als der andere Helfer seinen Overall auswusch und ihn zum Trocknen über sein Zelt warf, da ich eine Chance sah, meine Garderobe zu vervollständigen, beschloss ich sofort, dass es an der Zeit war, etwas zu unternehmen . Sie hatten mir einen festen Job als Leiter des alten „Caterpillar" angeboten, und zwar zu etwas Besserem als dem üblichen „Häftlingslohn", aber da ich dadurch in der gleichen Nachbarschaft geblieben wäre , konnte ich mir nicht vorstellen, wie es meine Chancen im Geringsten verbessern würde „verweilen"

Es sollte einen Wachposten geben, der die Straßenmaschinen überwachte und auch ein wachsames Auge auf das Zelt hatte, in dem ich mit einem halben Dutzend Ingenieuren übernachtete, aber er nahm seinen Job nicht sehr ernst, und ich wusste, dass ich das nicht tun würde Schwierigkeiten, ihm aus dem Weg zu gehen. Wir hatten einen harten Tag hinter uns, und meine Zeltkameraden lagen bei Einbruch der Dunkelheit – etwa um acht Uhr – im Bett und schliefen ein paar Minuten später, wie man ihren tiefen Atemzügen entnehmen konnte. Sie schliefen alle in ihrer Arbeitskleidung, sonst hätte ich mir gleich mein Outfit zusammenstellen können. Aber das spielte keine Rolle, denn kaum eine halbe Minute nachdem ich geräuschlos unter die gelockerte Zeltklappe gerutscht war, machte ich mich mit einem kompletten Anzug deutscher Maschinisten unter dem Arm auf den Weg die Straße hinunter. Fünf Minuten später blieb ich in der dunkleren Dunkelheit unter einem Baum am Straßenrand stehen und zog sie über meinen Gefängnisanzug, in der berechtigten Erwartung, dass die zusätzliche Wärme des letzteren sehr willkommen sein könnte, wenn ich viel draußen schlafen müsste.

Es war wahrscheinlich teilweise Tapferkeit und teilweise, weil ich das Gefühl hatte, dass, wenn ich vermisst würde, in der entgegengesetzten Richtung nach mir gesucht würde, was mich veranlasste, in die zwei Meilen entfernte Stadt X… aufzubrechen. Und wahrscheinlich war es dieselbe Kombination, die mich dazu brachte, nachdem ich unangefochten die lange Hauptstraße entlanggegangen war, zum Tor einer „Kino"-Vorführung zu marschieren, meine fünfundzwanzig Pfennig zu bezahlen und hineinzugehen. Hätte es an diesem Abend ein „Geschrei" gegeben (was nicht der Fall war), wäre dies zweifellos der letzte Ort gewesen, an dem sie nach mir gesucht hätten.

Bei den Filmen handelte es sich größtenteils um Kriegsschauplätze – tolle Szenen sowohl von der russischen als auch der französischen Front – und andere patriotische Themen, darunter aber auch einer dieser „Blut-und-Donner-Thriller" aus Kalifornien. Ich kann mich nicht mehr genau daran erinnern, wie die Geschichte lief, aber was mich zum Nachdenken brachte, war die Art und Weise, wie die Heldin das Auto, in dem sie sie entführt hatte, abknipste und es anschließend verpfändete, um genug Geld zu bekommen, um eine Fahrkarte nach Hause zu bekommen. Was sollte mich daran hindern, zurückzugehen und mich mit meiner alten „Raupe" zu beschäftigen? Ich habe mich selbst gefragt. Der Magnetzünder war ungefähr hundert Dollar wert, und selbst wenn ich keine Chance hatte, ihn zu verkaufen, war es schade, so ein bisschen „Strafing" zu übersehen. Ich kam zu dem Schluss, dass mein Glücksstern meine Schritte zu dieser „Film"-Show geleitet hatte, stand sofort auf und machte mich auf den Rückweg zum Straßenbauer-Camp. Unterwegs kamen einige betrunkene Dorfbewohner an mir vorbei und sangen die „Hymne des Hasses", deren Ton und die meisten Worte ich bereits verstanden hatte, und zwar aus purem Glück, wieder (wenn auch nur für ein paar Stunden) in Freiheit zu sein , stimmte ich in die explosiven Ausbrüche des Refrains ein und dröhnte lauter als alle anderen bei „England!". Offensichtlich hatte ich unbewusst genau das Richtige getan, denn sie erhoben ihre Stimmen passend zu meiner, stießen ein oder zwei „Hoch" aus und gingen weiter, ohne anzuhalten. Das brachte mich auch auf eine Idee. Während der gesamten folgenden zwei Wochen meiner Wanderungen durch Deutschland hätte mich jeder Mann, jede Frau oder jedes Kind, dem ich auf der Straße begegnete, im Licht oder in der Dunkelheit, „Die Hymne des Hasses", „Die Wacht am Rhein" oder „Die Wacht am Rhein" summen hören , nachdem ich es gegen Ende gemeistert hatte, „Deutschland über Alles ."

Es war klar, dass meine Flucht nicht entdeckt worden war, denn ich fand das Lager genauso ruhig wie vor drei Stunden, als ich es verließ. Ich konnte gerade noch die Gestalt des Wachpostens erkennen, der an der Reihe von Traktoren und Muldenkippern entlangschritt , aber die Plane, die über die „Raupe" geworfen worden war, um sie vor möglichem Regen zu schützen, machte es mir leicht, seiner Aufmerksamkeit zu entgehen . Ich brauchte kein Licht; Ich kannte die alte „65" gut genug, um im Schlaf daran zu arbeiten. Ein Schraubenschlüssel und eine Zange, genau dort, wo ich sie in ihren Schlaufen im Deckel des Werkzeugkastens über der rechten „Schiene" gelassen hatte, waren alles, was ich brauchte. Zuerst schnitt ich mit der Zange die isolierten Kupferdrähte ab, die zum Magnetzünder führen, und schraubte dann (wobei ich mein doppelt gefaltetes Taschentuch darüber legte, um Geräusche zu vermeiden) mit dem Schraubenschlüssel die Muttern von den Schrauben ab, mit denen die teure elektrische Vorrichtung am Stahlrahmen befestigt war der Traktor. Dann schnitt ich mit einem Messer ein großes Quadrat der Leinwand ab, die die Maschine bedeckte, wickelte den Magneten darin ein und band das Bündel mit einem Stück isoliertem Kupferdraht zusammen, sodass eine doppelte Schlaufe als Griff übrig blieb.

Dann habe ich einige der heikleren Anpassungen verworfen, ein paar kleine Werkzeuge und Metallteile zwischen die Zahnräder gelegt, wo sie am „gutesten" waren, habe das Messer und die Zange eingesteckt und mit dem Magnetzünder in einem Hand und dem größten Schraubenschlüssel, den ich in der anderen finden konnte, machte ich mich wieder auf den Weg zu X——. Der Schraubenschlüssel war meine letzte und größte Inspiration; Es sollte dasjenige ersetzen, das mir die Hunnen in den Schützengräben geraubt hatten. Ich bin froh, schreiben zu können, dass ich es im Moment bei mir habe und dass es geplant ist, mit mir an die Front zurückzukehren – ich hoffe, ein wenig von dem „Strafing" zu machen, das das Schicksal dem anderen verwehrt hat .

Wahrscheinlich war noch nie ein Kriegsgefangener im Inneren Deutschlands frei herumgelaufen und hatte eine klarere Vorstellung davon, was er tun wollte und wie er es tun wollte, als ich in diesem Moment. Ich wusste, dass meine einzige Chance, der Gefangennahme innerhalb der nächsten vierundzwanzig Stunden zu entgehen, darin bestand, bei Tageslicht, wenn der „Alarm" losgehen würde, einen weiten Weg – hundert Meilen oder mehr – zwischen mich und diesen Ort zu legen. Ich wusste, dass dies nur mit dem Zug möglich war. Aber ich wusste auch, dass der schnellste Weg zu einer sofortigen Verhaftung darin bestand, zu versuchen, einen Bahnhof zu betreten und auf normale Weise einen Zug zu nehmen. Für jeden außer einem, der wie ich über den nordamerikanischen Kontinent gereist wäre, wäre das Spiel hoffnungslos vorgekommen.

Ich war jedoch keineswegs verzweifelt; Tatsächlich habe ich mich noch nie in meinem Leben einer Situation gewachsen gefühlt. Die ganze Sache hing davon ab, dass ich meinen ersten Zug bekam. Danach hatte ich das Gefühl, ich könnte es schaffen. Ich hatte deutsche Personenkraftwagen so genau wie möglich studiert, indem ich sie aus der Ferne vorbeifahren sah, und war mir sicher, dass sie auf den „Stoßstangen" oder Bremsträgern ziemlich gute „Touristen"-Unterkünfte boten; aber ich hatte nicht das Gefühl, dass ich noch genug über ihre unterschwellige „Architektur" wusste, um unterwegs an Bord zu gehen. Das bedeutete, dass ich meine „Jungfernfahrt" an einem Bahnhof oder Abstellgleis beginnen musste, wo ich einen ruhenden Zug finden konnte. Ein Gleisanschluss wäre natürlich weitaus vorzuziehen gewesen, aber da ich keinen genau gefunden hatte und wusste, dass ich leicht den Rest der Nacht damit verschwenden würde, nach einem solchen zu suchen, war der X- *Bahnhof die einzige Alternative*. Da dies eindeutig der *einzige* Weg war, war ich für die Aufgabe weitaus nervöser, als wenn ich mich zwischen zwei oder drei Handlungsfeldern entscheiden müsste.

Ich hatte auch keinen Zweifel daran, wie die Sache gemacht werden müsste. An den Fahrkartenschaltern oder an den Toren zum

Bahnhofsschuppen war ich mir sicher, dass ich sofort herausgefordert und zur Untersuchung festgehalten werden würde – auch wenn die Polizei noch keine Nachricht von meiner Flucht erhalten hatte. Außerdem hatte ich nicht genug Geld, um ein Viertel der Distanz zurückzulegen, die ich meiner Meinung nach zurücklegen müsste, um einigermaßen sicher zu sein. Die einzige Möglichkeit bestand darin, den Gleisen durch die Höfe zu folgen und jede sich bietende Gelegenheit optimal zu nutzen. Der zehn oder zwölf Pfund schwere Magnetzünder wäre ziemlich lästig, aber da der mögliche Verkauf an einem entfernten Ort eine einfache Möglichkeit bot, an das Geld zu kommen, das ich sicher brauchte, beschloss ich, ihn nicht loszulassen, bis ich es hatte Zu.

Ich kannte die allgemeine Lage des Bahnhofs Meine Straße überquerte die Linie eine halbe Meile weiter entfernt, aber ich war mir sicher, dass eine Brücke über einen Kanal, die überwunden werden müsste, wenn ich an dieser Stelle die Schwelle nehmen würde, von Soldaten bewacht würde. Ein Stolpern durch einen von Unkraut überwucherten Graben, ein Stapfen über ein paar hundert Meter Roggenstoppeln, ein Aufstieg über den Drahtzaun der Vorfahrt, und schon musste ich wieder einmal den Steinballast unter meinen Brogans zertrümmern, wie ich es zuvor getan hatte schon so oft gemacht. Zehn Minuten später passierte ich unangefochten unter den Lichtern eines Schaltturms und befand mich innerhalb der X-Yards. Fast im selben Moment blitzte ein heller Scheinwerfer auf der Strecke vor mir auf, und bevor ich den Bahnhof erreichte, war ein langer Personenzug eingefahren und hielt an. „Gerade noch rechtzeitig", murmelte ich vor mich hin; „Das ist *mein* Zug, wohin er auch fährt."

Als ich die Eisenbahnhalle betrat, mied ich die Bahnsteige und eilte zwischen dem Personenzug und einer Reihe von Güterwaggons hindurch, die auf dem nächsten Gleis standen. Zwei oder drei Meter lange Hände streiften mich, ohne einen Blick darauf zu werfen, denn es gab praktisch keinen Unterschied zwischen der Ausrüstung meines schmierigen Maschinisten und ihrer eigenen. Aber als ich anhielt und begann, unter einen der *ehemaligen* Waggons zu spähen, sah ich aus dem Augenwinkel, wie ein Bremser des Güterzuges innehielt, während er am Ende eines der Waggons hochkletterte und misstrauisch den Kopf in meine Richtung reckte . Dutzende Male zuvor (allerdings war noch nie so viel auf dem Spiel) war ich mit der gleichen Art von Notfall konfrontiert, und ohne einen Moment zu zögern und als ob es das Natürlichste auf der Welt wäre, begann ich auf eines der Symbole zu tippen Räder mit meinem großen Stahlschlüssel. Der Himmel weiß nur, ob es in Deutschland solche Tests auf rissige Autoräder gibt! Ich habe sie jedenfalls noch nie dabei gesehen. Jedenfalls diente es meinem Zweck, den Bremser glauben zu lassen, dass ich geschäftlich dort sei, denn er kletterte auf seinen Zug und verschwand außer Sichtweite. Zwei Sekunden später kuschelte ich mich auf die „Stoßstangen", mit meinem Schraubenschlüssel und dem Magnetzünder auf meinem Schoß.

Die Bremsbalken eines deutschen *Schlafwagens* sind nicht ganz so geräumig wie die eines amerikanischen Pullman, aber sie könnten viel schlechter sein. Der Zug war ziemlich schnell, machte nur wenige Haltestellen und ich glaube, wenn ich lange genug an Bord geblieben wäre, hätte er mich direkt nach Berlin gebracht. Nach vier oder fünf Stunden fühlte ich mich jedoch ziemlich verkrampft und steif, und da ich nicht das Risiko eingehen wollte, bei Tageslicht gesehen zu werden, stieg ich aus, als der Zug an einer Kreuzung am Rande dessen, was erschien, langsamer wurde und ausstieg , eine große Industriestadt zu sein. Der Magnetzünder rutschte aus meiner zweifingrigen Hand, als ich absprang, und brachte den Frosch einer Gerte mit einem Ruck nach oben, der mit seinem empfindlichen Inneren einen Streich gespielt haben musste, aber ich machte mir darüber keine Sorgen. Hier war ich, gesund und munter, gut hundert Meilen von jedem Ort entfernt, an dem sie jemals nach mir suchen würden. Außerdem hatte ich Geld in der Tasche und die Möglichkeit, noch mehr zu bekommen. Ich hätte mir keinen besseren Start wünschen können.

Es gibt eine Reihe von Gründen, warum es für mich nicht das Beste wäre, an dieser Stelle im Detail auf die verschiedenen Möglichkeiten einzugehen, mit denen ich den Schwierigkeiten entgangen bin, als ich über die deutschen Grenzen hinauskam, nicht zuletzt, weil es mir gelingen könnte In Zukunft wird es für einen anderen armen Teufel, der dasselbe versucht, schwieriger. Ich glaube jedoch nicht, dass es eine Chance von eins zu tausend für einen britischen Gefangenen geben würde, der weniger „für das Spiel geeignet" ist – ein Mann, der nicht in der Lage ist, die Sprache zu sprechen und keine Mitfahrgelegenheiten auf den „Bremsbalken" der Züge zu stehlen, I gemein – als dass ich aus größerer Entfernung von der Grenze durchkommen sollte. Aber wie auch immer das sein mag, ich werde es niemandem , der die Chance dazu bekommt, schwerer machen, indem ich erzähle, wie ich es gemacht habe.

Geld – das ich durch den Verkauf des Magnetzünders des mitgebrachten Traktors verdienen konnte – war das Erste, worum ich mich kümmern musste, nachdem ich das Land, in dem ich wahrscheinlich gesucht werden würde, weit hinter mir gelassen hatte, und es war unterwegs Danach war ich am nächsten dran, „ein Cropper zu werden". In meiner Eile, die Last des schweren Dings loszuwerden, machte ich den Fehler, es dem ersten Elektrofachgeschäft anzubieten, das ich besuchte. Der Besitzer wollte das Ding unbedingt haben, aber obwohl er meine Geschichte, dass ich ein zurückgekehrter Deutsch-Amerikaner war, der in Munitionsfabriken arbeitete, offenbar bereitwillig akzeptierte, sagte er, dass das Gesetz ihn dazu verpflichtete, die Polizei anzurufen und zu fragen, ob etwas in der Art sei war als gestohlen gemeldet worden. Ich hatte nicht die geringste Angst, dass der Magnetzünder an einem Punkt gemeldet werden würde, der so weit von dem entfernt war, von dem aus ich ihn aufgenommen hatte, aber ich wusste, dass ich in keinem Interview mit dem Magneten zwei Minuten lang „aufstehen" konnte Polizei. Also sagte ich dem alten Fritz, er solle weitermachen und anrufen, und sobald er sich umgedreht hatte, schnappte ich mir den Magnetzünder und schlüpfte so leise wie möglich auf die Straße.

Ob die Polizei sich bemühte, mich aufzuspüren oder nicht, wusste ich nie. Es gab jedenfalls keine Beweise dafür. Ich ging in die erste Seitenstraße und von dort in eine andere und ging dann weiter, bis ich zu einem schmutzigen kleinen Second-Hand-Laden kam, an dessen Tür ein jüdischer Name stand. Glücklicherweise hatte der alte Sheeny etwas mit Schrott und Eisenwaren zu tun und wusste sofort, welchen Wert die Waren hatten, die ich anzubieten hatte. Tatsächlich war der Magnetzünder ein „Bosch", der ursprünglich in Deutschland hergestellt und von den Herstellern des Traktors, von dem ich ihn genommen hatte, in die USA importiert wurde. Ich war ziemlich erschöpft vom schnellen Gehen – ich hatte damals sowieso nicht viel Kraft – und der kluge alte Hebräer musste sicher gewesen sein, dass ich das Ding innerhalb einer Stunde gestohlen hatte. Er sagte jedoch kein Wort darüber, „die Polizei anzurufen", sondern sah mich nur aus dem Augenwinkel schlau an und bot mir fünfzig Mark für ein Instrument an, das in normalen Zeiten vier- oder fünfhundert wert war, und wahrscheinlich noch einmal die Hälfte mehr durch Kriegsforderungen. Wahrscheinlich hätte ich mehr aus ihm herausholen können, aber ich war nicht in der Stimmung für Verhandlungen, und die schnelle Art und Weise, wie ich sein Angebot annahm, muss jeden Verdacht bestätigt haben, den der alte Fuchs hinsichtlich der Art und Weise hatte, wie ich an die „Ware" gekommen war ." Wahrscheinlich handelte es sich bei dem Joint um kaum mehr als einen „Zaun" – eine Sammelstelle für Diebe –, und ich hatte großes Glück, dass ich darüber gestolpert bin.

Ich aß an diesem Tag zwei herzhafte Mahlzeiten in billigen Restaurants – wobei ich darauf achtete, kein Brot oder irgendetwas anderes zu bestellen, für das ich möglicherweise eine „Karte" brauchte – und an diesem Abend schwang ich mich auf die „Ruten" eines Passagiers Zug, der an einer Kreuzung auf etwa zehn Meilen pro Stunde abgebremst hatte und mehrere Stunden lang in eine Richtung fuhr, die ich richtigerweise als die niederländische Grenze ansah. Den folgenden Tag verbrachte ich damit, mich frei in einer großen Industriestadt zu bewegen, und in der nächsten Nacht „durchmarschierte" ich zu einer Stadt an der Grenze zu Holland. Da es sich hier nicht um einen Ort handelte, an dem es keine Fabriken gab, verschmolz die Maschine meines Maschinisten nicht ganz so mit der

Landschaft wie an Orten, an denen viel produziert wurde, und ich blieb dort nur lange genug, um sicherzustellen, dass die Grenze so bewacht wurde, dass die Chancen groß waren, dass ich ohne Hilfe über die Grenze gelangen konnte. Ich wusste, dass ich in Belgien solche Hilfe bekommen könnte, und da mir das gesamte deutsche Eisenbahnsystem für Nachtausflüge zur Verfügung zu stehen schien, beschloss ich, mein Glück aus dieser Richtung zu versuchen. Ich wollte einen Blick auf Essen und Krupps werfen , während ich schon so nah war, kam aber schließlich zu dem Schluss, dass es nicht das Beste wäre, in einem Viertel, in dem es mit Sicherheit mehr Wachsamkeit gibt als anderswo, ein Risiko einzugehen. Die fernen Spitzen hoher Schornsteine und eine Rauchwolke am Himmel waren alles, was ich von dem „Ort, an dem der Krieg geführt wurde" sah.

Die Deutschen rühmen sich eines großartigen Geheimdienstsystems, und doch geriet ich – soweit ich sehen konnte – nicht ein einziges Mal in den mehreren Tagen, in denen ich mich gemächlich auf mehr oder weniger indirektem Weg nach Belgien begab, unter Verdacht. Tatsächlich habe ich ihnen nicht viel zum „Ergreifen" gegeben. Ich hielt mich strikt an meinen ursprünglichen Plan, Bahnhöfe und Hotels zu meiden und in Geschäften oder Restaurants, die möglicherweise „Fahrkarten" verlangten, nichts zu verlangen. Das Wetter war gut und ich schlief die meiste Zeit in etwa denselben ruhigen Ecken im Freien, die der amerikanische „Landstreicher" auf seinem Weg über den Kontinent aufsucht. Der einzige Unterschied bestand darin, dass es in Deutschland, wenn überhaupt, sicherer war, und oft, als ich in den USA von einem Polizistenknüppel auf den Sohlen meiner Stiefel begrüßt worden wäre, sah ich aus dem Augenwinkel, Der „Arm des Gesetzes" stolziert vorbei, ohne einen zweiten Blick auf den müden Maschinisten zu werfen, mit seinem Schraubenschlüssel neben sich, der unter einem Baum in einem Park oder am Straßenrand döst. Ich hatte ein halbes Dutzend gute Mahlzeiten mit gutherzigen Bauern, und eines Abends – es regnete und ich war ziemlich erschöpft – nahm ich das Angebot eines Bettes in einem Bauernhaus an, dessen Besitzer einen Sohn hatte, der eine hatte Schaffarm in Montana, in der Nähe von Miles City, ein Ort, an dem ich eine Saison lang eine Drescherei betrieben hatte. Er sagte, es täte ihm sehr leid, dass der Junge nicht so klug gewesen sei wie ich, den „Engländern" zu entkommen und nach Hause zu kommen, um dem Vaterland zu helfen. Er war ein netter alter Kerl, und ich habe seine Mähmaschine repariert und ein neues Ventil in seine undichte Pumpe eingebaut, um meine Rechnung auszugleichen. Es gab eine Reihe kleiner Vorfälle dieser Art, und die schlichte Freundlichkeit der alten Bauern, die ich traf – zumeist Väter, Mütter und Ehefrauen mit Söhnen oder Ehemännern im Krieg – war dafür verantwortlich, dass ich nicht ganz so hart dagegen vorging Hunnen im Allgemeinen, als ich ihr Land verließ und es betrat. Dennoch weiß ich ganz genau, dass sie mich nur deshalb so gut behandelt haben, weil sie dachten, ich sei einer von ihnen, und dass sie mich wahrscheinlich einem Mob überlassen hätten, damit sie mich in Stücke reißen, wenn sie auch nur eine Minute geahnt hätten, was ich wirklich war .

Ich fuhr auf den Bremsbalken eines Schnellfrachters nach Belgien, der offenbar Vorfahrt vor den Passagieren hatte und daraus schließen konnte, dass er Munition transportierte, die an der Front dringend benötigt wurde. Als ich in den Wagen einstieg, wurde er in einer Art Stau an einer Kreuzung abgebremst, aber als ich ihn verließ – als ich dachte, ich wäre so weit in Belgien, wie ich wollte –, beschleunigte er mit lebhaften dreißig Meilen pro Stunde oder mehr, und all meine Übung beim Spiel konnte mich nicht vor einem bösen Wurf bewahren. Zum Glück bin ich den Bindungen aus dem Weg gegangen; Und da die Füllung aus weicher Erde bestand und am Boden ein Graben voller Wasser war, hatte ich bei einem Sturz, der mich auf den meisten amerikanischen Linien ein Dutzend Mal den Kopf zerbrochen hätte, nicht viel zu befürchten.

Über die Art und Weise, wie ich aus Belgien nach Holland und schließlich weiter nach England gelangte, wäre es für mich nicht angebracht, zu diesem Zeitpunkt überhaupt etwas zu schreiben, außer zu sagen, dass dies ausschließlich der Hilfe zu verdanken war, die ich von den Belgiern selbst erhielt. Eines der interessantesten Kapitel des Krieges wird dasjenige sein – das erst veröffentlicht wird, wenn alles vorbei ist –, in dem es darum geht, wie belgische Patrioten in Belgien während der deutschen Besatzung nicht nur Kontakt untereinander hielten, sondern es auch schafften, Nachrichten zu übermitteln – und sogar gehen und kommen selbst – in die Außenwelt. Sogar der „Elektrozaun" entlang der Grenze zu Holland schreckt sie nicht ab, und ich verrate kein Geheimnis, wenn ich sage, dass es mehr Möglichkeiten gibt, sicher unter oder über diesen Zaun zu gelangen, als Drähte darin haben. Es schadet mir wahrscheinlich nicht zu sagen, dass *ich* diese Barriere über eine sehr geschickt gebaute kleine Klapptreppe überquert habe, die, wenn sie nicht benutzt wurde, unter einem Quadrat Grasnarbe, aber ein paar Meter vom Zaun selbst entfernt, verborgen blieb. Der freundliche alte deutsche Posten, der es für mich verbreitete – er war natürlich reichlich bestochen worden und hatte wahrscheinlich eine regelmäßige „Arbeitsvereinbarung" mit meinen belgischen Freunden –, vertraute mir das zum Abschied an, als er genug Geld angehäuft hatte, um es zu behalten Damit er den Rest seines Lebens in Holland bequem verbringen konnte, hatte er vor, selbst diese kleine Treppe zu erklimmen und nie wieder zurückzukehren. Ich habe mich oft gefragt, wie viele andere Deutsche das gleiche Gefühl haben, wenn sie „das sinkende Schiff" verlassen.

DER SINGENDE SOLDAT

ICH

Die brütende Wärme der weichen Luft, die sich am Fuße der hoch aufragenden Klippen der Marmolada bewegte, wo ich die *Teleferica nahm, hatte etwas Unheilvolles* ; und die wirbelnden Aigrettes windgetriebenen Schnees am Rand des Passes, wo die Kabelleitung im Windschatten eines Felsens direkt unter den italienischen Schützengräben endete, signalisierten den Grund dafür. Die Vorhut eines dieser unverantwortlichen Einzelgänger von Gebirgsstürmen, die so gern herumlaufen und das schöne Wetter für Überraschungsangriffe auf die Außenposten der Alpenkette nutzen, schlich sich von der österreichischen Seite herüber; Und irgendwo dort oben, wo der dünne Draht der *Teleferica* nach unten lief und mit der amorphen Masse der Klippe dahinter verschmolz, würde mein kleines Auto hineinfahren.

„Jedenfalls gute zehn Minuten, um es sich gemütlich zu machen", sagte ich mir. Und nach der Art des Südseekapitäns, der das Segel kürzt und die Luken dicht macht, während er sein Wetter im Auge behält, wenn der Sturm vom Wind herabbraust, stopfte ich die losen Enden der Decken um meine Füße und rollte den hohen Pelzkragen meiner Jacke hoch Ich zog *den Alpinio*-Mantel an und knöpfte die Lasche über meiner Nase zu.

Aber die Dinge entwickelten sich schneller, als ich berechnet hatte. Als der kleine Drahtkorb aus dem Einschnitt in der vierzig Fuß hohen Schneewehe glitt, die an der Stelle, an der die Stützkabel an einem vorspringenden Felsvorsprung vorbeiführten, in seine Luftvorfahrt eingedrungen war, sah ich, dass es sich nicht nur um eine offene und darüber liegende Felswand handelte. mit dem ich rechnen musste, aber auch mit einer geschickt geplanten Flankenbewegung, ganz im Einklang mit der Tatsache, dass die ganze Angelegenheit, Schloss, Schaft und Lauf, ein „Made in Austria"-Produkt war. Schnell getriebene kleine Schneewehen, die sich alle Mühe gaben, ihre Schwaden davon abzuhalten, sich über die schützenden Felsnadeln zu schleudern, schlängelten sich zwischen den kleinen Gipfeln auf beiden Seiten des Passes hindurch und glitten hinab, um einen Flankenangriff entlang der Engstelle zu starten Tal, das von der *Teleferica* und dem Zickzackpfad bis zu den italienischen Stellungen durchquert wird. Noch während ich zusah, begab sich einer von ihnen in Angriffsposition und schoss direkt über die Eiskappe, die den Rand einer Klippe bedeckte, einen klaren Keil aus spürbarem, festem Weiß.

Einen Augenblick lang wurde mein Gesicht von der feuchten Luftströmung umhüllt, die aus dem bewaldeten Untertal aufstieg, wo die warmen Finger des Tauwetters dicht auf die haarscharfen Auslöser der gespannten Lawinen drückten; Im nächsten Moment schnappte ich in einem Anflug arktischer Kälte nach Luft, während die Spitzen der geblasenen Eisnadeln in meinen protestierenden Lungen mit dem stechenden Geruch hastig getrunkenen Champagners kribbelten. Durch die eisbedeckten Wimpern konnte ich gerade noch sehen, wie ein Dutzend ähnlicher Pfeiler hervorsprangen und in den Grund des Tals stürmten, bevor die Hauptfront des Sturms tosend heranbrauste und Höhen und Senken von rauschenden Schleiern aus Schnee verdeckt wurden durchscheinend weiß. Innerhalb weniger Sekunden hatte sich ein Amphitheater aus hoch aufragenden Berggipfeln, überdacht mit einem Gewölbe aus tiefviolettem Himmel, in einen böigen Abgrund aus wirbelnden Schneewehen aufgelöst.

Mein kleiner Drahtkorb schwang schwindlig zur Seite, als die erste Böe hineinfuhr, und schwang sofort wieder zurück, nach der Art eines Pendels, als der Luftpuffer von einer Gegenböe untergraben wurde und abfiel; Aber das tief gerillte Rad war nie annähernd vom Tragseil abgesprungen, und das gleichmäßige Pochen des entfernten Motors, der das Zugseil herunterkam, fühlte sich an wie ein freundliches, beruhigendes Händeklopfen.

„Gute alte *Teleferica* !" Ich sagte halb laut, stützte mich auf einen Ellbogen und schaute über die Seite: „Du bist so bequem und sicher wie ein Personenaufzug und so aufregend wie ein Flugzeug ." Aber" – als mir das Bild einer Reihe ameisenähnlicher Gestalten, die ich kurz zuvor gesehen hatte, wie sie sich den schneebedeckten Hang hinaufmühten, in den Sinn kam – „ was passiert mit einem Mann auf seinen Füßen – einem Mann, der nicht aus der Not herausgerissen wird." von einem Motor am Ende eines schönen, starken Kabels – wenn er in so einem Strudel gefangen ist? Was muss mit diesen armen Alpini passieren ? Was können sie tun?"

Und noch bevor die anhaftende Beharrlichkeit der warmen Brise aus dem unteren Tal die Ungestümheit des Eindringlings gebremst und ihn, einen kriechenden Gefangenen, dazu gebracht hatte, Lawinen mit dem Rest seiner Kraft anzulocken, hatte ich meine Antwort; Denn während die geisterhaften Vorhänge der schneebedeckten Windböen noch den eisigen Hang darunter verdeckten, erklangen durch einen dieser seltsamen akustischen Tricks, die auf hohen Berggipfeln so üblich sind, die flötenähnlichen Töne eines Mannes, der klar sang Der Tenor schwebte bis zu den Ohren, die ich gerade von einem Pelzkragen befreite: –

„Fratelli d'Itali , l'Italia , s'è desta ;

Dell' elmo di Scipio s'è cinta la testa !"

Es war das „ Inno di Mameli ", das Lied von 1848 – die Marseillaise der Italiener. Ich erkannte es sofort, denn eine Stunde zuvor hatten meine

Gastgeber beim Mittagessen in der Offiziersmesse unten es auf dem Grammophon gespielt. Klar und silbrig, wie frisch geprägte Münzen, die zum Sprechen gebracht wurden, schwangen sich die bewegenden Worte durch die pulsierende Luft, bis die „Klangrutsche", durch die sie ihren Weg gefunden hatten, von den tosenden Strömungen des sterbenden Sturms durchbrochen wurde. Aber ich wusste, dass die Alpini immer noch sangen – dass sie tatsächlich schon die ganze Zeit gesungen hatten –, und als der warme Wind endlich das letzte Schneegestöber umspülte, waren sie da, genau wie ich es erwartet hatte Finden Sie sie, wie sie sich unter ihrer Last aus Suppendosen, Weinflaschen, Ofenholz, Decken, Munition und den tausend und anderen Dingen, die an der Lebensader einer Soldatengruppe, die einen Berg hält, vorbeiziehen müssen, vorwärts und aufwärts drängen vergehen mitten im Winter.

II

Dies geschah zufällig in einer meiner ersten Tage an der Alpenfront, und der Vorfall, dass Männer in einem Schneesturm sangen, der fast stark genug war, um sie von den Füßen zu fegen, machte in diesem Moment keinen geringen Eindruck auf mich. Es war meine erste Erfahrung dieser Art. Eine Woche später hätte ich es für genauso erstaunlich halten müssen, unter allen Umständen einem Alpino begegnet zu sein, der *nicht* sang; Denn für ihn – in der Tat für alle italienischen Soldaten – ist das Lied der wichtigste Kanal für den äußeren Ausdruck des Geistes in ihm. Und was für ein Geist das ist! Er singt, während er arbeitet, er singt, während er spielt, er singt, während er kämpft, und – es wird oft erzählt, wie dieser oder jener Kamerad mit einem Lied auf den Lippen unterging – er singt, während er stirbt. Er besänftigt sich mit Liedern, er betört sich mit Liedern, er stärkt sich mit Liedern, er erhöht sich mit Liedern. Es ist kein Lied, wie der Deutsche es kennt, nicht der schwerfällige Marschchor, den die preußische Garde auf die gleiche Weise donnert, wie sie im Stechschritt stampft; sondern eher ein einfacher Gesangsausbruch, der so natürlich und spontan ist wie der Gruß der aufsteigenden Lerche an die aufgehende Sonne.

Disziplin jeglicher Art ist für den temperamentvollen Alpino mehr oder weniger lästig , aber er schafft es, sich mit einigermaßen gutem Willen damit durchzukämpfen, solange ihm klar ist, dass die militärischen Erfordernisse sie wirklich erfordern. Aber das Einzige, worüber er sich wirklich ärgert, ist das Singverbot. Dies ist natürlich unbedingt erforderlich, wenn er auf Erkundungs- oder Patrouillenjagd ist oder an einem der unaufhörlichen Überraschungsangriffe beteiligt ist, die ein so wichtiges Merkmal der Alpenkriegsführung darstellen. Er pflegte zu singen, wenn er in jenen fernen Tagen kletterte, als er aus Liebe dazu Berge bestieg; und irgendwie scheint zwischen den Beinen und den Stimmbändern eine Art Reflexwirkung entstanden zu sein, die es äußerst umständlich macht, das eine ohne das andere zu trainieren. Wenn man die Wahrheit sagen könnte, würde man wahrscheinlich feststellen, dass nicht wenige halbvollendete *Coups de Main* beinahe durch einen freudigen Ausbruch „unvorhergesehener Melodien" seitens eines temperamentvollen Alpinos , der der Macht der Gewohnheit erlegen ist, getrübt wurden .

Ich war Zeuge eines ziemlich amüsanten Vorfalls, der die Schwierigkeit veranschaulicht, die selbst der Offizier von Alpini hat, wenn er sich die stimmliche Äußerung verweigert, nicht nur, wenn dies strikt gegen die Vorschriften verstößt, sondern sogar dann, wenn er sowohl aus Instinkt als auch aus Erfahrung weiß, dass „ „In ein Lied einzubrechen" ist wirklich gefährlich. Es handelte sich um das Passieren einer bestimmten exponierten Stelle im Cadore zu einer Zeit, als es allen Grund gab, schwere Lawinen zu befürchten. Ihr echter Alpino hat großen Respekt vor der Schneerutsche, aber keine Angst. Er hat – vor allem seit dem Krieg – den Tod in zu vielen wirklich unangenehmen Formen erlebt, als dass er Angst vor dem hätte, was ihm als das großartigste und inspirierendste Ende des Ganzen erscheinen muss – das eine Ende, auf das er sich, wenn überhaupt, verlassen konnte Die Frage nach Alternativen stand auf dem Spiel. In Sachen Lawine ist er, wie in den meisten anderen Dingen, ziemlich fatalistisch. Wenn ein bestimmtes *Valanga* für ihn bestimmt ist, welchen Sinn hat es dann, wenn man versucht, es zu vermeiden? Wenn es nicht für ihn bestimmt ist, welchen Sinn haben dann Vorsichtsmaßnahmen? Alle Vorsichtsmaßnahmen werden gegen *Ihre* Lawine vergeblich sein; Sie alle werden überflüssig sein, wenn es um diejenigen geht, die *nicht* für Sie bestimmt sind.

Es besteht jedoch die Möglichkeit, dass diese beruhigende orientalische Philosophie nicht in die Rechnung des italienischen Generalstabs gelangte, als er seine Pläne zur Minimierung unnötiger Verluste ausarbeitete; und so erging neben anderen vorsorglichen Ermahnungen der Befehl, dass Soldaten, die bestimmte exponierte Abschnitte passieren, die durch Schilder mit der Warnung „ *Pericoloso di Valanga" gekennzeichnet* sind, ihre Stimme nicht über den Sprechton hinaus erheben und insbesondere nicht singen sollten . Das ist natürlich nicht mehr als sinnvoll, denn ein Ruf oder eine hohe Liednote kann genau die Luftschwingungen in Gang setzen, die nötig sind, um an den oberen Hängen eines Berghangs eine Bewegung auszulösen, die dann ihren Höhepunkt erreicht Eine Million Tonnen Schnee wurden über das gesamte untere Tal geschleudert. Der Alpino hat die Regel so gut er konnte befolgt und dadurch wahrscheinlich nicht wenige seiner Zahlen gespart, aber die Anstrengung ist eine, die seinen tapferen Geist manchmal fast bis zur Zerreißprobe auf die Probe stellt.

Bei der Gelegenheit, an die ich denke, mussten wir, um eine Position zu erreichen , die ich unbedingt besuchen wollte, etwa eine dreiviertel Meile diagonal über die Schneise einer der größten und tückischsten Rutschen der Welt klettern die gesamte Alpenfront. Seit jeher gab es hier jedes Jahr eine große Lawine, der meist zu Beginn des Winters eine kleinere vorausging. Zum Zeitpunkt meines Besuchs hatte es bereits zu einem vorläufigen Abrutschen gekommen, und da die frühen Winterstürme die schwersten seit Jahren gewesen waren, machte der angesammelte Schnee die große Lawine am ersten Tag mit warmem Wind fast unvermeidlich. Unglücklicherweise war dieser Tag der einzige, der mir für den Besuch der betreffenden Stelle zur Verfügung stand. Obwohl es in der ersten Januarwoche war, tropfte es die ganze Nacht über von den Dachtraufen der Häuser in dem kleinen Alpendorf, in dem der Oberst wohnte, und selbst am frühen Morgen wurde der harte Schnee auf dem Weg weich und matschig Wir ließen unseren Schlitten an der Hauptstraße stehen und machten uns zu Fuß auf den Weg.

Pericoloso " markiert waren , ohne besondere Vorsichtsmaßnahmen zu treffen; Und selbst als wir zur großen Rutsche kamen, wies uns der junge Major, der für die Durchführung des Unterfangens verantwortlich war, lediglich an, dass wir zu zweit (wir waren zu viert) mit einem Abstand von 300 Metern so schnell wie möglich weitergehen sollten und keine unnötigen Gespräche führen. Das war alles. Es gab keine Dramatik – nur die wenigen einfachen Anweisungen, die darauf ausgelegt waren, das Risiko eines „Totalverlusts" zu minimieren , falls die Rutsche doch unruhig werden sollte. Wie wenig dieser junge Offizier über die Funktionsweise von Lawinen zu lernen hatte, erfuhr ich erst an diesem Abend, als mir sein Oberst erzählte, dass er vor nicht allzu langer Zeit mit einer oder zwei Kompanien seiner Alpini begraben worden sei und dem Schicksal entgangen sei die meisten Männer nur, weil er von seinem Hund ausgegraben wurde.

Der Major und der Hauptmann des Comando Supremo, der mich an der Front begleitet hatte, gingen voraus und überließen es mir, nach fünf Minuten mit einem jungen Leutnant zu folgen, einem Jungen, der so voller brodelnder Berggeister war, dass er hatte den ganzen Weg über getanzt und „Rigoletto" in die Baumwipfel trällert. Während wir warteten, brach er in kurze Gesangsfetzen aus, die jeweils mit einem Schluck endeten, als ihm plötzlich klar wurde, dass es an der Zeit war, das Sicherheitsventil zu schließen.

Als seine Armbanduhr uns anzeigte, dass es Zeit sei, weiterzugehen, setzte der Junge seine Adlerfedermütze fest auf den Kopf, spannte die Kinnlade an, richtete seinen Blick grimmig auf den Pfad vor ihm und schritt in die Enge davon Durchgang, der durch die gewaltige Masse der Rutsche geschnitten worden war. Anhand des „Leben oder Sterben"-Ausdrucks auf seinem hübschen jungen Gesicht hätte man sich gut vorstellen können, dass es die Bedrohung durch die gewaltige Schneemasse war, die ihn niederdrückte, und ich bin mir sicher, dass dies auch mein eigener Eindruck gewesen wäre Dies war mein erster Tag bei den Alpini . Aber inzwischen hatte ich genug von Italiens Gebirgssoldaten gesehen, um zu wissen, dass dieser den *Valanga genauso verachtete* wie der *Valanga ihn selbst und dass die erdrückende Last, die in diesem Moment auf ihm lastete, nur das Problem war, wie er den nächsten* Kilometer bewältigen sollte eines wunderschönen schneebedeckten Pfades, ohne der Welt in einem fröhlichen Gesang nach dem anderen zu erzählen, wie wunderbar es war, lebendig und jung zu sein und mit jedem Schritt näher an die glitzernden Schneegipfel heranzuklettern, von denen seine Kameraden den Feind kopfüber vertrieben hatten Einige Monate zuvor hatten sie sich auf den Weg gemacht, und von dort aus würden sie vielleicht bald wieder weiterziehen, um ihrerseits das nächste Tal und die dahinter liegenden Gipfel einzunehmen. Wäre er allein gewesen, gleitend oder nicht gleitend, Befehl hin oder her, hätte er seine Freude in den Himmel geschrien, egal, was käme; aber so wie es war, mit einem mehr oder weniger hilflosen Ausländer in seinen Händen und in Hörweite seines Vorgesetzten, war es eine ganz andere Sache.

„Es war wirklich sehr interessant, durch dieses erwachende *Valanga zu gehen* “, erzählte mir mein Begleitkapitän, als wir ihn und den Major unter einer schützenden Klippe auf der anderen Seite wieder trafen — besonders angesichts der Gelegenheit, die die Durchschneidung des Pfades bot, um ein Kreuz zu studieren - Waldstück, das durch die Schneerutsche umgestürzt war. Tatsächlich hatten sie mir im Voraus von diesem seltsamen Anblick erzählt, und ich hatte wirklich vorgehabt, nach diesen umgedrehten und zerknitterten Kiefern Ausschau zu halten. Darüber hinaus ist es sehr wahrscheinlich, dass ich den Augenwinkel oberflächlich über sie schweifen ließ; Fakt ist jedoch, dass die einzige herausragende Erinnerung, die ich an diesen 1000 Meter breiten, haarsträubenden Schneehaufen habe, die hochgezogenen Schultern und das komisch gesetzte Gesicht meines jungen Führers sind, wie sie sich mir zeigten, als er die Zickzacklinien des gewundenen Pfades verdoppelte das hat es durchdrungen.

Immer wieder, während sein Blick dorthin wanderte, wo die gelben Lichtpartikel durch die Baumwipfel hinab zur Schneekappe am Rand der Klippe wanderten, zu der wir uns hinarbeiteten, hörte ich sein schnelles Anhalten des Atems, als er sagte: Unwillkürlich saugte er es ein, um es mit einem schallenden Freudenschrei wieder loszulassen, nur um es — als er sich rechtzeitig daran erinnerte — mit einem keuchenden, angewiderten Schnauben wieder auszustoßen. Auf den letzten zwei- oder dreihundert Metern gelangte er, indem er einen klagenden kleinen Liebesgesang durch die Nase summte, zu einem ziemlich harmlosen Kompromiss, der dem gewünschten Zweck zu dienen schien, den sich aufbauenden Druck langsam abzulassen, ohne das Sicherheitsventil zu sprengen. Als wir endlich die ungefährdete Weite der Gletschermoräne über uns erreichten, entfesselte er seine aufgestaute Freude in einem wilden Freudenschrei, der seine Echos wohl bis zum einsamen Gipfel des Massivs erklingen ließ, das sich noch in den Händen der *Menschen* befand ausrutschende Österreicher.

An diesem Nachmittag ging die *Teleferica* zum Gipfel, nachdem sie den Kapitän und mich sicher passiert hatte, zufällig zum Streik über, als der Korb mit dem jungen Leutnant sich noch im ersten Stadium seiner langen Reise befand und er die volle Gelegenheit dazu hatte um die verlorene Zeit stimmlich wieder gutzumachen. Es dauerte eine Stunde, bis das Kabel wieder reibungslos funktionierte, und dann war es Zeit, und zwar mehr als Zeit, dass wir abstiegen, wenn wir das untere Tal vor Einbruch der Dunkelheit erreichen wollten. Ich fand meinen jungen Freund fröhlich trällernd auf der *Teleferica-* Terrasse, als ich am unteren Ende herauskroch, offenbar kein bisschen verärgert über die Art und Weise, wie sein Ausflug eingeschränkt worden war.

„Was hast du gemacht, als du da oben im Korb festsaßst?" Ich beeilte mich, ihn zu fragen; Denn im Winter jederzeit mitten auf einem *Teleferica-Kabel* stehen zu bleiben, ist eine Erfahrung, die sich durchaus zu etwas Ernsthaftem entwickeln kann. Ich hatte bereits – in der ruhigen , sachlichen Alpini- Manier – Erzählungen über die erstaunlichen Kunststücke der Luftakrobatik gehört, die bei solchen Rettungsaktionen vollbracht worden waren, und ein- oder zweimal düstere Anspielungen auf die tragischen Folgen, die dieser Versuch hatte Rettungsaktionen waren gescheitert.

„Oh, ich habe nur eine Weile gesungen", war die lachende Antwort auf Italienisch; „Und dann, als es dort oben kalt wurde, ließ ich mich in den Schnee fallen und rutschte hierher, um mich aufzuwärmen."

Ich konnte noch nicht herausfinden, wie weit er fallen musste, bevor er auf den Schnee traf; Aber egal, wie groß die Entfernung war, ich bin absolut sicher, dass er die ganze Zeit weiter gesungen hat.

Für die Geister der Alpini ist das Lied ein Barometer; Was ihre Gesundheit betrifft, ein Thermometer. Ein erfahrener Beamter beurteilt den geistigen oder körperlichen Zustand eines seiner Männer, indem er die Art und Weise beobachtet, wie er singt oder nicht singt, so wie ein Mann den Zustand seines Hundes bestimmt, indem er dessen Nase abtastet, um zu sehen, ob es heiß oder kalt ist. Ich erinnere mich, dass ich eine halbe Stunde lang auf dem windgepeitschten Gipfel eines hohen Passes im Trentino gestanden habe, zusammen mit einem angesehenen Generalmajor, der mich an diesem Nachmittag in seinem kleinen Bergsteigermotor mitgenommen hatte, um mir eine Vorstellung davon zu geben, wie die Winterstraße war in einem Schneesturm freigehalten. Der Wind wehte mit fünfzig Meilen pro Stunde durch die Passkerbe; die Luft war steif vom fallenden und treibenden Schnee; und durch die verengten Löcher in unseren *Capuchos* beobachteten wir, wie ein Bataillon auf dem Weg von den Frontgräben in die Ebene vorbeikam, um in Quartieren eine Rast einzulegen. Rucksäcke und Umhänge waren zentimeterdick mit gefrorenem Schnee verkrustet, die Augenbrauen waren frostig, Bärte und Schnurrbärte mit Eis bedeckt; aber Mann nach Mann (obwohl man es manchmal, wenn ein Windstoß das Geräusch verschluckte, nur an den rhythmisch bewegten Lippen erkennen konnte), marschierten sie singend. Ab und zu marschierten sie, wenn es die Strömung erlaubte, in kräftigen Chören zu zweit oder zu dritt; aber die meiste Zeit trällerte jeder für sich, viele von ihnen summten wahrscheinlich nur Improvisationen und gaben ihren Gedanken lautstarken Ausdruck.

Plötzlich trat der General vor und brachte ihn zum Stehen, indem er heftig mit seinem Alpenstock auf den eissteifen Rock eines der Demonstranten klopfte. Die eisbedeckten Heiligenscheine, die die gewölbten Öffnungen der beiden Hauben umsäumten, kamen dicht beieinander, und es kam zu einem schnellen Austausch von Fragen und Antworten zwischen den windgedämpften Mündern. Dann schob der General den Mann mit einem unbeholfenen, mahnenden Klaps zurück in die vorüberziehende Reihe.

„Dieser Junge hat nicht gesungen", brüllte er mir als Antwort auf meinen fragenden Blick ins Ohr, als er neben mir zurück in die Schneewehe trat. „Wusste, dass etwas nicht stimmte, also stoppte er ihn und fragte, was. Er sagte, er hätte Durst gehabt, rohen Schnee gegessen und Halsschmerzen bekommen. Ich habe ihm gesagt, dass es ihm ganz recht ist – ein Araber aus Tripolis würde es besser wissen, als Schnee zu essen."

Noch drei- oder viermal in der Viertelstunde, die verging, bevor der zunehmende Sturm uns in den Schutz eines *Rifugio trieb*, stoppte der General Männer, deren Gesicht oder Haltung darauf hindeutete, dass auf ihren Lippen oder in ihren Herzen kein Lied zu hören war, und zwar jedes Mal Es stellte sich heraus, dass etwas nicht stimmte. Ein Mann gestand, vor ein paar Tagen seinen Flanell-Bauchverband abgelegt zu haben und als völlig natürliche Folge der darauf folgenden Erkältung einen schweren Fall von Ruhr zu bekommen; ein anderer war gerade von einem vorbeikommenden Maultier getreten worden; und ein dritter hatte an diesem Morgen die Nachricht erhalten, dass sein neugeborenes Kind tot und seine Mutter gefährlich krank sei. Die beiden ersteren wurden nicht allzu sanft wieder in Einklang mit dem gebracht, was in solchen Fällen scheinbar die Vorschrift der Verordnung war: „Gesteht Ihnen Recht für Ihre Nachlässigkeit"; aber ich glaubte, einen Brief gesehen zu haben, der dem dritten Mann in die Hand gerutscht war, als der General ihn mitfühlend darauf drückte und versprach, dafür zu sorgen, dass sofort für Urlaub gesorgt würde.

Ich war von der Wirksamkeit dieses neuartigen Diagnosesystems nicht weniger beeindruckt als von dem aufschlussreichen Beispiel seiner Funktionsweise für die väterliche Haltung selbst der höchsten Alpini-Offiziere gegenüber den geringsten Männern unter ihnen.

Aber es sind nicht nur die lebensfrohen Alpini , die im Gesang ihre Seele ausschütten. Der italienische Soldat, egal aus welchem Teil des Landes er kommt oder auf welchem Frontabschnitt er stationiert ist, kann ohne Singen genauso wenig arbeiten oder kämpfen wie ohne Essen. Tatsächlich erzählt ein beliebtes Lied, das an der ganzen Front zu hören ist, wie aus irgendeinem Grund der Befehl an die Armee erging, in den Schützengräben nicht mehr zu singen, und wie ein Soldat, der bei seinem Offizier protestierte, rief: „Aber, Kapitän, wenn ich nicht singen kann , werde ich vor Traurigkeit sterben; und sicherlich ist es besser, dass ich im Kampf gegen den Feind sterbe, als dass ich mit gebrochenem Herzen sterben sollte!"

An vielen nieseligen Wintermorgen, als ich an den bemalten sizilianischen Karren vorbeifuhr, die ein so wichtiges Merkmal des italienischen Transportwesens auf den zerklüfteten Hügeln der Isonzofront darstellen, stellte ich mit purem Erstaunen fest, dass die Fahrer bei weitem eher sangen als fluchten bei den Maultieren. Für jemanden, der Maultiere getrieben hat oder sogar in einem Land gelebt hat, in dem Maultiere getrieben werden, muss ich keinen weiteren Beweis für die Liebe des sizilianischen Soldaten zum Lied vorbringen.

Und auf diesem steinigen, von Gräben zerrissenen Plateau des Carso, wo Menschen in Höhlen unter der Erde leben und wo die Verluste durch die durch Sprengstoff zerschmetterten Gesteinsbrocken um das Zwei- oder Dreifache erhöht werden; Selbst dort, an dieser tödlichsten und abstoßendsten aller Fronten von Armageddon, sind überall die beschwingten Melodien des sonnigen Süditaliens zu hören, unterbrochen, aber nie lange unterbrochen, vom Kreischen und Detonieren österreichischer Granaten.

Es gab ein Trio fröhlicher Steinbrecher, die mir einen der düstersten und amüsantesten Eindrücke meines Besuchs bescherten. Es war gegen Ende Dezember, und Kapitän P., der unermüdliche junge Offizier, der mich befehligte, arrangierte ein besonderes Vergnügen in Form eines Besuchs eines prächtigen Beobachtungspostens am Rande eines Hügels, den die Italiener besaßen den Österreichern bei einem ihrer späten Vorstöße entrissen. Wir bahnten uns einen Weg über mehrere Meilen dieses von Granaten übersäten und noch ungeklärten Schlachtfelds und aßen unser Mittagessen mit Sandwiches auf der Brüstung eines Schützengrabens, von dem aus man mit nur wenigen Unterbrechungen den Verlauf der österreichischen Linien in den Hügeln verfolgen konnte jenseits von Gorizia, wo sie mit den Sümpfen verschmolzen, die das Meer säumten.

„Gegen diesen Aussichtspunkt gibt es nur einen Einwand", bemerkte der Kapitän und richtete sein Glas auf den unteren Rand der Wolken, die tief über den gegenüberliegenden Hügeln hingen. „Sofern das Wetter nicht ziemlich dicht ist, steht man dort fast eine Stunde lang unter direkter Beobachtung der Österreicher, sowohl auf dem Weg als auch auf dem Weg. Es wäre kaum angenehm, hierher zu kommen, wenn die Sicht wirklich gut wäre."

Und in diesem psychologischen Moment begannen sich die Wolken zu lichten, die Sonne kam heraus, und die Artillerie beider Seiten nutzte das erste gute Schießwetter, das sich seit langem bot, und öffnete sich für ein ebenso lebhaftes Training wie nur irgendein anderes Ein wirklich nüchtern denkender Mensch könnte sich gern mit ihm einlassen. Ich habe an der Somme ruhigere Phasen gesehen, selbst während einer Zeit, in der der Angriff stark vorangetrieben wurde. Ein riesiger „305", der herabstürzte und ein paar hundert Meter weiter einen stacheligen Gipfel des Gebirgskamms vernichtete, fegte ebenfalls einen Großteil der Lebensfreude aus dem immer schärfer werdenden Panorama und signalisierte : „Zeit zu gehen!" Eine großkalibrige hochexplosive Granate ist weitaus furchteinflößender, wenn es darum geht, einen Krater in den Felsen des Carso zu reißen, als wenn man den weichen Schlamm Frankreichs aufwirbelt.

In den halbgeschützten *Dolinen* oder „Dolinen", die das grausige Plateau übersäten, wurde noch immer gearbeitet; Aber auf den Überresten einer Karrenstraße, der wir folgten und die das besondere Ziel der Ablenkung durch die Österreicher zu sein schien, schien niemand in Sicht zu sein, außer ein paar verstreuten Individuen, die aktiv damit beschäftigt waren, aus dem Blickfeld zu kommen. Es war ein aufschlussreiches Beispiel dafür, wie die meisten „Eingeborenen" über die Situation zu denken schienen, und wir schlenderten nicht gemächlicher, weil wir davon profitiert hatten.

Wir gingen um den zerrissenen Körper eines Pferdes herum, das immer noch von der sterbenden Wärme des trägen Fleisches dampfte, und ein Stück weiter befand sich mitten auf der Straße eine rote Pfütze, dicht daneben ein schwarzes, träge rauchendes Granatenloch , mit einem knackig frischen Hügel aus Grasnarbe und Felsbrocken direkt dahinter. Ein Hammer und ein verbeulter Grabenhelm deuteten darauf hin, dass der Mann gerade dabei war, Steine für die Straße aufzuschlagen, als *sein Mann* gekommen war.

„Man könnte annehmen, dass es hier in der Gegend schon genug Schotter gibt", bemerkte Kapitän P. trocken und blickte über die Schulter zurück zu der Stelle, an der ein frischer Schwarm platzender Granaten den Horizont der Steinmauer hinter uns wie einen … aussehen ließ Hecke aus Pampasfedern bei starkem Wind. „Ich hoffe, der Rest dieser armen Kerle hat sich in die Hose gemacht. Eine kleine Dosis, wie wir sie hier bekommen, ist nur eine gute Vorspeise ; Es als feste Diät durchzuhalten, ist eine ganz andere Sache."

Eine halbe Minute später bogen wir um eine Biegung in der Steinmauer, die wir umarmt hatten, und stießen voll auf das, was ich seitdem immer als den „Anvil Chorus" bezeichnet habe: drei Männer, die die Oberfläche eines kürzlich zugeschütteten Granatenlochs in der Felswand zu Metall zertrümmern unterwegs und sangen ein lustvolles Lied, zu dem sie mit den rhythmischen Schlägen ihrer Hämmer den Takt hielten. An einer Straßenseite wurde auf einen Haufen abgeladen, was möglicherweise die hastig abgeworfene Ladung eines halben Dutzend Lastkraftwagen war, die dort im Schutz der Dunkelheit herumgeschlichen waren – darunter mehrere Hundert Grabenbomben genug Sprengstoff, um den gesamten Berghang ins Tal zu heben, wenn zufällig eine Granate in ihre Mitte einschlug. Zwei dieser stämmigen kleinen „geflügelten Victorys", die sich ein paar Sänger als Arbeitshocker angeeignet hatten. Der dritte von ihnen saß auf den Überresten eines „Blindgängers 305", der aus einem breiten Spalt stammte, aus dem ein winziger Strahl regengelösten Sprengstoffs herausrieselte und eine bunte Safranlache um seine Füße bildete. Dieser war barhäuptig, sein Schützengrabenhelm voller Nüsse und getrockneter Feigen – offenbar aus einem Weihnachtspaket – lag in Reichweite aller drei Männer auf dem Boden.

Das scharfe Dröhnen der schneller werdenden italienischen Artillerie, das tiefere Dröhnen der explodierenden österreichischen Granaten und das sirenenartige Crescendo der fliegenden Projektile erfüllten die Luft so sehr, dass man das fröhliche Trio erst fast erwischen konnte, als man sich fast gegenüber dem fröhlichen Trio befand faszinierender Schwung des wiederholten Refrains.

„Ein schönes Lied zum Tanzen!" bemerkte Kapitän P..., blieb stehen und schwenkte seine Schultern im Takt der Luft. „Man kann den Takt fast *spüren* ."

„Es kommt mir immer noch besser vor als ein Lied, zu dem man marschieren kann", erwiderte ich bedeutungsvoll, setzte meinen Helm auf meinen Nacken und passte die Handlung dem Wort an. „Es ist zweifellos ein schönes Lied, aber es scheint mir nicht ganz richtig zu sein, eine gütige Vorsehung dadurch in Versuchung zu führen, dass sie länger als unbedingt nötig in der Nähe dieses jungen Berges von Grabenbomben verweilt. Wenn diese österreichische Batterie noch eine Stufe „ansteigt", wird sich hier etwas anderes anheben, und ich würde viel lieber zu Fuß ins Tal gehen, als auf einer Grabenbombe zu reiten."

Das Gebrüll der Artillerieschlacht wurde immer lauter und verstummte immer wieder, aber das stetige Pochen des Anvil Chorus folgte uns einige Minuten lang gegen den Wind, nachdem eine weitere Biegung in der Steinmauer uns die Sicht auf die Sänger versperrte. Wie oft habe ich mich gefragt, wer von diesem nachlässigen Trio diesen oder den nächsten oder den übernächsten Tag überlebt hat; Welcher von ihnen, wenn überhaupt einer, schlägt immer noch den Takt auf den rotbraunen Felsen des Carso zum Klang dieses eindringlichen Refrains!

Mir wurde gesagt, dass die Verwundeten manchmal anhand ihres Gesangs auf dem Schlachtfeld lokalisiert werden könnten; dass sie nicht selten singen, während sie auf Tragen getragen oder in Krankenwagen transportiert werden. Ich hatte keine Gelegenheit, solche Vorfälle persönlich zu beobachten, aber ich hörte immer wieder Männer in den Krankenhäusern singen, und es waren auch nicht alle Rekonvaleszenten oder Leichtverletzte. Einen tapferen kleinen Kerl in diesem schönen britischen Krankenhaus an der Isonzofront, das vom Britischen Roten Kreuz mit solch bemerkenswertem Erfolg geführt wurde, werde ich nie vergessen.

Eine explosive Kugel hatte ihm alle vier Finger seiner rechten Hand abgerissen und eine Infektion zurückgelassen, die sich in gasförmige Brandwunden ausgeweitet hatte. Der Stumpf schwoll zu einer abscheulichen Masse an, die etwa die Form und Größe eines zehn Pfund schweren Schinkens hatte, aber die Ärzte kämpften gegen eine Amputation in der Hoffnung, Handgelenk und Daumen zu retten und etwas zu haben, an dem künstliche Glieder befestigt werden könnten. Als ich das Krankenhaus besuchte, war die Krise vorbei, aber der ganze Arm war immer noch so entzündet, dass der mutige Junge die Augen schließen und die Zähne zusammenbeißen musste, um nicht vor Schmerzen aufzuschreien, als die Oberin den Stumpf hochhob, um mir den Stumpf zu zeigen „schöne, gesunde rote Farbe ", wo die Heilung begonnen hatte.

Die Matrone hatte ein paar „prächtige" Grabenfußkisten, die sie mir
später zeigen wollte, und diese, zusammen mit einigen interessanten
Experimenten zur Desinfektion durch „Bewässerung", fesselten meine
Aufmerksamkeit, als eine Art summendes Summen mich dazu veranlasste,
mich umzudrehen und anzusehen der Patient im Bett hinter mir. Es war
wieder der Junge mit der „gasförmigen Gangrän". Wir hatten uns in der
nächsten Reihe durchgearbeitet, bis wir ihm wieder gegenüberstanden, und
in der vergangenen Viertelstunde hatte seine Krankenschwester eine Schüssel
mit Desinfektionsmittel auf sein Bett gestellt, um seine Wunde darin zu
baden. Darin hatte sie den schrecklich geschwollenen Stumpf hochgehoben
und eilte zu ihrem nächsten Patienten. Und da lag er und wiegte die
abstoßende Masse abgetöteten Fleisches, die immer noch ein Teil von ihm
war, in der heilenden Flüssigkeit hin und her, während er dazu ein kleines
Lied sang, wie eine Mutter ihr Kind in den Schlaf wiegt, während es ein
Schlaflied singt.

„Das macht er immer", sagte die Krankenschwester und hielt einen
Moment inne, die Hände voller Verbände. „ Er sagt, es hilft ihm, den
Schmerz zu vergessen. Und es gibt noch fünf oder sechs andere: Je schlechter
es ihnen geht, desto wahrscheinlicher ist es, dass sie versuchen, als eine Art
Ablenkung zu singen. Der große Kerl da drüben mit dem Bart – er ist ein
Fischer irgendwo im Süden – sagt, dass er singen muss, um nicht zu fluchen,
wenn die stechenden Schmerzen in seinen gefrorenen Füßen beginnen. Er
sagt, er wolle nicht vor dem *Förster fluchen* , wenn ihm vielleicht geholfen
werden könne.

An einem meiner letzten Tage an der italienischen Front kletterte ich
unter der Führung des Sohnes eines berühmten Generals, eines jungen
Mannes mit Merkurfüßen und Adjutanten der Division, auf einen von
Granaten zersplitterten Gipfel des Trentino Kommandeur dieses Sektors.
Wir stiegen mit einer endlosen *Teleferica* von knapp über einer der halb
zerstörten Städte auf, die die sich zurückziehenden Österreicher nach ihrem
Vorstoß im letzten Frühjahr zurückgelassen hatten, folgten ein paar Meilen
steilem Zickzackpfad, kletterten eine dreißig Meter hohe Leiter hinauf und
ungefähr die gleiche Strecke von felsigen Fußstützen aus – letzteres mittels
eines geknoteten Seils und gelegentlich freundlicher Eisenspitzen –, um
schließlich auf den Gipfel zu gelangen, mit nichts zwischen uns und einer
fast genau ähnlichen österreichischen Position gegenüber als einer halben
Meile dünner Luft und die umgestürzte, von Granatsplittern übersäte Statue
eines Heiligen – zweifellos in glücklicheren Tagen von den frommen
Einwohnern von – als Symbol des Friedens und des guten Willens errichtet.
Ein italienischer Jugendlicher, der aus New York zurückgekehrt war, um für
sein Land zu kämpfen – er war für eine Art mechanische Installation in einer

Felsgalerie ein paar hundert Fuß unter unseren Füßen verantwortlich – kletterte mit uns hinauf, um als Dolmetscher zu fungieren.

Für jemanden, der durch die Biegung im bleiumhüllten Ellbogen der gefallenen Statue spähte, schienen die grob quadratischen Öffnungen der Felsgalerien, die eine feindliche Batterie beherbergten, in angemessener Revolverschussweite zu sein; und tatsächlich hatte ein Alpino- Scharfschütze erst ein oder zwei Stunden zuvor einen unvorsichtigen österreichischen Schützen dazu gebracht, die unvermeidliche Strafe der Nachlässigkeit zu zahlen. Man konnte seine Stimme ohne große Anstrengung rüberbringen.

Kurz bevor wir mit dem Abstieg begannen, machte mein junger Führer aus seinen Händen ein Megaphon, warf den Kopf zurück, streckte die Brust heraus und sang ein paar Takte von dem, was ich aufgenommen hatte, während er seine Stimme über den scheinbar bodenlosen Abgrund richtete, der uns vom Feind trennte ein mitreißendes Kampflied sein.

„Welches Lied singt der Kapitän?" Ich fragte den in New York aufgewachsenen Jugendlichen, dessen Kopf gerade über dem Rand der Klippe verschwand, als er begann, sich am Seil hinunterzulassen. „Etwas von *Wilhelm Tell*, nicht wahr?"

Der junge „Mulberry Street" suchte hart nach einem Halt für die Zehen, fand ihn, ließ seine rechte Hand nach oben gleiten, bis sie einen bequemen Knoten über seinem Kopf bildete, und dann schwang er sich mit dem linken Bein und dem linken Arm frei über einen 200 Fuß hohen Abgrund die Terrassen unten schrien zurück:

„Nicht in deinem Leben, Mista . Der Kapitän singt kein Lied . Er erzählte nur von Ostrichun datta Italia, sie ist bereit für ihn. Alles klar."

Ich schaute hinunter ins Tal, wo sich eine Reihe von Schützengräben, die mit einem pelzigen braunen Saum versehen waren, von dem ich wusste, dass es sich um rostigen Stacheldraht handelte, zu beiden Seiten außer Sichtweite über die Wasserscheide erstreckten, und wo, für jeden grauschwarzen Geysir aus Rauch, nichts zu sehen war Das war die Explosion einer österreichischen Granate. Ein halbes Dutzend lebhafter Flammenstrahlen, die aus ungeahnten Höhlen am Berghang aufblitzten, verrieten, dass das Kompliment mit großem Interesse erwidert wurde.

„Ja, Italien ist bereit für sie", dachte ich; und ob sie hier und da – wie sie will – in der Verteidigung durchhalten muss , oder ob sie die ganze Linie in siegreicher Offensive voranschreitet – was auch immer es ist, der italienische Soldat wird mit einem Lied auf den Lippen in die Schlacht ziehen, Ein Lied, das keine Kugel, die das Blut durch seine Adern und den Atem in seinen Lungen pulsieren lässt, stoppen kann.

Das Castelletto in die Luft sprengen

Ungefähr Mitte letzten Juli berichtete das lakonische italienische Bulletin tatsächlich, dass die Sprengung des Gipfels eines bestimmten Berges in der Dolomitenregion mit vollem Erfolg durchgeführt worden sei und dass eine beträchtliche Verlängerung der Strecke möglich gewesen sei eine Konsequenz.

Das war, glaube ich, auch schon alles. und doch hatte mich das Staunen, das die überragende Kühnheit des Dings hervorrief, von Anfang an verfolgt. Es gab keinen Hinweis darauf, wie es gemacht wurde oder warum es gemacht wurde. Alles das blieb der Fantasie überlassen, und das Ergebnis war – zumindest in meinem Fall – das Erwachen eines brennenden Interesses an der Art und Weise der Krieger, die es gewohnt waren, Berggipfel und Gletscherfragmente wie alltägliche Ebenen aufeinander zu werfen Der von mir gezüchtete Soldat wirft Handgranaten, was im Laufe der Wochen eher zu- als abnahm und mich schließlich dazu veranlasste, einen Besuch an der österreichisch-italienischen Alpenfront zu einer Jahreszeit zu unternehmen, in der die Wetterbedingungen alles andere als schlecht zu werden drohten nicht ganz, prohibitiv.

„Bei 25 Grad Frost auf Meereshöhe in Frankreich", bemerkte ein französischer Offizier in Amiens, dem ich den Plan anvertraute, „was erwarten Sie in 10.000 Fuß Höhe auf dem Tyrol zu finden?"

„Eine Reihe von Dingen, die sie auf Meereshöhe in Frankreich oder anderswo nicht tun", antwortete ich, „sondern vor allem, *warum* sie die Gipfel von Berggipfeln wegblasen und *wie* sie die Gipfel von Berggipfeln wegblasen."

Sogar in Rom und Mailand (obwohl es einige gab, die behaupteten, soziale Bekanntschaft mit den Titanen zu haben, die die alpine Landschaft an taktische Erfordernisse angepasst hatten), sprachen sie immer noch vage von der Sache als „ *fantasto* " und „ *incredibile* ", wie Männer Operationen nennen würden in den Bergen des Mondes.

Aber einmal in der Zona di Guerra, mit jedem Riss in der sinkenden Wolkendecke, die so gerne die grüne Ebene von Venedig in ihren feuchten Falten dämpft, und enthüllt (in der drohenden Unruhe) die Schneebarriere, die sich gegen das Kobalt des nördlichen Himmels erhebt) Beweise dafür, dass der „Berggipfel"-Teil der Geschichte zumindest eine gewisse Faktengrundlage hatte, unabhängig davon, ob der „Abblasen"-Teil dies tat oder nicht, bekamen die Dinge ein anderes Aussehen. Gleich an meinem ersten Tag im Hauptquartier traf ich Offiziere, die behaupteten, mit eigenen

Augen einen Berg gesehen zu haben, dessen Spitze weggesprengt worden war; tatsächlich erwähnten sie sogar die Namen der *Montagna mutilati* , zeigte mir, wo sie sich auf der Karte befanden, wies auf die strategischen Vorteile hin, die sich bereits aus ihrer Einnahme ergeben hatten und auf die, die man später noch erwarten könnte.

Sie waren immer noch da, wurde mir versichert, auch wenn ihre Spitzen weggesprengt worden waren. Sie befanden sich weiterhin im Besitz der Alpini . Zwei der wichtigsten von ihnen waren nicht so weit entfernt; tatsächlich könnte man beides von unserem Standort aus deutlich sehen — wenn nicht andere und nähere Berge dazwischen stünden und natürlich, wenn die verfluchten Sturmwolken nur aufziehen würden. Und so nahmen die Namen Castelletto und Col di Lano endlich eine verschärfte Form an und waren mehr als nur mystische Symbole.

„Aber kann ich nicht hingehen und sie sehen?" Ich fragte. „Sie haben mir gesagt, *warum* Sie sie in die Luft gesprengt haben, aber nicht *wie* ; Doch genau das habe ich aus erster Hand herausgefunden."

Sie schüttelten zweifelnd den Kopf. „Nicht solange dieses Wetter anhält", sagte einer von ihnen. „Seit über einem Monat schneit es in den Alpen jeden Tag. Die *Valangas* fallen überall herab, und (selbst wenn man bereit wäre, das Risiko einzugehen, unter einem von ihnen begraben zu werden) werden die Straßen mancherorts wochenlang nicht geöffnet sein. Man könnte hier etwa einen Monat warten und selbst dann von der Fortbewegung an der Alpenfront enttäuscht sein. Sehen Sie sich jetzt am besten so viel von der Isonzofront an, wie Sie können, und kommen Sie im Frühjahr zurück in die Alpen."

Das schien die Sache mit der Besichtigung des Castelletto und des Col di Lano geklärt zu haben. Bezüglich der Art und Weise, wie sie vermint wurden, sagte jedoch einer der Beamten des Ufficio Stampa, dass er sich bemühen würde , dafür zu sorgen, dass mir der Castelletto- Bericht — der weitaus größere der beiden Betriebe — sowie ein Satz davon zur Verfügung gestellt würde von Fotos, die gemacht wurden, um den Fortschritt dieser gewaltigen Arbeit zu zeigen.

„Wir haben noch nie eines der Fotos herausgegeben", sagte er, „und nur Teile des Berichts; Aber da Sie absichtlich nach Italien gekommen sind, um etwas über den Berg zu erfahren, dessen Spitze weggesprengt wurde, könnte das Comando Supremo veranlasst werden, eine Sondergenehmigung zu Ihren Gunsten zu erlassen ."

Zu gegebener Zeit wurde mir die ausschließliche Erlaubnis erteilt, sowohl den Bericht als auch die Fotos zu verwenden, und da Ersteres sowohl das „Warum" als auch das „Wie" der beispiellosen Castelletto- Operation deutlich macht, ist es vielleicht am besten, es zunächst zusammenzufassen Eine Art düsterer Hintergrund für die lebendigeren und intimeren persönlichen Details, die mir eine glückliche Wendung der unruhigen Wetterfahne später ermöglichte.

Der erste Teil des Berichts des Oberbefehlshabers der Alpini- Gruppe macht deutlich, warum der Abbau des Castelletto zu einer *unabdingbaren Voraussetzung für weitere* Fortschritte in diesem wichtigen Sektor wurde .

„Im Oktober 1915", schreibt er, „wurde ich mit der Durchführung eines Angriffs mit zwei Alpini -Bataillonen auf die Stellungen Castelletto und Forcella beauftragt Bois . Wenn ich mich nicht irre, war dies das vierte Mal, dass ein Angriff auf diese Positionen unternommen wurde. Obwohl die Artillerievorbereitung am Eröffnungstag hervorragend durchgeführt worden war, stellte ich am Abend des 17. Oktober, als ich mit meinen Truppen zum Angriff vorrückte, fest, dass ihre Arbeit absolut nutzlos gewesen war.

Vervei vorzurücken , wo die beiden oben genannten Bataillone an einer weiteren Operation teilnehmen sollten, war ich gezwungen, den Angriff abzubrechen. Ich bin jedoch überzeugt, dass es mir nicht gelungen wäre, die Castelletto- Position zu erobern."

„Wie bekannt", fährt der Bericht fort, „ist das Castelletto eine Art Ausläufer der Tofana (ungefähr 12.000 Fuß hoch), mit einem hufeisenförmigen Balkon und einer Peripherie, die aus zahlreichen gezackten Gipfeln besteht." Auf der Rückseite des Balkons und innerhalb dieses Felsvorsprungs hatte der Feind zahlreiche Höhlen ausgegraben, in denen Maschinengewehre und leichte Artilleriegeschütze, geführt von isolierten, aber fähigen Geschützmannschaften, eine unsichtbare und fast uneinnehmbare Verteidigungsposition bildeten , die außergewöhnlich war Zuversicht und Ermutigung für die kleinen Kräfte, die sie besetzen.

„ Das Costeana- Tal war dementsprechend der feindlichen Offensive ausgeliefert und wurde tatsächlich in zwei Teile geteilt. Von Vervei an mussten alle Truppenbewegungen nur noch nachts und unter großen Schwierigkeiten durchgeführt werden. Die Eroberung des Castelletto war nicht nur aus taktischen, sondern auch aus moralischen Gründen notwendig, da unsere Truppen die Überwindung eines solchen Hindernisses für unbedingt erforderlich hielten. Nachdem ich meine Beobachtungen und Nachforschungen bezüglich der Castelletto- Stellung abgeschlossen hatte, kam ich zu dem Schluss, dass die einzige Möglichkeit, den Feind von dort zu vertreiben, darin bestand, sie in die Luft zu jagen.

„Am 19. November legte ich dem Hauptquartier meinen Plan offiziell vor und etwa Mitte Dezember erhielt ich die Genehmigung , es zu versuchen. Das ungewöhnliche Unterfangen war nicht nur wegen seiner Größe, sondern auch wegen der besonders ungünstigen Bedingungen der Wintersaison äußerst schwierig. Nachdem ich das notwendige Material für die Bau- und Ausgrabungsarbeiten vorbereitet hatte, begann ich am 3. Januar 1916 mit der Befestigung der damals völlig ungeschützten Position, von der aus wir arbeiten mussten, und mit der Fertigstellung der erforderlichen Gebäude.

„Unterleutnant Malvezzi beschreibt in seinem Bericht zu diesem Thema prägnant und bescheiden die Entwicklung der Arbeit. Der Erfolg des Unternehmens, das von vielen als Chimäre angesehen wird, ist nicht nur auf die technischen Fähigkeiten von Lt. Malvezzi und Lt. Tissi , seinem Assistenten, zurückzuführen, sondern auch auf deren besondere militärische Qualifikationen. auch dem Mut und dem Wohlwollen der Alpini zu verdanken, die sich in kürzester Zeit zu einer *Truppe* aus fähigen Bergleuten und geschickten Mechanikern entwickelten.

„Die Wechselfälle während der mehr als sechsmonatigen Arbeit, in einer Entfernung von nur wenigen Metern vom Feind und unter unaufhörlichem Artilleriefeuer und Beschuss durch *Bombardas* , könnten durchaus das Thema für ein Buch über das Studium des Charakters bilden. " Obwohl sich die Alpini von Castelletto der damit verbundenen Gefahren, einschließlich der durch die Gegenminen des Feindes verursachten Steinschläge, voll bewusst waren , stellten sie in einem Zeitraum von mehr als sechs Monaten brillante Tapferkeit und unerschütterliche Beharrlichkeit unter Beweis. Sie waren stets ruhig und nur von Pflichtgeist getrieben.

„Mit der Übermittlung der beigefügten Kopie des ausschließlich von Lt. Malvezzi erstellten Berichts (Lt. Tissi liegt derzeit verwundet im Krankenhaus) an Ihre Exzellenz möchte ich Ihnen diese beiden Offiziere (beide als hervorragende Ingenieure und tapfere Soldaten) empfehlen. sowie die mit ihnen kooperierenden Alpini . Ohne jede Übertreibung halte ich ihre Leistung für absolut großartig , sowohl aufgrund der großen technischen Schwierigkeiten, die überwunden wurden, als auch aufgrund der erzielten militärischen Ergebnisse. Die gefangenen österreichischen Offiziere bestätigen einhellig, dass die Italiener diese für den Feind so wichtige Stellung nur durch das Abfeuern einer Mine hätten einnehmen können."

Der beigefügte Bericht von Leutnant Malvezzi beleuchtete sofort das „Wie" der gigantischen Aufgabe, die ihm gestellt wurde.

„Am 3. Januar 1916", schreibt er, „wurden mit den Arbeiten an der Zufahrt nach Castelletto am Hang der Tofana di Roches begonnen, um den Boden zu ebnen und den Bau von Unterkünften für Offiziere und Truppen zu ermöglichen." Für diese Arbeiten mussten 660 Kubikmeter Gestein geschnitten werden . Als nächstes wurde der Bau der Quartiere und deren Versteckung schnell erledigt. Schließlich war an diesem Posten das Castelletto- Detachement, allgemein „TK" genannt, stationiert, das aus dem notwendigen *Personal* für die Arbeit und die Verteidigung der Position bestand.

„Unsere erste Aufgabe bestand darin, die feindlichen Kommunikationslinien über die Seiten von Castelletto und Tofana zu untersuchen und offenzulegen und detaillierte Informationen über deren Position zu erlangen. Um dies zu erreichen, wurden Beobachtungspunkte eingerichtet, die es uns ermöglichten, solche Untersuchungen durchzuführen und topografische Skizzen der Zone anzufertigen. Da wir uns immer in der Nähe des Feindes befanden, war dies eine lange und ermüdende Arbeit. Nach einem Monat gelang es uns jedoch, eine Reihe von Stellungen in geringer Entfernung von denen des Feindes (von 50 bis 150 Metern) zu errichten. Diese waren mit Kabeln und Strickleitern ausgestattet, um es uns zu ermöglichen, die Stellungen des Feindes und die Entwicklung seiner Werke schneller und einfacher (aus allen möglichen Blickwinkeln) zu studieren.

„Die topografischen Arbeiten begannen mit der metrischen Basismessung von 116 Metern Boden auf einem Vier-Dreiecks-Tisch, was die Erstellung aller anderen darauf basierenden Zeichnungen ermöglichte. Indem wir unsere Erkenntnisse auf diese Tabelle stützten, konnten wir eine Reihe von Punkten über die Stellungen des Feindes erstellen. Durch die Methode der aufeinanderfolgenden Schnittpunkte erhielten wir so alle für uns interessanten Punkte hinsichtlich Richtung, Entfernung und Höhe.

„Zusätzlich zu dieser mit größter Sorgfalt und Genauigkeit ausgeführten Arbeit haben wir mit einfacheren, aber weniger genauen Methoden zwei unabhängige Zeichnungen der feindlichen Stellungen angefertigt. Die erste wurde mit einem topografischen Kompass und einer Abney-Wasserwaage erstellt; das andere mit einem Monticole -Feldquadrat. Auf diese Weise erhielten wir hervorragende Prüfungen des Basissystems und basierten unsere Arbeit vollständig auf der trigonometrischen Tabelle und den Schnittzeichnungen.

„Von Mitte Februar bis Ende März bestanden die zum Durchstechen verwendeten Werkzeuge nur aus Hämmern und Meißeln. Unser Fortschritt war zwangsläufig langsam, aber in dieser Zeit reichte es aus, uns neben 14 Metern Tunnel auch Platz für die Installation der Perforationsmaschinen zu verschaffen. Ende März wurden trotz heftiger Schneestürme die Maschinen für den Beginn der Arbeiten installiert, von denen einige Teile 500 bis 600 Kilogramm wogen. Dies alles wurde von Hand und ohne Zwischenfälle herbeigeführt.

„Die mechanischen Arbeiten begannen am 2. April. Wir nutzten zwei Anlagen wie folgt:

„(1) Eine komplette Gruppe von Benzokompressoren, bestehend aus einem 30-40 PS starken Kerosinmotor, der über einen Riemen an einen Sullivan-Kompressor gekoppelt ist. Diese Maschine wurde auf einem festen Zementsockel am Anfang des Tunnels in einem zu diesem Zweck in den Berghang gegrabenen Raum von 5 x 8 Metern installiert.

„(2) Ein Ingersoll-Kompressor, montiert auf einem Allrad-Lastkraftwagen.

„Beide Maschinen stammten aus amerikanischer Herstellung und waren jederzeit voll zufrieden. Jeder komprimierte die Luft auf eine Dichte von etwa sieben Atmosphären und injizierte sie in eine Luftkammer, von wo aus sie mit Hilfe eines starren Schlauchs, der in einem Schlauch aus flexiblem Gummi endete, zu den jeweiligen Bohrern geleitet wurde.

„Es waren jeweils vier Trupps im Einsatz, die jeweils aus einem Vorarbeiter und 25 bis 30 Bergleuten bestanden. Jede Truppe arbeitete sechs Stunden ununterbrochen. Diese scheinbar leichte Verschiebung erwies sich im Gegenteil als sehr stark, was hauptsächlich auf die Entwicklung von Stickstoffgasen, die die Luft vergifteten, und auf den durch die Bohrer verursachten Staub zurückzuführen war.

„Anfangs wurde als Sprengstoff nur Militärgelatine verwendet ; später Dynamit- Gelatine . Das System der Überladung der Löcher wurde immer angewendet, um den *Schmutz* in winzige Partikel zu zerkleinern, die leichter transportiert und entladen werden können. Die Arbeiten wurden in Abschnitten von 1,80 mal 1,80 Metern bis 2 mal 2 Metern durchgeführt. Die flachen Abschnitte des Tunnels wurden mit Decauville- Schienen verlegt. Das gesamte Material wurde in Autos transportiert und in einen Trichter gekippt, der in ein großes Rohr mündete. (Die Halde wurde an einem Punkt angesammelt, der für die Österreicher nicht sichtbar war.) Die durchschnittliche Fortschrittsgeschwindigkeit betrug 5,10 Meter pro Tag."

An dieser Stelle wäre vielleicht zu erklären, dass es nicht möglich war, mit dem Tunnelbau auf derselben Ebene zu beginnen, auf der die Mine gesprengt werden sollte, sondern deutlich mehr als 150 Fuß unter dieser Ebene. Der Tunnel musste daher in einem steilen Gefälle aufgefahren werden. Ein weiterer Punkt, den der Bericht nicht klarstellt, sollte berücksichtigt werden, nämlich dass sich der Tunnel im Herzen des Castelletto teilte , wobei die Hauptröhre bis zu der Stelle vorgetrieben wurde, an der die Mine gesprengt werden sollte, während ein kleinerer Zweig — verwiesen wurde Der Tunnel wurde bis zu einem Punkt geführt, an dem ein günstiger Ausstieg möglich war, um in den Krater der explodierten Mine einzudringen und ihn zu besetzen. Insgesamt mussten 507 Meter Tunnel vorgetrieben werden, wobei 2.200 Kubikmeter Gestein ausgehoben wurden . Die Einzelheiten dieser Arbeit sind im Bericht wie folgt aufgeführt:

(A) Kammer für Sullivan-Kompressor: Abmessungen: 5 × 8 Meter ; durchschnittliche Höhe 2,20 Meter .

(B) Erster Teil der Galerie bis zur zweiten Materialdeponie. Länge 72 Meter ; Neigung 38,70 Prozent; Der Höhenunterschied betrug 25,90 Meter .

(C) Zweite Materialdeponie, eingerichtet, um Platz für weitere Arbeiten zu schaffen und die Transportdauer zu verkürzen.

(D) Kammer der Ingersoll-Gruppe. Abmessungen: 4 × 6,50 Meter ; durchschnittliche Höhe 2 Meter .

(E) Schnitt vom Stollen der zweiten Materialdeponie bis zum Beginn des Aufstiegs zur Abbaukammer. Länge 136 Meter ; Neigung 4,70 Prozent; Die Höhe stieg um 6,40 Meter .

(F) Aufstieg zur Bergbaukammer. Länge 22 Meter ; Neigung 36,30 Prozent; Der Höhenunterschied betrug 10,75 Meter . (Um das Stampfen zu erleichtern, wurde dieser Aufstieg dadurch bewerkstelligt, dass er in drei nahezu rechtwinklige Abschnitte von 1 × 1,60 Metern unterteilt wurde.)

(G) Bergbaukammer. Abmessungen: 5 × 5,50 Meter ; durchschnittliche Höhe 2,30 Meter .

(H) Tunnel mit Schlupflöchern. Länge 162 Meter ; Neigung 60 Prozent; In diesem Tunnel selbst stieg die Höhe um 83,50 Meter , ab der zweiten Halde insgesamt um 168,50 Meter. Dieser Tunnel (derjenige, durch den die Männer nach der Minenexplosion zum Angriff gehen sollten) musste streng auf die Felsschicht zwischen Tofana und Castelletto beschränkt werden ; seine Planimetrie erscheint (siehe Karte) daher aufgrund der konstanten Höhe des Felsens eher ungleichmäßig.

(I) Kommunikationslinie – teilweise in einer natürlichen Höhle – mit einer Länge von etwa 250 Metern , die den Zugang von den Unterkunftsräumen zu den Werken ermöglicht.

Castelletto gegrabener Tunnel , 30 Meter lang, mit zwei Bullaugen (jeweils 4 Meter breit) für zwei Depfort- Geschütze, mit geschlossener Höhle für die Geschütze und Munition.

„Ursprünglich war vorgesehen, die Sprengladung auf zwei Kammern mit einer Minenwiderstandslinie von jeweils 20 Metern aufzuteilen , bei einer 16-Tonnen-Sprengladung von 92 Prozent. Gelatine . Aufgrund der Minenabwehrarbeiten des Feindes – wir befanden uns beim Angriff auf die Minenkammer nur wenige Meter von einer seiner Stellungen entfernt – waren wir jedoch gezwungen, den gesamten Angriff auf eine einzige Kammer zu beschränken.

„Um den Auswirkungen unserer Mine unter den Gipfeln des Castelletto zu entgehen , hatte der Feind inzwischen die meisten seiner Schutzräume auf die Seite der Tofana und Selletta verlegt . Dies erforderte eine erhebliche Änderung des ursprünglich geplanten Standorts der Mine, damit sie gegen die feindlichen Schutzräume sowohl an der Castelletto- als auch an der Tofana- Flanke wirken konnte.

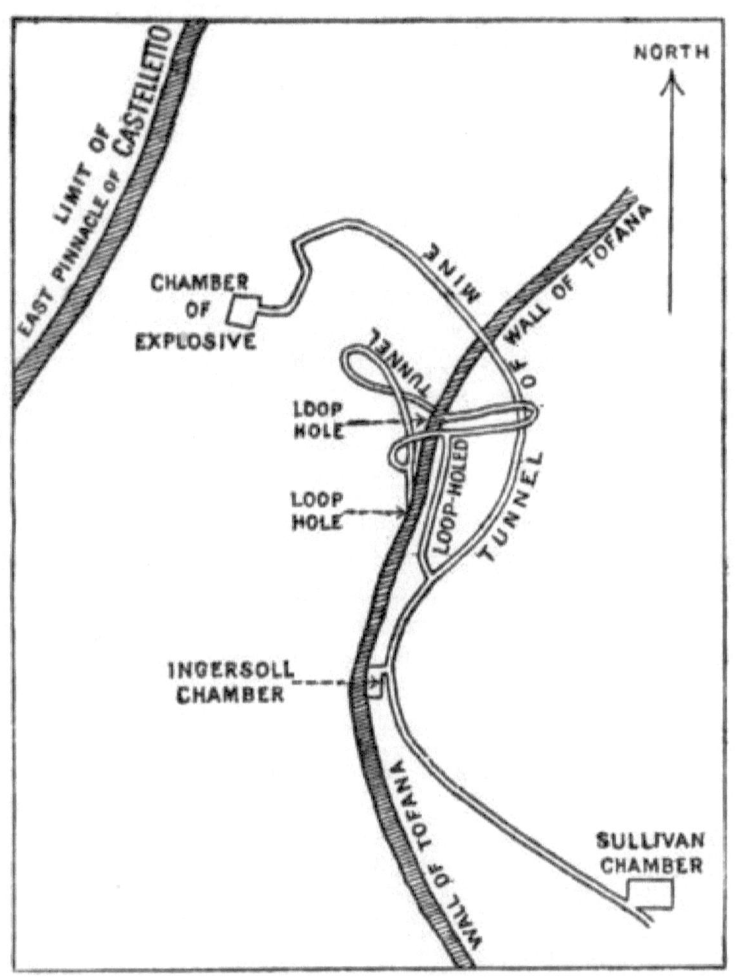

PLAN DES BERGBAUBETRIEBS CASTELLETTO .

Der wurmartige Tunnel auf der linken Seite musste auf diese Weise vorgetrieben werden, um Risse im Gestein zu vermeiden, die Aufschluss über das Geschehen gegeben hätten. Es war dieser Tunnel, durch den die Alpini nach der Minenexplosion den Krater besetzen sollten, aber dieser Plan wurde durch die Anwesenheit von Gas aus gezündeten österreichischen Erstickungsbomben vereitelt.

„Die Ladung wurde auf der Grundlage eines Mindestwiderstands von 20 Metern berechnet , wobei die Beschaffenheit des Gesteins (das zerklüftet war) und das Vorhandensein zahlreicher Spalten und Höhlen berücksichtigt wurde. Der Überladungskoeffizient war daher recht hoch. Um unter diesen Bedingungen die maximale Wirkung zu erzielen, sind nur 92 Prozent erforderlich. Es wurde explosives Nitroglycerin verwendet. Die Gesamtladung betrug 35 Tonnen.

„Die angewandte Vorbereitungsmethode wurde von Oberstleutnant vorgeschlagen. Tatoli vom Ingenieurkorps. Diese bestand aus fünf Ansauggruppen mit jeweils drei Reibrohren. Eine der Gruppen verlief entlang der Mittelachse der Kammer, während die anderen vier parallel zur ersten symmetrisch gegenüber den vier Ecken der Kammer angeordnet waren. Jedes Rohr (1-1/4 Zoll Innendurchmesser und 4,50 Meter Länge) wurde abwechselnd mit Gelatine und Schießbaumwolle beladen und mit einer Pikrinsäure-Zündschnur durchbohrt, die in einer Schießbaumwollpatrone mit elektrischer Zündkapsel endete. In die Mitte der Ladung wurden zwei Kisten aus Schießbaumwolle mit elektrischer Zündkapsel und Zündschnur eingesetzt, um eine zweite Sprengung der Mine nach der ersten zu gewährleisten.

„Wir hatten also insgesamt siebzehn Stromkreise, die in drei Gruppen unterteilt waren, von denen jede aus den Kreisen von fünf Röhren bestand, die mit den fünf Gruppen von Reibungsröhren verbunden waren. Zwei dieser elektrischen Gruppen bestanden aus je sechs Stromkreisen, indem die beiden Stromkreise der oben erwähnten Gehäuse, die die Schießbaumwolle enthielten, addiert wurden. Jede dieser Elektrogruppen endete mit einem Cantone-Explosor, der etwa 4,50 Meter von der Minenkammer entfernt platziert war.

„Das Stampfen erfolgte mit Zement und mit Sandsäcken, zwischen denen schwere Holzbalken lagen. Die Effektivität wurde durch die Unterteilung in rechtwinklig zueinander stehende Abschnitte erhöht. Die theoretische Länge der Stopfstrecke betrug 25 Meter .

„Das Aufladen der Minenkammer begann am 3. Juli 1916 um 17 Uhr und wurde am 9. Juli um 15 Uhr abgeschlossen. Diese Arbeiten umfassten das Stopfen, Grundieren und Verlegen der Stromkreise. Am 10. Juli wurden die endgültigen Verbindungen zwischen letzteren und den Sprengern mittels in der Luft schwebender Drähte hergestellt. Die Mine wurde am 11. Juli um 15.30 Uhr gesprengt und entsprach voll und ganz unseren Berechnungen und Erwartungen.

„(Unterzeichnet) L. MALVEZZI,

2. Leutnant. 7. Regiment Alpini ."

Eine Woche unaussprechlichen Wetters verging – eine Zeitspanne, in der ich die Tage unter den „Höhlenmenschen" des Carso verbrachte und deren Nächte größtenteils dem Rätseln der Geheimnisse des Castelletto - Berichts mithilfe meines Italienisch gewidmet waren Wörterbuch – und dann geschah das unerwartete Wunder. Es hörte auf zu regnen und zu schneien, der Himmel klarte auf, und auf die endlosen Monate des Sturms und der herabziehenden Wolken folgten glitzernde Tage. Aus den Hochalpen kam die Nachricht, dass der Frost die Lawinen vorerst lahmgelegt hatte und dass die Öffnung der Straßen für den Verkehr rasch voranschreite.

Castelletto zu sehen ", sagten sie mir im Hauptquartier. „Wenn Sie sofort anfangen, sollten Sie ohne große Schwierigkeiten durchkommen; und wenn das Wetter gut bleibt, können Sie möglicherweise sogar ohne große Verzögerung zurückkommen, obwohl Sie in dieser Hinsicht Ihr Risiko eingehen müssen. Zweifellos werden sie dich irgendwie rausholen können, egal, was passiert."

Und so geschah es, dass ich an einem diamantenhellen Morgen Anfang Januar nach ein paar anstrengenden Tagen im Auto in einem Militärauto am alten Zollamt vorbei und in das Herz des merkwürdigsten Gebäudes von allen raste Alpenregionen, die Dolomiten. Wir befanden uns bereits weit auf dem Gebiet, das einst österreichisches Territorium gewesen war, und die zersplitterten Zinnen, die die Skyline vor uns säumten, wurden, wie mein Begleitoffizier erklärte, teilweise sowohl von den Italienern als auch vom Feind gehalten. Als wir nach Cortina di Ampezzo fuhren – das in seinen wimmelnden Touristenhotels mit kunterbuntem Design mit St. Moritz oder Chamonix konkurriert –, begrüßte Capt. P—— deutete auf die Stelle, an der sich eine klar umrissene Wand aus schneebedecktem gelbem Felsen vor dem tiefen Lila des westlichen Himmels erhob.

„Dieser hohe Bergrücken ist die Tofana *Massiv* ", sagte er, „und die teilweise isolierte Masse aus hellerem Fels (mit Türmen gekrönt wie eine mittelalterliche Festung) an seinem weiteren Ende ist das, was vom berühmten Castelletto übrig geblieben ist ." Sie ist zwanzig Kilometer oder mehr entfernt, aber schon von hier aus kann man sehen, wie sie das Tal und die Straße dominierte, letztere die vielbeachtete Dolomitenstraße , die auch eine Route von großer militärischer Bedeutung ist.

„Schauen Sie sich nun das Ende des Castelletto in Richtung der Mauer der Tofana an . Sehen Sie, wo es in einem Winkel von etwa fünfundvierzig Grad glatt abgeschnitten zu sein scheint? Nun, das ist der Teil, den sie letzten Juli vermasselt haben. Bis dahin war dieses Ende wie das andere mit einem hohen Turm gekrönt. Dieser Turm, der Sockel, auf dem er stand, die österreichischen Kasernen und Munitionsdepots sowie die dort stationierten Männer wurden bei der Explosion in die Luft gesprengt und zerstört.

„Schauen Sie sich die Stadt bei Gelegenheit genau an, denn die Aussicht auf die Skyline ist aus der Ferne besser als aus der Nähe, wohin wir heute Nachmittag gehen werden, wenn der Weg frei ist. „Um die Wirkung der Explosion am besten zu sehen", fügte er hinzu, „sollte man sie von den österreichischen Linien aus betrachten, da es die Explosion von der anderen Seite des Berges war, die den Gipfel unterhöhlte und zum Einsturz brachte." Wenn Sie im Frühjahr hierher zurückkommen, werden wir dort zweifellos eine Reihe interessanter Beobachtungspunkte besetzen."

Selbst aus einer Entfernung von mehr als einem Dutzend Meilen war die durch die Explosion verursachte Veränderung der Skyline nicht schwer vorstellbar. Es war tatsächlich im wahrsten Sinne des Wortes wahr – was ich mir bis zu diesem Moment nie gänzlich vorstellen konnte –, dass ein Berggipfel weggesprengt worden war – Hunderte Fuß davon und Tausende Tonnen. Mein Blick blieb in ehrfurchtsvoller Faszination auf das unnatürlich gleichmäßige Profil der Wunde gerichtet, bis unser schnaubendes Auto um eine Kurve der gefrorenen Straße schlitterte und der dichte Kiefernwald es für den Blick versperrte.

Erst nach zehn Meilen gefährlichen Kletterns und Krallens auf der eisgepflasterten, schneebedeckten Straße hielt unser Auto inmitten einer hübschen kleinen Gruppe alpiner Gebäude, die im Schutz der letzten Baumstämme eingebettet waren. dass Kapitän P——— die Überraschung enthüllte, die für mich vorbereitet worden war.

er , „wird Oberst die Arbeit. Er ist immer noch hier einquartiert und wird Ihnen gerne alles über alpine Militärtechnik erzählen, was er kann. Wir haben ihm bereits mitgeteilt, dass Sie ausdrücklich nach Italien gekommen sind, um ihn zu sehen."

Nach einem hastigen Mittagessen machten sich Kapitän P. und ich in Begleitung eines Alpini -Offiziers aus dem Lager auf den Weg zum Castelletto . Unser leistungsstarkes Militärauto, das trotz der Tatsache, dass es rutschfeste Reifen hatte , auf dem Eis viel Ärger gemacht hatte, wurde zurückgelassen, und eine kleinere, aber stark motorisierte Maschine mit scharfen Spikes wurde zurückgelassen Die Haftung der Felgen auf der glasigen Oberfläche der Straße wurde für die wenigen Meilen übernommen, die noch offen waren. Wir ließen dies in einer Schneewehe in einem kleinen fortgeschrittenen Lager weit oben unter der hoch aufragenden Wand der

Tofana zurück, nahmen unsere Alpenstöcke und begannen mit dem 2.000 Fuß hohen Aufstieg zum Fuß des Castelletto .

Der harte Schnee auf dem 30- bis 40-Grad- Hang muss die ganze Strecke über durchschnittlich zehn bis zwanzig Fuß tief gewesen sein, während er auf etwa einer halben Meile auf halber Strecke in einer zerknitterten Falte aufgewölbt war, wo vor zwei Wochen einer lag Einer der größten und schrecklichsten Erdrutsche, die es je in den Alpen gegeben hat, war auf seiner unheilvollen Mission in den Talgrund gestürzt. Die ganze Geschichte dieser Lawine wird erst nach dem Krieg erzählt werden.

Durch die strahlende Sonne leicht aufgeweicht, sorgte der Schnee für guten Halt; Aber trotzdem war es ein harter Zug zu den kleinen, von Eis und Steinen umgebenen Baracken am Fuße der Klippe, und ich bekam eine Vorstellung von der gigantischen Arbeit , die nötig war, um Waffen, Munition, Maschinen, Lebensmittel und fünfunddreißig Tonnen davon zu beschaffen Hochexplosiv dort oben, alles von Hand, bei jedem Wetter, und ein Großteil davon (um feindlicher Beobachtung und Beschuss zu entgehen) nachts.

Mittwinter war natürlich nicht die richtige Zeit, um etwas von den wirklichen Auswirkungen der großen Explosion zu sehen, denn der von ihr gerissene riesige Krater war voller Schnee, und Schnee war auch für die vollständige Vernichtung der unzähligen Tausend Tonnen verantwortlich von *Trümmern* , die den Berghang heruntergefallen waren. Ein schwindelerregender Aufstieg über die leiterartige Treppe und ein kriechender Aufstieg durch hundert Meter des gewundenen Tunnels von den Felskammern, in denen die Kompressoren untergebracht waren, enthüllten alles, was zum Zeitpunkt der Vorbereitungen und Folgen des gewaltigen Werkes sichtbar war ; Aber ein Blick aus der Beobachtungsluke einer bestimmten, geschickt versteckten Geschützkaverne entdeckte ein Panorama, das den abschließenden Worten des Artillerieoffiziers, der mir mit dem beschlagenen Griff eines Eispickels zeigte, aufschlussreiches Licht verlieh und mir daraus die Situation erklärte Vorteil.

„ Sie sehen also “, hatte er gesagt, „dass das Castelletto in den Händen des Feindes eine Steinmauer war, die unser weiteres Vorankommen wirksam versperrte; während es in unseren Händen zu einem Hebel wird, der uns — wann immer wir ihn wirklich ergreifen müssen — Positionen von entscheidender Bedeutung aufhebelt. Wir *mussten* es einfach haben; und so nahmen wir es auf die eine Art und Weise, wie es genommen werden konnte.

„Abgesehen von seiner Alpini- Uniform hätte Leutnant Malvezzi, als ich ihn an diesem Abend beim Abendessen traf, durchaus für den typischen Drama- oder Liebesmusiker gehalten werden können. Seine Haut, sein Haar und seine Augen waren dunkel, und seine langen, nervösen Finger glitten über das Papier, auf dem er verschiedene Phasen des Castelletto -Werks skizzierte, ganz ähnlich wie die eines Pianisten über seine Elfenbeintasten. Der verträumte, weit entfernte Blick in seinen Augen erinnerte ebenfalls an den Musiker, den ich aber schon lange als gleichermaßen charakteristisch für alle großen Ingenieure erkannte , die Männer, deren greifbare Leistungen nur das Ergebnis tagelanger und nächtelanger Träume sind.

„Wo soll ich mit der Geschichte beginnen?" hatte er gefragt, als sich die Gäste in der Regimentsmesse bei Kaffee und Zigarren in kleine Gruppen von Dreien und Vieren auflösten; und ich hatte vorgeschlagen, dass er dort weitermachen sollte, wo sein Bericht aufgehört hatte. „Das hörte auf, als die Dinge begannen zu passieren", sagte ich. „Jetzt erzählen Sie, was passiert *ist* ."

Der Tenente lachte, ein Lachen, das an eine reuevolle Erinnerung erinnerte, und ein Lächeln huschte über die Offiziere, die meine Worte gehört und verstanden hatten. „Für mich", antwortete er, „decken das etwa fünf Minuten Aktivität ab – fünf Minuten, auf die wir uns sechs Monate lang vorbereitet hatten." Sie verstehen, dass wir einen Abzweigtunnel gebaut hatten, durch den unsere Männer so schnell wie möglich nach der Explosion eilen und den Krater besetzen sollten.

„ *Ecco*. Die Männer waren alle auf und unter der Terrasse versammelt, und es blieb nichts anderes übrig, als die Verbindung herzustellen und die Mine abzufeuern. Ich sah mich lange um und warf dann den elektrischen Schalter um, der den Stromkreis schloss. Jeder schien den Atem anzuhalten, während er wartete. Ein, zwei, drei Sekunden vergingen in einer so intensiven Stille, dass ich das scharfe „Pling" des Wassers hörte, das von der Decke der Kammer tropfte und auf die Lache traf, die sich darunter gebildet hatte.

„Dann, bevor irgendein anderes Geräusch zu hören war, gab der ganze Berg einen kurzen, krampfhaften Ruck ab, der stark genug war, um einige der Männer von den Füßen zu werfen. Ein heftiges, knirschendes Grollen in der Erde ging mit einem Schauder einher, der dem Ruck folgte, aber das eigentliche Dröhnen der Explosion (von außen) war ein oder zwei Sekunden später nicht zu hören. Nur wer aus mehreren Kilometern Entfernung zusah , sah, wie sich die rechte Spitze des Castelletto plötzlich hob und dann in einer Staub- und Rauchwolke außer Sichtweite verschwand.

„Außer der Ehre , die Mine abzufeuern, war mir auch die Aufgabe vorbehalten, meine Männer in den Krater zu führen, und sobald ich das Dröhnen der Explosion hörte , gab ich ihnen den Befehl, mir in den Tunnel zu folgen. Nun –" er hielt inne und ließ seine lachenden Augen durch den grinsenden Kreis seiner Offizierskollegen wandern, „das ist in etwa der Punkt, an dem meine Beweise für irgendetwas brauchbar sind. Als ich die rutschigen Stufen des Tunnels hinaufkletterte, traf mich eine fast dichte

Wand aus erstickenden Dämpfen ins Gesicht, und ich – und alle meine Männer außer denen in der Nähe oder außerhalb des Portals – fielen hustend in die Luft."

„War die Mine durch das Stampfen zurückgesprengt?" Ich fragte.

„Nicht ganz", antwortete er und sein reumütiges Lächeln wurde fast verlegen, als hätte er sich selbst zum Opfer eines Streichs gemacht. „Die Österreicher verfügten über einen großen Vorrat erstickender Bomben, die sie gegen uns einsetzen konnten, und diese, explodiert durch unsere Mine, ließen ihren Zorn an Freund und Feind gleichermaßen aus. Wir konnten den Krater vierundzwanzig Stunden lang nicht besetzen.

„Ich bin froh, sagen zu können, dass ich eine Zeit lang bewusstlos im Krankenhaus verbracht habe, was andernfalls unerträglich ängstlich gewesen wäre. Als ich wiederbelebt wurde, hatte eine freundliche Brise das Gas so weit verdünnt, dass unsere Alpini in den Krater vordringen und – trotz der Verzögerung – alle Vorteile nutzen konnten, mit denen wir zu irgendeinem Zeitpunkt von der Operation gerechnet hatten. Unser am meisten geschätzter Fang war der „Perforator" – praktisch intakt – mit dem die Österreicher eine fast fertige Gegenmine direkt unter uns trieben."

„Die nervöse Anspannung muss gegen Ende ziemlich stark gewesen sein, oder?" Ich fragte; „Besonders, wenn Sie wussten, dass der Feind Ihre Arbeit endlich eindeutig geortet hatte und mit seiner Gegenmine auf ihn losging?"

Das Lächeln der skurrilen Reue erstarb aus dem dunklen, sensiblen Gesicht und hinterließ Falten, die mir vorher nicht aufgefallen waren – Falten, die bei jungen Gesichtern erst nach Wochen oder Monaten unaufhörlicher Angst auftauchen. Die zurückgeworfenen Schatten einer Zeit schrecklicher Erinnerung lauerten hinter seinen Augen, als er antwortete:

„Sieben Tage und Nächte lang, bevor die Mine gesprengt wurde, haben weder ich noch die mit mir arbeitenden Beamten geschlafen oder sich auch nur von der Arbeit ausgeruht."

Das war alles, was er sagte; Aber ich sah, wie sich die Augen seiner Kameraden voller Mitgefühl zu seinem Sitzplatz wandten, und wusste, dass die Zeit für leichte Befragungen vorbei war. Erst in diesem Moment wurde mir die ganze Mühe bewusst, die mit der Sprengung des Castelletto verbunden war, und ich nickte inbrünstig zustimmend zu den Worten des englischsprachigen Kapitäns von Alpini neben mir, als er bemerkte, dass „Malvezzis kleiner ..." „Der Orden von Savoyen war wirklich verdient, oder?"

WUNDER DER TELEFERICA

„Eine wirklich gute Arbeit, das nenne ich, für einen ‚Korb an einer Schnur‘", beschrieb ein britischer Offizier auf Besuch eine Heldentat der Italiener, in deren Verlauf sie – statt auf andere Art und Weise es zu tun – taten schoss das Ende eines Kabels mit einer Kanone über einen überschwemmten Fluss und ermöglichte so den Aufbau einer *Teleferica* , um über dringend benötigte Verstärkung zu stürmen.

Der Name ist nicht besonders hochklingend, aber ich kenne keinen anderen, der die wunderbare Erfindung so gut beschreibt, die eine so wichtige Rolle dabei spielte, dass die Italiener ihre mehr als dreihundert Meilen lange Hochalpenfront während des Zweiten Weltkriegs erfolgreich halten konnten Die ersten zwei Jahre waren sie im Krieg. Und in diesem Zusammenhang sollte man sich bewusst machen, dass es den Österreichern nie gelang, an der Alpenfront durchzubrechen, wo die Italiener bis zum *Debakel* am oberen Isonzo langsam aber sicher Gipfel für Gipfel, Tal für Tal vordrangen Den Feind entlang der gesamten Linie zurückdrängen. Es darf auch nicht vergessen werden, dass die Alpini ihren traditionellen Gegner bis zuletzt auf all den 150 Kilometern an Himmelspositionen – von den Karnischen Alpen über die Dolomiten bis zum Trentino – im Griff hatten, die letztlich nur aufgegeben werden mussten weil ihr Rücken durch den österreichisch-deutschen Vormarsch entlang der friaulischen Ebene vom Isonzo her bedroht war. Der Verlust dieser Linie unter diesen Bedingungen beeinträchtigt daher nicht das Geringste von der großartigen militärischen Geschicklichkeit und dem Heldentum, durch die sie gewonnen und gehalten wurden.

Die Durchführung ihres Alpenfeldzugs durch die Italiener muss ein herausragender Klassiker der Gebirgskriegsführung bleiben – etwas, das in der Vergangenheit noch nie erreicht wurde und in Zukunft möglicherweise nie erreicht werden wird. Nach der am weitesten verbreiteten Strategie der Vorkriegszeit bestand die richtige Art und Weise zur Verteidigung von Gebirgslinien darin, Geschütze auf den Höhen zu stationieren, die die Hauptpässe beherrschten, und es so einem Feind unmöglich zu machen, sie zu überqueren. Die Tatsache, dass diese Kommandopositionen wiederum von noch höheren und diese wiederum von anderen dominiert wurden, bis die höchsten Gipfel der Alpen erreicht waren, war für den Kampf um die „Skyline"-Positionen verantwortlich, der den österreichisch-italienischen Krieg auslöste löste sich schnell auf.

Ein Krieg dieser Art wäre vor zwei Jahrzehnten schlicht unmöglich gewesen, allein schon aufgrund der Tatsache, dass es kein praktikables Transportmittel gab, das in der Lage gewesen wäre, Männer, Munition,

Waffen und Nahrungsmittel bis zu durchgehenden Stellungslinien von zehntausend bis dreizehntausend Fuß über dem Meer zu befördern -Ebene. Das Einzige, was dieses Kunststück möglich machte, war die Entwicklung der Luftseilbahn, oder *Teleferica* , wie die Italiener sie nennen, die den Transport zu Punkten ermöglichte, die der Fuß des Menschen zuvor kaum betreten hatte. Eine regelmäßige Kommunikation mit den höchsten Berggipfeln wäre ohne dieses geniale Gerät überhaupt nicht möglich gewesen.

Wie ich bereits sagte, passt die Beschreibung „Korb an einer Schnur" genau auf die *Teleferica* , denn das Prinzip ähnelt genau dem der Vorrichtung, mit der Pakete in den großen Geschäften und Fabriken hin und her geschoben werden. Der einzige Unterschied zu den Erzstraßenbahnen besteht darin, dass sie in ihrer neuesten und höchsten Entwicklung leichter und zuverlässiger ist. Denn die Erzstraßenbahn – immer in mehr oder weniger geschützter Lage gebaut – musste nur dem stetigen Stress der täglichen Arbeit standhalten; Die *Teleferica* unterliegt nicht nur der täglichen Abnutzung, die sie in Stücke zermürbt, sondern ist auch mehr oder weniger ständig der Gefahr der Zerstörung durch Überschwemmungen, Wind und Lawinen ausgesetzt, ganz zu schweigen vom Feuer der Artillerie des Feindes oder den Bomben seiner Flugzeuge . Dass die Italiener eine Vorrichtung entwickelt haben, die den verheerenden Auswirkungen dieser zerstörerischen Kräfte mehr oder weniger standhält, ist vielleicht der beste Beweis für ihr Genie in der Militärtechnik. Keiner der Kriegführenden hat in seiner Art Perfekteres als die *Teleferica* hervorgebracht.

Theoretisch kann eine *Teleferica* beliebig lang sein, obwohl ich denke, dass die längste an der italienischen Front drei oder vier Meilen beträgt, was einen guten Teil des achttausend Fuß langen Aufstiegs zum Gipfel des Pasubio ausmacht Trentino, und das sich zum Zeitpunkt des Verfassens dieses Artikels noch in italienischer Hand befindet. Das Kabel kann auf einer Ebene verlaufen – wie wenn es eine große Schlucht zwischen zwei Berggipfeln überspannt – oder es kann an einer beliebigen Stelle aufgespannt sein, die nicht zu groß ist, um den Halt der gerillten Oberräder des Korbes zu gefährden. Ich konnte nicht herausfinden, wie hoch diese Grenze ist, aber ich habe noch nie gesehen, dass ein Kabel in einem Winkel von mehr als 45 Grad verläuft. Überall dort, wo ein Kabel keine einzige große Spannweite bildet, muss es in unterschiedlichen Abständen durch die Führung über Stahltürme gestützt werden, um zu verhindern, dass es zu nahe an der Erde durchhängt.

Eine *Teleferica* hat nie mehr als zwei Endstationen. Wenn die Topographie eines Berges so ist, dass ein durchgehendes Kabel nicht über die gesamte Distanz verlegt werden kann, die mit *Teleferica überbrückt werden soll*, werden zwei – oder sogar drei oder vier – separate Anlagen gebaut. Dies wird deutlich an der Besteigung des Adamello , der höchsten Position an der österreichisch-italienischen Front. Zur Unterstation der ersten *Teleferica gelangt man* mit dem Motor, sofern die Straße nicht durch Rutschen blockiert ist. An der Bergstation dieser zwei Meilen langen Seilbahn wird ein von einem Maultier gezogener Straßenbahnwagen für die Fahrt über drei bis vier Meilen auf einer nahezu ebenen Schmalspurbahn bestiegen. Wenn man diesen verlässt, gelangt man nach einem 100-Meter-Spaziergang zu einer anderen *Teleferica* , in deren Korb er zu seiner oberen Station getragen wird, auf der Kuppe einer großen Klippe, die steile dreitausend Fuß über dem darunter liegenden Tal aufragt. Dreihundert Meter weiter oben beginnt eine weitere *Teleferica* , die ihn am Ufer des zugefrorenen Sees beim Rifugio Garibaldi landet. Drei weitere *Telefericas* – mit Pausen dazwischen – und eine Hundeschlittenfahrt folgen auf dem restlichen Aufstieg zum Gletscher und Gipfel des Adamello .

Der Motor einer *Teleferica* – seine Leistung variiert je nach Gewicht und Kapazität des Korbes sowie der Höhe und Länge des Aufzugs – ist immer an der Bergstation installiert. Üblicherweise sind zwei Körbe vorgesehen, von denen einer nach oben und der andere nach unten geht. Wie bei den Erzstraßenbahnen kann jedoch – sofern ausreichend Strom vorhanden ist – eine Anlage für den Transport von zwei oder drei oder sogar einer größeren Anzahl von Körben gebaut werden. Da dies eine große Belastung für die Seilbahn darstellt, haben die Italiener nur an wenigen Stellen darauf zurückgegriffen, wo die Belastung für den Transport sehr hoch ist.

Die beiden größten Feinde der *Teleferica* sind die Lawine und der Wind – letzterer, weil er die Körbe vom Kabel wegblasen könnte, und ersterer, weil er das Ganze wegtragen könnte. Da die Spuren von Schneerutschen – die Stellen, an denen sie am wahrscheinlichsten auftreten – ziemlich genau definiert sind, ist es normalerweise möglich, mit dem Kabel eine große Spannweite über die Gefahrenzone zu legen und so das Risiko einer Katastrophe zu minimieren Punktzahl. Nur wenn die Schreckens- *Valanga* – was gelegentlich vorkommt – an einem unerwarteten Punkt gestartet wird, kann es zu Schäden an einer Pendelbahn kommen. Ein großer Erdrutsch – vielleicht der Schlimmste, der sich während des Krieges auf der italienischen Seite der Linien ereignet hat – kam vom Gipfel der Tofana aus, eine Meile breit *Das Massiv* bis zur Dolomitenstraße im fünf Meilen tiefer gelegenen Tal riss einen Kasernenblock und eine Batterie Gebirgsgeschütze mit sich und vergrub darüber hinaus eine beträchtliche Länge der *Teleferica* dreißig Meter tief unter Schnee und *Trümmern* . Als ich diese Folie im Dezember 1916, ein paar Tage nachdem es passierte, besichtigte, sah ich an einer Stelle, an der ein Schnitt vorgenommen worden war, um einige der mehreren hundert begrabenen Alpini zu retten, den verdrehten Turm der *Teleferica* . untrennbar mit dem Körper eines Maultiers und einer Lafette vermischt und mit einer dicken Schicht Waldbäumen überzogen, zwei Meilen unterhalb der Stelle, an der es früher gestanden hatte.

Auch wenn man die Anzahl solcher Lawinenkatastrophen an den Fingern abzählen kann, sind Probleme durch starken Wind immer eine unmittelbare Gefahr. In den Anfängen der *Teleferica* kam es recht häufig zu Unfällen, die auf das Wegblasen der Körbe zurückzuführen waren; Tatsächlich wurde eine Zeit lang befürchtet, dass die Schwierigkeiten aus dieser Quelle so groß sein könnten, dass sie den Nutzen des Seilbahnsystems erheblich einschränken könnten. Durch die Verwendung von Rädern mit tieferen Rillen wurde dieses Problem jedoch fast vollständig beseitigt, so dass die einzige Gefahr durch den Wind nur noch besteht, wenn er querab kommt und stark genug bläst, um die Körbe beim Vorbeifahren in Kollision zu bringen mitten in der Luft.

Auch wenn ich schon so manche *Teleferica* -Reise erlebt habe, die ausgesprochen aufregend war – welche Fahrt durch die Luft auf einem schwankenden Drahtseil, mit einem Wildbach oder einer Lawine darunter und vielleicht darüber rasenden Granaten durch die Wolken, wäre nicht aufregend? – Ich habe noch nie etwas erlebt, das einem Unfall nahe kam, und nur einmal ein Erlebnis, das man sogar als „kitzelig" bezeichnen könnte . Letzteres geschah, weil ich darauf bestand, mit einer *Teleferica* an einem Tag aufzusteigen, an dem der Wind zu stark war, um einen sicheren Betrieb zu ermöglichen. Es war auf dem Adamello im Zuge einer Besteigung, die ich gegen Ende letzten Juli zu unternehmen versuchte .

Ein finsterer Turban aus schwarzen Wolken hüllte sich um den Gipfel des großen Gipfels, und noch bevor wir die Hälfte des Gipfels erreicht hatten, verwandelte sich das, was im unteren Tal nur ein kalter Regen gewesen war, in strömenden Schneeregen und Schnee. Wir stiegen problemlos über die erste *Teleferica* – *eine doppelte* – *hinauf, aber das bedrohliche Schwanken der Kabel warnte uns, dass die nächste, exponiertere Linie eine ganz andere Sache sein könnte.* Letzteres ist dasjenige, von dem ich erwähnt habe, dass es von einer Almwiese bis zum Rand einer dreitausend Fuß hohen Klippe verläuft. Es handelte sich um eine der längsten – wenn nicht die längste – freitragende Seilbahn an der gesamten Alpenfront. Es war auch das steilste, das ich je erlebt habe. Die Tatsache, dass es auf seiner gesamten Länge einem starken Wind ausgesetzt war, der aus einem oberen Tal herabwehte, war dafür verantwortlich, dass es bei schlechtem Wetter „außer Betrieb" war und es somit zum schwachen Glied in der schwächeren Kommunikationskette des Adamello wurde .

Wie wir befürchtet hatten, stellten wir fest, dass diese *Teleferica* bei unserer Ankunft an der unteren Station „geschlossen" war. Ein ausreichender Grund dafür war die fünfzehn bis zwanzig Fuß lange

Schwankung der parallelen Kabelstränge durch den starken „Seitenwind". Böen, die ihn alle paar Augenblicke aus Richtung des Gletschers angriffen. Da der Sturm zum Glück nur in unregelmäßigen Böen aufzog und sich noch nicht zu einem gleichmäßigen Sturm beruhigt hatte, dachte der verantwortliche *Tenente* , dass es möglich sein könnte, uns in einer der ruhigeren Phasen hinaufzuschicken.

„Es besteht keine Gefahr, dass die Körbe vom Kabel wegfliegen", sagte er; „Es geht nur darum, zu verhindern, dass sie sich im Vorbeigehen gegenseitig schlagen, was immer ein Risiko darstellt, wenn die Drähte zu stark schwanken."

Da wir zu dritt waren und die Tragfähigkeit des Korbes auf zweihundert Kilo begrenzt war, mussten zwei Fahrten unternommen werden. Da ich der Schwerste der Gruppe war, wurde beschlossen, dass ich alleine fahren sollte und erst beginnen sollte, nachdem die beiden anderen hinaufgestiegen waren. Meine Begleiter nutzten eine kurze Ruhepause und machten sich auf den Weg. Die Kabel schwankten immer noch stark, aber ein Aussichtspunkt oben hielt den Ingenieur über die Bedingungen auf dem Laufenden, als sich die Körbe einander näherten, und die Passage verlief ohne Zwischenfälle. Als ich jedoch an die Reihe kam, hatte sich der Sturm zu einem stetigen Sturm abgeschwächt, und der *Tenente* sagte, er traue sich nicht, die Verantwortung dafür auf sich zu nehmen, mich durchschicken zu wollen. Normalerweise hätte ich seiner Entscheidung nur allzu gerne zugestimmt, aber da meine Begleiter mir gerade telefonisch Bescheid gegeben hatten, würden sie mit der nächsten *Teleferica* – einer vergleichsweise geschützten – zum Rifugio Garibaldi weiterfahren, wo sie mich vorher erwarten würden Als ich auf der nächsten Etappe des Aufstiegs anfing, wurde mir sofort klar , dass mein Nichterscheinen die gesamte Reiseroute über den Haufen werfen und die Reise (die an diesem Tag beendet werden musste oder gar nicht) zu einem völligen Misserfolg machen würde. Es lag eindeutig an mir, durchzukommen, wenn es eine Möglichkeit gab, und ich schlug dem jungen Beamten daher vor, dass ich gerne eine schriftliche Erklärung unterzeichnen würde, in der ich die gesamte Verantwortung für einen Unfall auf meine eigenen Schultern trage.

„Das würde weder Ihnen noch mir viel helfen, wenn etwas schief gehen würde", sagte er lachend. „Wenn du wirklich gehen musst, musst du; Das ist alles, und wir werden einfach unser Bestes tun, um keine Probleme zu bekommen. Ich werde einen der Linemen mit Ihnen schicken, um den anderen Korb abzuwehren, falls er im Vorbeigehen in Ihren schwingt. Hier ist ein zurückgekehrter Amerikaner, der in der Lage sein sollte, die Arbeit zu erledigen und gleichzeitig mit Ihnen in Ihrer Muttersprache zu sprechen."

Und so wurde es arrangiert. Ich nahm meinen Platz ein – auf dem Rücken liegend am Boden des Korbs – wie üblich, woraufhin Antonio – erfreut grinsend über die Aussicht, einen „Landsmann" zu bewachen und zu beschützen – hineinkletterte und sich mit dem Gesicht zwischen meine Füße kniete auf der ganzen Linie. Dann klopfte der „Anlasser" dreimal auf das Kabel, um dem Techniker oben mitzuteilen, dass alles bereit sei, und schon waren wir auf dem singenden Draht unterwegs.

Die gewöhnliche Bewegung einer *Teleferica* ist der eines Flugzeugs nicht unähnlich – allerdings ist sie nicht ganz so gleichmäßig und wesentlich langsamer. Bei dieser Gelegenheit erzeugte das Schwanken des Kabels jedoch ein neues Gefühl, das zwar leicht an das Gleiten eines Flugzeugs an einer steilen „Böschung" erinnerte, aber eher an das „Gieren" eines „Wurst"-Beobachtungsballons in einer starker Wind. Auch das Schwingen des Korbes selbst war um einiges heftiger, als ich es jemals zuvor erlebt hatte, allerdings zu keinem Zeitpunkt so stark, dass es einem schwerfallen würde, seinen Platz zu halten. Beide Bewegungen waren natürlich in der Mitte der Spanne am schlimmsten, so dass man in der Viertelstunde, die bis zu diesem Punkt verging, Gelegenheit hatte, sich allmählich an sie zu gewöhnen.

Teleferica- Mann stellen wollte, mit dem ich sprechen konnte. „Stimmt es wirklich", sagte ich, „dass seit Kriegsbeginn niemand bei einer *Teleferica -Fahrt ums Leben gekommen ist?"*

„Eine große Zahl von Männern wurde verletzt", antwortete er; „Aber es ist noch niemand getötet worden", und er erzählte weiter von einem Freund, der 1000 Fuß in die Tiefe gerutscht war, weil sich das Zugseil von der Stelle gelöst hatte, an der es am Korb befestigt war, als dieser verunglückt war ein „Down"-Korb im Vorbeigehen. Er wurde durch den Stoß, den er erlitten hatte, als der Korb am Boden zu kurz kam, schwer verletzt, und es hatte drei Monate im Krankenhaus gedauert, bis er wieder gesund wurde. Er würde nie wieder ohne Stock gehen, aber er war so weit davon entfernt, getötet zu werden, dass er der Ingenieur der *Teleferica war*, auf der wir fuhren. Er sei ein sehr vorsichtiger Mann gewesen, sagte Antonio, denn ihm sei völlig klar gewesen, welche Folgen es hätte, wenn zwei beladene Körbe mitten in der Luft aufprallten.

Zu diesem Zeitpunkt begann uns ein eiskalter Gischtstrom zu umhüllen, und Antonio war gerade dabei zu erklären, wie er vom Wind von einem tausend Fuß hohen, viertel Meile entfernten Wasserfall getragen wurde, der hinter dem Vorhang herabstürzte die sinkenden Wolken, als ich plötzlich sah, wie er die Spitze seines Alpenstocks über den Rand des Korbes hob und sich, den Blick aufmerksam nach vorn gerichtet, in einer Haltung angespannter Bereitschaft hielt. Direkt über unseren Köpfen schwankte der herabsinkende Korb im starken Wind hin und her . Ein Zusammenstoß schien unmittelbar bevorzustehen, als Antonio ihn mit einem schnellen Ausfallschritt seines Alpenstocks zur Seite drehte und wir ihn im Bruchteil einer Sekunde unversehrt passierten. Diesmal sei es einfach gewesen, erklärte Antonio, weil der Ingenieur an der Spitze die Körbe im Moment ihres Passierens auf unter die halbe Geschwindigkeit abgebremst habe.

Alle Arten von Fracht – von Enten und Eseln bis hin zu Granaten und Kanonen – wurden von der *Teleferica transportiert* , und eine der besten Geschichten, die ich an der italienischen Front gehört habe, handelte von einem Schwein – dem Maskottchen eines Alpini- Bataillons , das einen Luftangriff hielt Position auf einem Dolomitengletscher – der mittels des Kabels dorthin gelangte. Er war ein Spanferkel und wurde lebend zur Aufzucht für das Weihnachtsessen des Majors geschickt, als der *Teleferica*-Korb, in dem er unterwegs war, in einer Schneewehe stecken blieb, die auf einen der Stahltürme übergegriffen hatte. Es vergingen zwölf Stunden, bis es freigeschaufelt wurde , und als das Spanferkel schließlich oben ankam, war es so hart und steif gefroren wie einer seiner Kühlhausbrüder. Erst nachdem er mehrere Stunden in der heißen Küche gelegen hatte, enthüllte ein empörtes Grunzen die erstaunliche Tatsache, dass in seinem Panzer aus Fett immer wieder ein Funke Leben geschwelt hatte. Sie zogen ihn mit der Flasche auf, und als ich ihn sah, war er ein riesiger Schweinehund mit einem Gewicht von über zweihundert Pfund und mehr, der regelmäßig seine eigene Ration zu sich nahm. Sie nannten ihn *Tedesco* – wegen seines Gesichts und seiner Figur und nicht wegen seines Gemüts, sagten sie –, aber trotzdem wäre ich bereit, darauf zu wetten, wenn dieses tapfere Alpini-Bataillon in der Lage wäre, mehr als ihre Gewehre und ihre Waffen zu retten Als die Adlerfedern auf dem Rückzug waren, durfte er nicht in die Hände seines Bruders *Tedeschi* von der anderen Seite der Alpen fallen.

Aber der bemerkenswerteste Dienst der *Teleferica* ist die Art und Weise, wie sie den Umgang mit Verwundeten an Orten erleichtert, an denen andere Transportarten entweder zu gefährlich oder zu langsam sind. Es befand sich auf einem Abschnitt des oberen Isonzo, wo die Österreicher zu diesem Zeitpunkt noch nicht über den Fluss gedrängt worden waren. Im Moment fand ein ziemlich groß angelegter lokaler Angriff statt, und um die Verwundeten noch schneller zu versorgen, wurde ein sehr bemerkenswerter kleiner mobiler Krankenwagen, dessen gesamte Ausrüstung am Morgen abgebaut werden konnte, auf sieben Motorlastwagen verladen und von fünfzig bis fünfzig Tonnen transportiert Das Schiff war etwa 100 Meilen entfernt und noch am selben Abend aufgebaut und einsatzbereit. Es war viele Meilen innerhalb der Feuerzone nach oben geschoben worden, um den Schutz zu gewährleisten, den der „Leerlauf" eines hohen Bergrückens bot.

„Wir haben herausgefunden", sagte der Chefarzt, „dass viele Wunden, die bisher als tödlich galten, nur eine Folge der Verzögerung bei der

Operation sind." Diese kleine Krankenhauseinheit, deren Ausstattung so umfassend ist, dass sie nur einen begrenzten Teil aller Arbeiten ausführen kann, die ein Basiskrankenhaus leisten kann, wurde ausdrücklich zu dem Zweck konzipiert, Wunden dieser Art, vor allem denen des, früher zu versorgen Abdomen. Von Anfang an retteten wir eine große Anzahl von Männern, die sonst nie überlebt hätten, in die Basiskrankenhäuser. Dennoch stellten wir fest, dass wir immer noch viele verloren hatten, weil es oft zu Verzögerungen kam, wenn man sie über ein schlecht exponiertes Straßenstück transportierte, auf dem man als unsicher galt, Krankenwagen oder Krankenträger zu riskieren. Dann haben wir einen speziellen Korb für Verwundete entwickelt, der auf der *Teleferica transportiert werden kann* (wie Sie hier sehen), mit dem Ergebnis, dass wir jetzt praktisch jeden Mann retten, den Menschen retten können."

Während er sprach, begann die *Teleferica* , die neben dem Zelt des Operationssaals endete, zu klicken, und plötzlich erschien eine längliche Kiste, die in Größe und Form fast identisch mit einem Sarg war, vor der Himmelslinie des Bergrückens und begann sanft zu gleiten entlang des durchhängenden Kabels auf uns zu. „In dieser Kiste", fuhr der Chirurg fort, „wird ein Mann sein, dessen Leben davon abhängt, ob seine Wunde innerhalb einer Stunde nach der Wunde operiert werden kann oder nicht." Vermutlich machte er sich innerhalb von zehn Minuten nach seiner Ankunft an der Umkleidestation auf den Weg zu uns, und wenn er nicht zu lange liegen blieb, stehen die Chancen gut, dass wir ihn durchziehen werden. Am anderen Hang des Bergrückens stieß er auf Boden, der stark beschossen wurde (wie man an dem aufsteigenden Rauch und Staub sehen kann), aber dieser Korb war so klein, dass die Österreicher ohne ihn den ganzen Tag darauf schießen könnten es schlagen. Einer von ihnen stößt gelegentlich auf das „Muster" einer Schrapnellexplosion (natürlich mit katastrophalen Folgen), aber die einzige Gefahr, über die man sich Gedanken machen sollte, besteht darin, dass die *Teleferica* aus einer Granate auf das Maschinenhaus oder eine der Stützen geworfen wird Türme. Obwohl der Mann wahrscheinlich bewusstlos ist , kommt er allein. Kein anderes Leben und nicht einmal ein Krankenwagen wird riskiert, wenn man ihn hierher bringt. Ohne die *Teleferica* hätte er erst nach Einbruch der Dunkelheit herübergeschickt werden können, und die Verzögerung wäre fatal gewesen. Wir schätzen das auf ein bis drei Prozent. Die Verwundeten auf einem Schlachtfeld, das wie dieses so exponiert liegt, dass sie nicht sofort mit Tragen oder Krankenwagen zurückgeschickt werden können, verdanken ihr Leben direkt der *Teleferica* .

Als im Bahnhof der Deckel des Korbes abgenommen wurde, kam die Leiche eines in eine Decke gehüllten Mannes zum Vorschein. Er war nicht in der Lage zu sprechen, aber auf einem an der Decke befestigten Zettel stand, dass er direkt vor dem Maschinenhaus von einem Granatsplitter in den Bauch getroffen worden war und dass nichts unternommen worden sei, außer ihm genug Mull um den Bauch zu wickeln, um ihn festzuhalten Den zerrissenen Bauch zusammendrücken und ihn in den wartenden *Teleferica-Korb* bündeln . „Er muss vor nicht mehr als fünfzehn Minuten verwundet worden sein und weniger als eine Meile Luftlinie von hier entfernt", kommentierte der Chefarzt. „Vielleicht haben wir die Detonation der Granate gehört, die das verursacht hat. Fünf Minuten im Betrieb können in einem solchen Fall auf die eine oder andere Weise den Unterschied zwischen Leben und Tod bedeuten, und die Chancen stehen gut, dass uns die *Teleferica* den nötigen Spielraum verschafft hat."

Bevor ich das Krankenhaus eine Stunde später verließ, war die Operation beendet und der Mann ruhte bequem und hoffte auf Genesung.

Bei mehreren Gelegenheiten, als ich mit einer *Teleferica nach oben fuhr, kam ich an einem kleinen Korb des Roten Kreuzes vorbei, der mit einem Ferito , einem verwundeten Mann* , hinunterfuhr (in der Tat der Insasse eines dieser Körbe, dem ich ein paar Worte des guten Mutes auf Italienisch zuzurufen versuchte). weiter unten wird berichtet, dass er von einem unverwechselbaren *Tedesco* angesprochen worden sei); Aber der mit Abstand seltsamste Passagier, gegen den ich mich „balancieren" musste, war einer, dem ich letzten Januar an einem stürmischen Tag begegnete, als ich versuchte, den Pasubio hinaufzusteigen . Es schneite mit einer Geschwindigkeit von 10 bis 12 cm pro Stunde, und die Luft war voller treibender Flocken, als, als Folge (wie ich später erfuhr) eine Schneewehe direkt an dem Kabel aufgeschichtet wurde, wo dieses kreuzte Als ich den Vorsprung herausragte, hörte das stetige „Ziehen" des Zugdrahts auf und mein Korb kam zitternd zum Stillstand. Ich wusste, dass ich mich der Halbzeit näherte, aber der erste Beweis, den ich hatte, dass der „Down Basket" in der Nähe angehalten hatte , war ein plötzlicher, pulsierender Windstoß, der den Sturm durchkreuzte und wie der Knall des Untergangs in meine Ohren eindrang . Abgesehen davon, dass es zehnmal lauter war, als ein Mensch es hervorbringen könnte, war es genau ein Schmerzensschrei, wie er einem Mann aus der Kehle gepresst werden würde, der auf der Folterbank gestreckt wurde.

Wieder raste der pochende Windstoß durch den Sturm, und dieses Mal bemerkte ich, dass er, beginnend mit einem rauen Basston, in einem sirenenhaften Crescendo immer weiter anstieg, bis er plötzlich abbrach, als ob die Luft, die ihn trieb, abgeschnitten wäre als erschöpft. Ich schlug den hohen Kragen meines Sturmmantels herunter, drehte mich um und spähte über meine Schulter zurück in Richtung des „Dings des Schreckens", aber nur eine amorphe graue Gestalt in der Linie des gegenüberliegenden Kabels zeigte die Position des anderen Korbs an . Es schien unmöglich, dass ein zwei Fuß breiter und sechs Fuß langer Drahtkorb etwas aufnehmen konnte, das groß genug war, um ein solches Geräusch zu erzeugen, und dennoch war das Kabel an dieser Stelle fünfhundert Fuß lang oder mehr in der Luft sorgten dafür, dass das Geräusch von nirgendwo anders kommen konnte.

Ein heftiger Schauer lief mir über den Rücken, als ich wieder auf den Boden des Korbs rutschte, aber ich sagte mir, dass das von der Kälte herrührte, und bemühte mich, eine „rationale" Erklärung für das seltsame Phänomen zu finden. Ein großer Vogel – vielleicht ein Adler – der auf dem Kabel schläft? Unmöglich. Nichts auf Flügeln seit der Zeit des „Pterodaktylus", oder wie auch immer er genannt wurde, hätte die Lungenkraft für einen solchen Schrei gehabt. Ein Nebelhorn? Keine hundert Meilen vom Meer entfernt. A-ah, jetzt hatte ich es! Ich sagte mir: Gasalarmsignal außer Betrieb; Alpino nahm es herunter, um die abgebrochene Note korrigieren zu lassen – und spielte es zu seinem eigenen Vergnügen. „Was für ein Idiot war ich gewesen, vorher nicht daran gedacht zu haben!" Ich sagte mir, als ich mich mit einem erleichterten Seufzer und einem leichten Herzen zurücklehnte, während ich darauf wartete, dass der „Zug losfuhr".

Als nach einer halbstündigen Wartezeit, die in ziemlich regelmäßigen Abständen vom Heulen des „Gasalarms" unterbrochen wurde, das sanfte „Ziehen-Ziehen" erneut begann und der Korb sich auf den Weg machte, stützte ich mich auf meinen Ellbogen grüßen Sie den unermüdlichen Serenader im Vorbeigehen. Plötzlich nahm der „unten"-Korb, gefüllt mit einer ausgebreiteten Gestalt, im hart getriebenen Schnee Gestalt an, aber erst als ich fast bei mir war, sah ich, dass die Nase eines Esels, die einen Fuß über die Seite streckte, drohte beim Vorbeifahren mit der Seite meines schwankenden Autos in Berührung zu kommen. Der kräftige Schlag meiner behandschuhten Faust, mit dem ich es abwehrte, löste einen weiteren dieser luftzitternden Schüsse aus, und ich hatte gerade noch Zeit zu erkennen, dass der plötzliche Schnitt erfolgte, bevor der Schneevorhang sich lichtete und den fantastischen Anblick verschluckte Am Ende fiel mir auf, dass das Ausbrechen dadurch verursacht wurde, dass die anschwellende Luftröhre in scharfen Kontakt mit der Seite des Korbs kam, als der Hals des Tieres ausgestreckt wurde, um die richtigen Luftsäulen zu bilden, um die sirenenhaften höheren Töne zu bilden.

Der Esel, so erzählten sie mir oben im Maschinenhaus, hatte Koliken, weil er frischen Schnee auf dem Inhalt einer Kiste mit getrockneten Feigen gefressen hatte, die er angeschnitten hatte, und sie hatten ihm die Beine gefesselt und ihn auf den Weg dorthin geschickt Das Krankenhaus „Blaues Kreuz" muss wieder in Ordnung gebracht werden. Er war ein Steppenesel und hatte keinen guten „Alpensinn", sonst hätten sie ihn auf seinen eigenen

Beinen den Weg hinuntergetrieben. Wenn sie jedoch gewusst hätten, dass ein Gast auftauche, hätten sie keinen Esel mit der *Teleferica herabgeschickt, sagten sie* . Aufgrund der Lage des Tieres war es für beide Passagiere nicht ganz sicher. Der letzte Esel, den sie heruntergeschickt hatten, verhedderte sich mit den Hinterbeinen in einer Ladung Brennholz, die herankam, und sie hatten einen Großteil des kostbaren Brennstoffs verloren, als sie am Ende ihres Stapels waren und ein Sturm aufzog An. Das „obere" Auto erwischte immer den schlimmsten Zusammenstoß, aber wenn sie nur gewarnt wurden, dass irgendjemand von Bedeutung kam, achteten sie sehr darauf, dass es nicht zu einem Zusammenstoß kam. Jedenfalls wurde bei einer *Teleferica* noch nie jemand groß verletzt .

Es scheint eine klare Tatsache zu sein, dass an der italienischen Front noch kein Mann sein Leben infolge einer *Teleferica- Fahrt verloren hat* . Viele sind beim Bau dieser Linien ums Leben gekommen, und noch mehr sind dabei ums Leben gekommen, als sie die Linien überwachten und instand hielten. Männer fielen oder sprangen aus den Körben, oft aus beträchtlicher Höhe, und Männer wurden vor Kälte steif nach Hause gebracht, nachdem sie zwei oder drei Stunden lang einem Schneesturm in einem stehengebliebenen Auto ausgesetzt waren. Stationen und Maschinen wurden weggetragen und mitsamt ihrer Funktionsfähigkeit dreißig Meter unter einer Lawine begraben; Aber bei diesen, wie auch bei allen anderen Pannen im Zusammenhang mit *Telefericas* , ergaben die Nachforschungen, die ich während meiner gesamten Zeit an der italienischen Front durchgeführt habe, keinen einzigen Fall, bei dem ein tatsächlicher Passagier sein Leben verloren hatte. Haaresbreite Fluchten und Rettungen, von denen ich immer wieder gehört habe. Die Geschichte eines der bemerkenswertesten der letzteren wurde von niemand geringerem erzählt als dem tapferen und angesehenen Oberst – jetzt General – „ Peppino " Garibaldi, Enkel des Befreiers und Held der berühmten Eroberung des Gipfels des Coli di Lano .

Als ich mich letzten Winter bei Oberst Garibaldi in den Dolomiten aufhielt, wurde die Station einer *Teleferica* , die ich morgen für den Aufstieg zu den Linien auf dem Marmolada-Gletscher nutzen wollte, von einer Lawine mitgerissen, wobei auch ein Mensch ums Leben kam der Ingenieure. Der Empfang der Nachricht von dieser Katastrophe veranlasste meinen Gastgeber zu der Bemerkung, dass ein Alpino im vergangenen Winter eine der spektakulärsten und mutigsten Taten vollbracht hatte, die er je gehört hatte, als er genau auf dieser Strecke ein liegengebliebenes Auto reparierte der gerade zerstörten Seilbahn.

„In diesem Stadium des Spiels", sagte Colonel Garibaldi, der aufgrund seiner vielen revolutionären Kampagnen in Nord- und Südamerika fließend die amerikanische Sprache beherrscht, „haben sie die Räder des *Teleferica*-Korbs nicht tief genug eingekerbt, mit dem Dies führte dazu, dass sie gelegentlich durch starke Winde von den Kabeln geblasen wurden. Soweit es uns möglich war, wurde die Beförderung von Passagieren während eines Schneesturms eingestellt, aber natürlich gab es hin und wieder Gelegenheiten, bei denen die Chance genutzt werden musste. So kam es, dass sich ein Stabsoffizier des Comando Supremo, der noch nie zuvor auf einer *Teleferica* gesessen hatte , in einem Korb befand, der auf dem Höhepunkt eines schweren Sturms im vergangenen März vom Kabel der ersten Marmolada-Spanne gesprengt worden war. Der Korb befand sich nur noch ein paar hundert Meter vom Ende seiner Reise entfernt, als seine beiden Vorderräder entgleisten – tatsächlich war er in dieser Richtung viel näher am „Land" als nach unten, wo es ein klares Gefälle gab drei- oder vierhundert Meter weiter bis zu gefrorenem Schnee.

„Wenn die Luft ruhig ist, kann ein Korb (der natürlich nach oben fährt; der Korb nach unten bewegt sich durch die Schwerkraft) mit nur einem Paar Rädern normalerweise durch leichtes Ziehen des Motors entlang des Kabels „gepflegt" werden, und das auch versuchten die Ingenieure in diesem Fall. Der seitliche Winddruck war jedoch zu stark, und innerhalb von ein oder zwei Metern verkeilte sich das Kabel neben den Rädern und verklemmte sich stark. Wäre kein Mann im Korb gewesen, hätten sie einfach den Motor beschleunigt und so lange gezogen, bis entweder der Korb hochkam oder etwas kaputt ging. Im ersten Fall war alles in Ordnung; Im letzteren Fall sammelten sie die Teile ein, sobald das Wetter es zuließ, beschleunigten die Reparaturen und machten sich wieder an die Arbeit. Mit einem Passagier – und vor allem einem Stabsoffizier – zu rechnen, war das eine andere Sache.

„Zum Glück behielt der Kerl die Nerven, und zwischen den Schneegestöbern konnten sie sehen, wie er hart daran arbeitete, die Räder wieder auf die Räder zu bekommen. Ein erfahrener *Teleferica*- Lineman kann mit etwas Glück gelegentlich allein ein Paar Räder wieder auf die Strecke bringen; Aber wenn man nicht genau versteht, wie man sein Gewicht vom Korb entlastet, indem man über dem Kabel hängt, ist die Aufgabe genauso aussichtslos wie der Versuch, sich an den Stiefelriemen hochzuheben. Dieser Kerl war alles andere als ein Experte, und nachdem er zehn oder fünfzehn Minuten lang mit tauben Fingern herumgefummelt hatte, wedelte er mit einer Geste der Verzweiflung mit der Hand und sank zurück auf den Boden des umgekippten Korbs.

„Der Alpino hat sein ganzes Leben lang unter Schneestürmen gelebt und kann ziemlich genau abschätzen, wie viel Widerstand in einem Mann verbleibt, der Wind und Kälte unter bestimmten Bedingungen ausgesetzt ist. Sie wussten, dass ein Mann, der bequem in einem Korb auf einem ebenen Kiel liegt und auf eine Motorreparatur wartet, um ein Vielfaches länger taugt als jemand, der sich lebensgefährlich an den Seiten eines scheinbar hoffnungslos festgefahrenen und halb umgekippten Korbs festhält. Die meisten Männer, die vom Bahnhof aus zusahen, gaben dem armen Kerl fünfzehn bis zwanzig Minuten; nur die Optimistischsten sagten eine halbe Stunde. Auf jeden Fall gab es nur eines: einen Mann in den Behindertenkorb zu schicken; und ein Lineman, der kurz zuvor eine ähnliche Leistung erfolgreich durchgeführt hatte, als eine Ladung dringend benötigter Granaten am Kabel hängen blieb, meldete sich freiwillig dazu.

„Sie hängten den unerschrockenen Kerl in einem hastig montierten Gurtzeug, das an einem Ersatzradpaar hing, am Kabel auf, banden ihm eine lange Leine um die Taille und ließen ihn durch die Schwerkraft zum Korb gleiten. Die langsam ausgespielte Linie hielt ihn davon ab, zu viel Schwung zu gewinnen. Die Reise – eine leichte Aufgabe für einen Mann mit einem guten Verstand – verlief ohne Zwischenfälle. Der Geist des Beamten war noch klar und seine Nerven nicht gebrochen, aber er war taub vor Kälte und am Rande des körperlichen Zusammenbruchs und konnte keinen Finger rühren, um sich zu retten. Das Beste, was er tun konnte, war, seinen Halt aufrechtzuerhalten, und selbst das konnte er nicht lange tun.

„Eine Zeit lang setzte der Alpino , immer noch in seinem Geschirr hängend, seine ganze Kraft ein, um den Korb so weit anzuheben , dass die verschobenen Räder wieder auf das Kabel rutschen konnten, aber es gab keine Möglichkeit, genügend Kraft aufzubringen um von Nutzen zu sein, und nachdem er den Mann, den er retten wollte, beinahe verschüttet hätte, gab er es auf. Als nächstes versuchte er, das Gewicht des Offiziers zu entlasten, indem er ein paar Windungen der Leine um ihn herumführte und ihn an das Kabel unmittelbar über ihm heranzog . Sein unmittelbares Ende gelang ihm zwar, aber damit besiegte er sein letztes. Der Körper des Offiziers rutschte vom Boden des Korbes ab, hing aber so fest, dass der Alpino selbst nicht in die richtige Position gelangen konnte, aus der er sich heben konnte.

„Mittlerweile war dem angehenden Retter klar, dass nichts zu erreichen war, wenn der hilflose Beamte nicht vollständig aus dem Auto befreit werden konnte, und dies konnte nur dadurch erreicht werden , dass er mit ihm den Platz tauschte. Wie der resolute Kerl es geschafft hat, wissen nur der Himmel und die besondere Vorsehung, die den Alpino stets durchschaut . Sie gaben ihm noch ein paar Meter Leine, als sie spürten, wie er daran zog, und dann hatten sie vor sich eine verschneite verschneite Vision von ihm, wie er drei oder vier geschäftige Minuten lang in dem umgekippten Wagen herumkrabbelte. Schließlich bekamen sie das kurze, scharfe, doppelte Ziehen, das das Signal war, das er geben sollte, für den Fall, dass sein Versuch scheiterte und er zurückgezogen werden wollte.

„Von dieser Entwicklung nicht wenig niedergeschlagen, begannen sie mit dem Einholen von der Station, nur umso größere Besorgnis zu verspüren, als sie sahen, dass es sich um einen schlaffen und scheinbar leblosen Körper handelte, der aus dem Sturm auf sie zukam. Zu diesem Zeitpunkt ertönte jedoch ein beruhigender Jodler aus den nebligen Tiefen, und der schärfste von ihnen verkündete, er könne sehen, wie sein Kamerad über das Kabel „eingeschlagen" und den Korb gerade gezogen habe. Noch bevor der Körper des ohnmächtigen Offiziers, dessen vom Wind verwehte Arme und Beine wie die einer Vogelscheuche flatterten, auf den Treppenabsatz geschwungen und von seinem Geschirr befreit wurde, gab das klingende Knallen eines Stahlschlüssels am Kabel das vertraute Signal von „Haul weg!""

„Er kam herauf (so erzählte mir sein Kapitän später)", schloss Colonel Garibaldi, „auf dem Rand des Korbes sitzend, die Adlerfeder entlang des durchhängenden Kabels schleifend, seine genagelten Stiefel trommelten auf den Stahlboden und das Alpini- Marschlied mit einer Stimme zu singen, die das Echo über dem Heulen des Sturms erklingen ließ.""

Der Ausweg, ein *Teleferica*- Kabel über einen sonst unüberbrückbaren Raum zu schießen, wurde bei der im ersten Absatz dieses Kapitels erwähnten Gelegenheit nicht zum ersten Mal ausprobiert – als man darauf zurückgriff, eine Leitung über einen überschwemmten Fluss zu verlegen. Derselbe Plan war ein Jahr zuvor erfolgreich umgesetzt worden, um einer Gruppe von Alpini Hilfe zu leisten , die durch die Zerstörung ihrer *Teleferica* durch eine Lawine „strandengelassen" an der Seite eines Gletschers zurückblieben und nur noch für ein paar Tage Nahrungsvorräte hatten und Munition. Auch der einzige Weg, der zu ihrem Horst führte, war durch die Rutsche weggespült worden, so dass es einen Monat oder mehr Arbeit erfordert hätte, die Kommunikation auf diese Weise herzustellen. Aus dem gleichen Grund hätte sogar noch ein längerer Zeitraum vergehen müssen, bis die *Teleferica* wiederhergestellt werden konnte; das heißt, wenn das Kabel so hochgetragen würde, wie es beim ersten Bau war. Das bergsteigerische Genie der Alpini wäre zweifellos mit dem Problem konfrontiert gewesen, den Weg zurück in die Sicherheit zu finden, indem man sich gegenseitig an Seilen heruntergelassen hätte, aber das hätte das Verlassen einer Position bedeutet, die unbedingt gehalten werden musste.

Der Ausweg, das Kabel mit einer Waffe hochzuschießen, war die einzige der vielen in Betracht gezogenen Alternativen, die Aussicht auf Erfolg versprach. Der erste Versuch hätte sich beinahe als „Bumerang" erwiesen, denn das Gewicht des Kabels lenkte die 15 cm lange Hülle, an der es befestigt war, um fast sechzig Grad ab und ließ es durch einen Maultierstall krachen, der im Moment glücklicherweise leer war. Eine an einem leichteren Kabel befestigte Hülle ging fast genauso weit daneben; Tatsächlich scheiterten alle

Versuche mit Hochgeschwindigkeitsgeschützen kläglich, und erst als einer der neuen Langstrecken-Grabenmörser auf den Markt kam, nahm das Experiment eine ermutigende Wendung, auch wenn der Erfolg erst mit der Kabellinie eintrat wurde durch ein leichtes Manilaseil verdrängt. Diese wurde beim ersten Schuss auf ihr Ziel abgefeuert – eine Anhöhe, die eine halbe Meile entfernt und tausend Fuß hoch war – und diente anschließend dazu, ein leichtes Kabel hochzuziehen, das wiederum das schwere hochzog. Die zu diesem Zeitpunkt installierte einfeldrige *Teleferica* war noch in Betrieb, als ich diesen Sektor neun Monate später besuchte – völlig frei von der Bedrohung, die ihr niedrigerer Vorgänger überwältigt hatte.

Die vielleicht spektakulärste Leistung, die jemals von einer *Teleferica aus ausgeführt wurde, war die, bei der* im Herbst 1916 ein störendes Nest österreichischer Maschinengewehrschützen von einem der Gipfel des großen M- *Massivs geräumt* wurde . Zu dieser Zeit befand sich der hohe Bergrücken aufgeteilt zwischen Italienern und Österreichern. Letzterer hatte Zugang zu einem zersplitterten Gipfel, der zwar keinen Platz für eine dauerhafte Stellung bot, aber einen herrlichen Aussichtspunkt bot, von dem aus man alle italienischen Bewegungen im darunter liegenden Tal beobachten konnte. Die Situation war für die Italiener bereits irritierend genug, selbst als sich die Aktivitäten des Feindes nur auf die Beobachtung beschränkten, er aber dazu überging, ein Maschinengewehr heranzuholen und – fast von hinten – das Hauptquartier eines Alpini- Bataillons zu beschießen, das eine wichtige Stellung innehatte Wenn man dreitausend Fuß tiefer geht, wird es nahezu unerträglich. Was passierte, wurde mir einige Monate später erzählt, als ich den Major dieses Bataillons fragte, wie es dazu kommen konnte, dass das Dach der Offiziersmesse, in der wir speisten, mit Stahlblechen gepanzert war.

„Gegen Maschinengewehrgeschosse", lautete die Antwort; „Es gab eine Zeit verfluchter Erinnerung, in der der Feind eine Kanone auf einen kleinen Felssplitter richtete, keine fünfzehnhundert Meter von hier entfernt in einer Luftlinie , und unsere gesamte kleine Terrasse mit Dum-Dums besprühte. "

„Es muss ein bisschen anstrengend gewesen sein", bemerkte ich. „Wie hast du es geschafft, durchzuhalten?"

„Indem man sich so weit wie möglich außer Sichtweite hält", antwortete er; „Das heißt, bis zu dem Tag, an dem wir ihn von der *Teleferica* aus verfolgten . Danach ließ er uns in Ruhe, bis wir Zeit hatten, eine Waffe zu montieren, damit er Abstand halten konnte."

Teleferica aus verfolgt !" Ich wiederholte überrascht. "Was meinst du damit?"

„Genau das, was ich gesagt habe", antwortete er mit einem Lächeln. „Wir arbeiteten Tag und Nacht daran, eine Geschützhöhle auszuheben, deren Feuer diese schwierige Position für die österreichischen Maschinengewehrschützen unhaltbar machen würde. In der Zwischenzeit mussten wir so gut wir konnten durchhalten, denn die geringste Schwächung unserer Streitkräfte an diesem Punkt wäre das Signal für einen österreichischen Angriff gewesen, der ihnen möglicherweise den Pass beschert hätte. Da wir uns größtenteils nachts bewegten, kamen wir ziemlich gut zurecht, bis sie eines Morgens zu unerwartet früher Stunde aufmachten und viel mehr von uns töteten, als mir lieb ist.

„Zu diesem Zeitpunkt kam Kapitän Mit der *Teleferica* gab es einen Punkt, von dem aus die österreichische Maschinengewehrstellung mit tödlicher Wirkung beschossen werden konnte.

ernst gewesen wäre, hätte ich wahrscheinlich nie auf einen so verrückten Vorschlag gehört. So wie es war, habe ich mich mit Leib und Seele darauf eingelassen . Wir hängten die Plattform des Maschinengewehrs in einem Winkel an das Kabel, damit es leicht angehoben und auf die darüber liegende österreichische Position ausgerichtet werden konnte. Dann – als glücklicher nachträglicher Einfall – haben wir auf der freiliegenden Seite ein Blech aus kugelsicherem Stahl als Schild gebogen, eine niedrige Plattform errichtet, auf der die Waffe sicher ruhen würde, und – die erste und die letzte gepanzert *teleferica* war abgeschlossen. Zwischen X und seinem Helfer, der Rüstung und der Waffe, betrug das Gewicht ungefähr das Doppelte dessen, was die *Teleferica* tragen sollte, aber ich wusste, dass ein großer Sicherheitsspielraum eingeräumt wurde, und hatte diesbezüglich keine Bedenken. Mit X... und seinem Assistenten, die tief zu beiden Seiten der Waffe hockten, und mit einer schwarzen Plane, die locker über das Ganze geworfen war, sah sie so sehr wie eine gewöhnliche Ladung Schrott aus, die zur Reparatur abgefertigt wurde, wie man sich nur wünschen kann.

„Die Österreicher, die eine Stunde lang damit beschäftigt waren, den Weg im Zickzack bis zu den Schützengräben am Rand des Passes zu erklimmen, achteten nicht auf die unschuldig aussehende Ladung, die die *Teleferica hinunterrutschte* . Die abgelösten Männer von oben, die in schnellen Anläufen an den exponierten Abschnitten des Zickzacks vorbeischlichen, boten ihnen weitaus aufregenderes Training als eine Ladung alter Ausrüstung. Letzterer verschwand am zweiten Turm aus unserem Blickfeld, tauchte am dritten wieder auf und war in voller Sicht, als X – „entlarvt" und sich öffnete. Wir konnten sogar die Linie der braunen Staubspritzer auf der Felswand verfolgen, als die Kugeln ihr Ziel erreichten. Das Feuer der beiden österreichischen Maschinengewehre hörte sofort auf und wurde nie wieder aufgenommen. Wahrscheinlich wurden die Kanoniere getötet, bevor sie überhaupt die Möglichkeit hatten, ihre Waffen umzudrehen und auf den plötzlichen Angriff aus der Luft zu antworten.

„Nachdem X—— fünf Minuten lang die Zinne besprüht hatte, gab er das Zeichen , hochgezogen zu werden. Er kam am Bahnhof an, um zu melden, dass seine Arbeit beendet sei. Um einer möglichen weiteren Verwendung entgegenzuwirken, verbesserten wir in den nächsten ein bis zwei Tagen unseren „Luftdreadnought" erheblich, aber es gab nie eine Gelegenheit, ihn wieder in Aktion zu schicken. Als die Österreicher sich *tatsächlich* nach oben wagten, war unser großes Geschütz an Ort und Stelle und wir haben sie von oben mit hochexplosivem Sprengstoff abgefeuert."

DIE GARIBALDI KÄMPFEN WIEDER FÜR DIE FREIHEIT

Ein- oder zweimal in jedem Winter haucht ein dicker, klebriger, heißer Wind von irgendwo auf der anderen Seite des Mittelmeers den schnee- und eisbedeckten Alpentälern den Hauch eines falschen Frühlings ein. Die Schweizer Reiseführer nennen es, wenn ich mich recht erinnere, mit einem Namen, der fast so ausgesprochen wird wie das Wort „Spaß"; aber das Aufkommen eines solchen Windes bedeutet für sie alles andere als das, was das auf Englisch bedeutet. Für sie – eigentlich für alle in den Alpen – bedeutet ein *schönes* Wetter Tauwetter, und Tauwetter bedeutet Lawinen; Auch Lawinen können zu einer Jahreszeit auftreten, in der es so viel Schnee gibt, dass die Rutschbahnen ständig der Versuchung ausgesetzt sind, ihre ausgetretenen Pfade zu verlassen und sich neue und unerwartete Kanäle zu erschließen. Nur der Erstbesucher der Alpen zügelt den Judaskuss des Windes namens *Fun* .

An einem Tag Anfang Januar mit einem dieser tückischen heißen Winde wurde ich von der Ebene von Venedig zu einem bestimmten Abschnitt der italienischen Alpenfront hinaufgefahren, einem Abschnitt, der strategisch fast ebenso wichtig wie landschaftlich wunderschön ist. Was vor zwölf Stunden noch eine steinharte, eisgepflasterte Straße gewesen war, hatte sich in einen Fluss aus weichem Schneematsch aufgelöst, und man konnte das bedrohliche, ahnungsvolle Zucken in den herabsinkenden Schneebänken eher spüren als sehen, als das Plätschern der heißen, feuchten Luft die Lage entspannte Bremse des Frosts, der sie an den steilen Berghängen festgehalten hatte. Jeder Abschnitt, an dem sich die Straße an Klippen oder steile Talwände anschmiegte, war ein möglicher Hinterhalt, und wir schlüpften mit gedämpftem Motor und gedämpften Stimmen an ihnen vorbei.

Gegen Mitte des kurzen Winternachmittags öffnete sich die Schlucht, der wir gefolgt waren, in ein enges Tal und direkt über den kleinen See, an dem die Straße entlangführte, und spiegelte sich in der schimmernden Schicht dampfenden Wassers, die das Tauwetter über das Eis warf Es war ein leuchtend weißes Dreieck aus hoch aufragenden Bergen. Eine echte Granitalp zwischen den zersplitterten Dolomiten – eine Festung zwischen Kathedralen – war das herausragende, dominierende Merkmal in einem Panorama, von dem ich von meiner Karte wusste, dass es aus der Bergkette bestand, entlang derer sich die ineinandergreifenden Linien der österreichisch-italienischen Schlacht schlängelten -Vorderseite.

„Eindeutig ein Gipfel mit Persönlichkeit", sagte ich zu dem Beamten an meiner Seite. „Wie heißt es?"

„Es ist der Col di Lana", war die Antwort; „Der Berg, den Oberst ' Peppino ' Garibaldi im ersten Versuch teilweise eroberte, und danach Gelasio Caetani , der italienisch-amerikanische Bergbauingenieur, wurde in die Luft gesprengt und vollständig gefangen genommen. Es handelt sich um eine der wichtigsten Stellungen an unserer gesamten Front, denn welche Seite auch immer sie innehat, blockiert nicht nur effektiv den Vormarsch des Feindes, sondern verfügt auch über einen unschätzbar wertvollen Ausfallhafen, von dem aus er seine Truppen starten kann. Wir *mussten* es einfach haben, und es wurde auf die wahrscheinlich einzig menschenmögliche Weise aufgenommen. Es ist übrigens das Hauptquartier von Oberst Garibaldi, wo wir heute Abend und morgen übernachten; vielleicht kannst du ihn dazu bringen, dir die Geschichte zu erzählen."

Wo sein Arbeitszimmerfenster auf den gelben Tiber blickt, der sich durch das Rom schlängelt, für das sein Vater so lange und so tapfer gekämpft hatte, hatte ich eines Nachmittags, nicht lange zuvor, diesem feurigen alten Krieger, General Ricciotti Garibaldi , zugehört, als er davon sprach den Krieg und den Anteil Italiens daran. „Alle meine Jungs kämpfen", hatte er gesagt, „und meine Töchter und meine Frau stillen." Zwei der Jungen sind verschwunden – in Frankreich getötet –, aber die anderen fünf sind bei der italienischen Armee. Sie sind alle gute Kämpfer, denke ich; aber einer von ihnen – Peppino , der Älteste – ist auch ein fähiger Soldat. Zumindest sollte er es sein, denn er wurde in der „Garibaldi"-Schule ausgebildet. In den letzten zwanzig Jahren gab es in keinem Teil der Welt einen Krieg (außer dem zwischen Russland und Japan) oder eine Revolution, in dem er nicht ein Schwert gezogen, ein Gewehr getragen oder eine Machete geschwungen hätte. Sie müssen ihn unbedingt sehen, wenn Sie seinen Teil der Front besuchen, denn er ist ein netter kleiner Kerl, unser Peppino .

Peppino abfinden wirst ", hatte seine kleine englische Mutter hinzugefügt: „Er hat bestimmt einen guten Koch; Und außerdem mochte der liebe Junge Süßigkeiten immer so sehr, dass ich mir nicht vorstellen kann, dass er darauf verzichten könnte. Außerdem ist Sante bei ihm, und als der Krieg ausbrach, betrieb Sante eine Molkerei in Genossenschaft. Sie können sicher sein, dass er auch seinen Anteil an den guten Dingen gesammelt hat."

Wir fanden den Enkel und Namensgeber des großen Giuseppe Garibaldi in einem kleinen Teil eines Alpendorfes untergebracht, das das letzte Stückchen Land einnahm, das offen genug war, um auch nur vergleichsweise immun gegen den Schnee zu sein, der von beiden Seiten des tiefen Tals, dem die Straße folgte, herabrutschte zum Pass. Der „gute kleine Kerl", der von seinem mit Landkarten und Berichten übersäten Schreibtisch aufsprang, um uns willkommen zu heißen, entpuppte sich als 1,80 Meter großer, kräftiger Mann mit kräftigen Schultern und einem Gesicht, das vom Sonnenglanz auf dem Gesicht rot gebräunt war Schnee und ein Griff, der meine Finger im galvanischen Druck seiner freundlichen Umklammerung verschmolz. Die hohe, schmale Stirn, die feste Linie des Mundes, die ruhigen, ernsten Augen – alles war eindeutig Garibaldian und erinnerte mich an die Worte seiner Mutter: „ Ricciotti ist mein hübschester Junge, aber Peppino ist derjenige, der dem alten General am ähnlichsten ist." sein Großvater."

Seine Begrüßung war warm und herzlich, und nur in den ernsten Augen war die schreckliche Verantwortung zu erkennen, die sich dadurch ansammelte, dass ein heißer, feuchter Wind auf dem heftigsten Schneefall spielte, den die Alpen seit vielen Wintern erlebt hatten.

Programm für die nächsten vierundzwanzig Stunden entworfen ", sagte er und sprach Englisch mit einem Akzent, der deutlich verriet, dass es unter amerikanischem – und wahrscheinlich westamerikanischem – Himmel seine Fließfähigkeit erreicht hatte, „was so weit ist." (und zwar viel weiter) voraus, als dass Planung sinnvoll ist, solange dieses verfluchte Wetter anhält. Da es noch ein paar Stunden Tageslicht gibt, fahren wir zunächst mit Schlitten ins obere Tal und vermessen unsere Linien von unten. Morgen – so Gott will!" (er sagte es mit der gleichen schnellen Inbrunst, mit der der fromme Mohammedaner „ Imshallah " in jeden Entwurf seiner Zukunftspläne einfügt) „Sie und Kapitän unsere ganze Front. Das wird davon abhängen, ob wir die *Telefericas* am Laufen halten können oder nicht."

Während sich der Schlitten zwischen tief eingeschnittenen Schneebänken durch die enger werdende Schlucht schlängelte, sprach Oberst Garibaldi kurz über die Schwierigkeiten des alpinen Transports mitten im Winter.

„An der gewöhnlichen Front, wie etwa in Frankreich und Russland", sagte er, „bedarf es eher weniger als einem Mann an der Kommunikationslinie, um einen Mann in den Schützengräben der ersten Reihe zu halten." An der gesamten italienischen Front liegt der Durchschnitt bei etwas mehr als zwei Mann an der Kommunikationslinie und einem Mann in der ersten Reihe; aber an einigen Stellen in den Alpen (wie in diesem Abschnitt von mir) kann es bei schlechtem Wetter bis zu sechs oder sogar acht oder zehn Stunden dauern. Es geht nicht nur darum, die Straßen von fallendem und treibendem Schnee freizuhalten, es geht auch um die *Valangas* , die Rutschen. Und bei den Rutschen ist das größte Problem nicht nur die Männer, die man unter ihnen verlieren könnte (obwohl das schrecklich genug ist, weiß der Himmel), sondern vielmehr die Männer, die die Leinen hinter den Rutschen hochhalten und die gefüttert und munitioniert werden müssen , was auch immer passiert . Durch einen unfreundlichen Trick des Schicksals (der für den Feind jedoch genauso schlimm war wie für uns selbst) war der Schneefall in diesem Jahr einer der schwersten, die es je gab. Das bedeutet, dass die Dias auch schlimmer sind als je zuvor, und vor allem, dass sie an unerwarteten Orten auftreten, an Orten, an denen sie noch nie zuvor bekannt waren. Rutschen an neuen Orten bedeuten – was Sie gesehen haben, wo diese Schneise durch das untere Ende des kleinen Dorfes unten im Tal geschnitten wurde, und Probleme wie diese!"

Wir kamen gerade aus einem engeren Abschnitt der Schlucht heraus, wo die Straße, um überhaupt durchzukommen, auf einer Art Bock über dem jetzt zugefrorenen Fluss verlaufen musste und wo die eisbedeckten Wände über uns wie Kiefer ineinandergreifen einer Wolfsfalle. Vor uns war die Straße durch eine gewaltige Barriere aus zerknittertem Schnee blockiert, der von Wand zu Wand über dreißig Meter hoch aufgetürmt war. Felsen und abgebrochene und umgedrehte Kiefern, die durch die amorphe Masse gespickt waren, lieferten den untrüglichen Beweis dafür, dass die Lawine, die sie bildete, aus einer „Schiene" herabgekommen war.

„Wir konnten nicht darüber hinwegkommen, und wir hätten es in zehn Jahren nicht wegschaufeln können", sagte mein Begleiter ; „Also mussten wir einfach der einzigen verbleibenden Alternative folgen und sie durchgehen. Hier gehen wir jetzt in den Tunnel. Meine große Sorge ist, ob die neue Rutsche, die in den nächsten ein oder zwei Tagen – oder auch in der nächsten ein oder zwei Stunden – hierher stürzen könnte, in meinem kleinen Tunnel zerquetscht oder sich nur harmlos darüber auftürmt. So hart er auch ist, der Schnee" (ich spürte, wie er in der Dunkelheit von mir wegwich, und hörte das leise Rascheln von etwas, das gegen die Seite des Tunnels streifte) „ist selbst hier unten matschig. Ich habe eher Angst, dass es nicht viel mehr Gewicht aushält, selbst wenn es nicht von selbst zusammenfällt. Aber – ah" (wir waren jetzt aus dem Tunnel heraus, und eine geriffelte gelbe Klippe von atemberaubender Steilheit ragte durch die Kerbe vor uns auf), „da ist die Marmolada! Sieht doch nicht nach einem einfachen Ort aus, um den Feind zu vertreiben, oder? Nun, meine Männer – mein Bruder, Major Ricciotti Garibaldi, an ihrer Spitze – haben den Österreichern den größten Teil des 13.000 Fuß hohen *Massivs abgenommen, wobei so wenige Männer verloren gingen, dass mir immer noch vorgeworfen wird, ich hätte meine Toten in* die *Gletscherspalten geworfen* Gletscher und füllen ihre Plätze mit geschmuggelten Rekruten!"

Ein Alpino ging singend vorbei, und der Colonel erhob die Luft, als er den Gruß erwiderte.

„O Marmolada, tu es bella , tu es grana

    ina in peo e forta in guerra ."

„Es ist ein Lied, das die Männer gemacht haben", sagte er. „Die Marmolada war schon zu Friedenszeiten berühmt, aber bis ein oder zwei

Jahre vor dem Krieg war sie von dieser Seite aus noch nie bestiegen worden. Der Kapitän von Alpini , der an diesem Pass auf der linken Seite stand, war der erste Italiener, der den Aufstieg schaffte. Er brauchte dafür zwei Tage und mehrere Hundert *Lira* für die Führung. Nun ja, genau von dieser Seite aus haben wir es aufgenommen (ich kann Ihnen nicht genau sagen, wie, da wir die gleiche Methode noch einmal anwenden wollen), und jetzt schicken wir jeden Tag Treibstoff, Lebensmittel und Munition dorthin. Morgen, wenn die *Telefericas* noch laufen, werden Sie in weniger als einer Stunde zu der Schneekappe auf dem Gipfel gelangen.

Auf dem Weg zurück ins Dorf erlebte ich in der zunehmenden Dämmerung ein aufschlussreiches Beispiel des berühmten eiskalten *Gesangs von Garibaldi* . Das Gespräch hatte sich – wie es während meines gesamten Besuchs so zu bleiben schien – auf gemeinsame Freunde und Aufenthaltsorte in Südamerika konzentriert, und ich erwähnte ein Treffen mit Castro in Venezuela vor einigen Jahren. „Welcher Monat war das?" fragte Oberst Garibaldi. „März", antwortete ich. „Dann, in diesem Moment", sagte er, „wurde ich an einen Ring in der Wand des Gefängnisses von Ciudad Bolivar gekettet." Wenig später", fuhr er fort, „brachen ich und ein mit mir angeketteter *Mitrevolutionär* aus und begannen, über den Orinoco zu schwimmen, um …".

In diesem Moment wurde der Schlitten zufällig von einer langen Schleppe auf dem Bock am Grund der überhängenden Schlucht, von der ich gesprochen habe, bewegt, und gerade als mein Begleiter diesen Punkt seiner Geschichte erreichte, kam ein großer Eiszapfen, der irgendwo oben aufgetaut war stürzte auf den Rücken eines der Maultiere. Die Ladung Proviant wurde wie von einem Messer zerrissen, und das Maultier, das vor dem plötzlichen Schock zurückschreckte, wich vor dem Tier direkt hinter ihm zurück. Dieses wiederum fuhr rückwärts in das nächste Tier in der Reihe, so dass der Impuls durch das, was ich einmal einen alten Chilkat- Packer „Mu-le- raphie " nennen hörte, durch den Zug zurückging. Die Folge war, dass die hundert Meter lange Schlucht (bei deren Durchquerung man sogar aufgefordert wurde, die Stimme zu senken, aus Angst vor Vibrationen, die eines der etwa tausend darüber schwebenden Damoclean- Schwerter losreißen könnten) in Aufruhr geriet, der die Stimmung auslöste Echos klingeln. Die temperamentvollen Alpini beschimpften die Maultiere und einander aus tiefstem Herzen, während die Maultiere einfach nur das Mulish-Ding taten, indem sie auf ihren Vorderbeinen standen und mit ihren Hinterbeinen auf alles einschlugen, was in ihre Reichweite fiel.

Doch unbeeindruckt von der unten freigesetzten kinetischen Energie und der potenziellen Energie, die von oben drohte, beugte sich der unerschütterliche Spross der Garibaldi einfach näher an mein Ohr und fuhr mit seiner Geschichte fort.

„Der arme Y-- hat die Bank nie erreicht. Ich glaube, Shark hat ihn erwischt. Ich machte mich auf den Weg in den Dschungel –" Das war so ziemlich die ganze Geschichte, an die ich mich erinnere, mit Ausnahme des Ziels, bei dem es darum ging, ein paar von Castros Spionen gegen einen britischen Dampfer anzutreten, der am Kai von La Guayra lag . Dieser letzte Teil wurde jedoch erzählt, nachdem wir unter den Eiszapfen und den Absätzen der Maultiere hervorgekommen waren und auf die offene Straße unter den erwachenden Sternen gelangt waren.

Während des Abendessens kam es an diesem Abend zu mehreren Unterbrechungen. Einmal erschien ein wandernder Alpino an der Tür, dessen Laterne erloschen war und der zum nächsten Haus gegangen war, um sie wieder anzuzünden. Dass er über die Unordnung seines Colonels gestolpert war, schien ihn nicht im Geringsten zu beunruhigen, als es den Colonel tat, der dem lächelnden Burschen eine Schachtel Streichhölzer gab und ihn mit einem fröhlichen „ *a rivederci* " auf den Weg schickte. Wenig später öffnete sich auf schüchternes Klopfen die Tür und dahinter stand eine kleine alte Dame, die sich eine Dose Kondensmilch und fünf Eier ausleihen wollte. Ihr Sohn käme morgen auf Urlaub nach Hause, sagte sie, und sie würde ihm zum Abendessen ein *Pannello zubereiten*. Der kleine Dorfladen hatte im Moment keine Eier und Milch mehr, und da der Koch *des Colonello* sich geweigert hatte, ihr welche zu leihen, war sie direkt zum *Colonello* selbst gegangen. Sie hatte gehört, dass er sehr nett war.

„Sehen Sie zu, dass sie alles hat, was sie will; Füllt ihren Korb", lautete der Befehl an die Köchin. Und dann, als die dankbare kleine alte Dame mit einer Verbeugung zur Tür hinausging: „Füttere ihn gut, *Madre* ; Um in diesen Bergen kämpfen zu können, muss ein Mann schon einiges drauf haben, nicht wahr?"

„Bruder Sante kümmert sich normalerweise für mich um solche Anrufer", sagte mein Gastgeber lachend; „Aber Sante ist ein oder zwei Tage weg und ich habe keinen Puffer. Sie werden übrigens feststellen, dass ich in Sachen Verpflegung nicht ganz mit meinem verehrten Großvater einverstanden bin. Was sagte er zu den Männern, die sich versammelt hatten, um ihm auf seiner Flucht nach dem erfolglosen Kampf um die Römische Republik zu folgen? „Ich biete weder Gehalt, Quartiere noch Proviant an; Ich biete Hunger, Durst, Gewaltmärsche, Kampf und Tod.' Nun ja, auch ich habe meinen Männern eine Menge Kämpfe zu bieten, aber von den anderen „Anreizen" nicht mehr, als ich möglicherweise helfen kann. Und wenn sie sterben müssen, möchte ich das Gefühl haben, dass sie einen vollen Magen haben.

„Vielleicht haben Sie gehört", fuhr er fort, „was für eine Aufregung hier herrschte, als ich zum ersten Mal nach Marmelade für meine Männer fragte."

Sie begannen damit, mich auszulachen. „Natürlich", sagten sie, „wissen wir, dass deine Mutter Engländerin ist; Aber das ist kein Grund, warum Ihre *Männer* Marmelade brauchen sollten , so sehr *Sie* sich auch danach sehnen !' Dann sagten sie, dass *Marmellata* zu viel kosten würde, und versuchten schließlich zu beweisen, dass es schädlich für die Gesundheit der Männer sei. Aber ich hatte gesehen, was die Truppen in Südafrika mit einer großzügigen Marmeladenzulage geleistet hatten; auch , was sie in Frankreich taten. Also bin ich dabei geblieben, und – nun ja, wir haben die Marmolada auf *Marmellata genommen* , und noch dazu eine Menge Österreicher."

Wir lachten immer noch über den kleinen Witz, als sich die Tür öffnete und der Telefonist aus dem Zimmer auf der anderen Seite des Flurs hereinkam, um mit leiser Stimme einige Neuigkeiten zu verkünden, die ihn gerade erreicht hatten. Das Gesicht des Colonels veränderte sich augenblicklich von fröhlich zu ernst; aber mit einer Stimme und einer Art ruhiger Zurückhaltung stellte er ein paar kurze Fragen und gab dann einen kurzen Befehl, der offenbar an den Ort zurückgeschickt werden sollte, von dem die Nachricht gekommen war.

„Es muss entweder A-- oder B-- gewesen sein", sagte er nachdenklich und wandte sich wieder dem großen Stück Karamellkuchen zu, das er sich gerade selbst angeschnitten hatte, als es zu der Unterbrechung kam. „ Oh, ich bitte um Verzeihung; Aber ich habe gerade erfahren, dass die mittlere *Teleferica* , die die Marmolada bedient, von einer Lawine weggerissen wurde und dass einer der Ingenieure getötet wurde. Ich habe nur darüber spekuliert, um welches es sich handelt. Sie waren beide gute Männer – Männer, deren Verlust ich mir kaum leisten kann. Damit endet übrigens die Reise, die wir für morgen für Sie geplant hatten. Sie müssen sich stattdessen an die Stelle begeben; vorausgesetzt natürlich, *dass Teleferica* nicht ein ähnliches Schicksal ereilt."

Die südamerikanische Revolution (in lebhafter Erinnerung) hatte viele Male ihren Hydra-Kopf erhoben, bevor ich sah, dass ich den Weg frei sah, das Gespräch in den Kanal zu lenken, in den ich so sehr daran interessiert war, seinen Fluss zu lenken.

„Würden Sie mir nicht erzählen, Colonel", sagte ich schließlich, „etwas darüber, wie der junge Garibaldi in diesem Krieg die Tradition des alten Garibaldi fortgeführt hat? Erzählen Sie mir, wie es dazu kam, dass Sie sich in den ersten Kriegsmonaten alle in Frankreich versammelten, was Sie dort getan haben und was Sie seitdem getan haben; und vor allem erzähl mir, wie du den Col di Lana genommen hast."

„Das ist (wie ihr Amerikaner sagt) eine ziemlich große Herausforderung", lautete die lachende Antwort; „Aber ich werde gerne tun, was ich kann, um es zu füllen."

Er trank sein Glas Cognac leer, wartete, bis der okkulte Ritus des Anzündens seiner „Virginia" über der kleinen Spirituslampe abgeschlossen war, und begann dann seine Geschichte (wie ich gehofft hatte) von vorne. Die folgende Erzählung wurde durch das stetige Tropfen der Traufe und das nicht seltene Grollen einer fernen Lawine unterbrochen, als der heiße Südwind namens „ *Fun* " seinen entspannenden Atem über die Ansammlung hängenden Schnees eines halben Winters atmete.

„Mein Vater – und sogar mein Großvater – hatten vorausgesehen, dass Europa sich letztendlich durch einen großen Krieg den Weg zur Freiheit erkämpfen musste; dass die beiden unversöhnlichen Kräfte (ziemlich repräsentiert durch das, wofür Frankreich, England, Italien und die Vereinigten Staaten einerseits und Preußen und seine Satelliten andererseits standen) keine andere Alternative möglich machten. Die gleichen Gefühle, die meinen Vater und meinen Großvater 1870 dazu veranlassten, für Frankreich zu kämpfen, veranlassten mich und meine Brüder, uns 1914 anzubieten, für Frankreich und seine Verbündeten zu kämpfen.

„Als ältester von sieben Söhnen und Namensgeber meines Großvaters hatte mein Vater das Gefühl, dass es an mir lag, die Garibaldi-Tradition weiterzuführen, und als ich kaum Teenager war, schickte er mich zur Ausbildung in die einzige Schule das hat der alte General jemals erkannt – das der praktischen Erfahrung. „Eines Tages werden Sie in Europa gebraucht werden", sagte er. „Bis dahin machen Sie sich bereit, indem Sie an jedem Krieg teilnehmen, den Sie finden können." Erfahren Sie, wie Männer folgen, und lernen Sie dann, wie Männer führen. Wenn es die Wahl zwischen zwei Anliegen gibt, kämpfen Sie für das, für das Ihrer Meinung nach Ihr Großvater gekämpft hätte; Aber verpasse keinen Kampf, denn du kannst dich in dieser Hinsicht nicht entscheiden. „Die Erfahrung ist das Entscheidende, und die einzige Möglichkeit, sie zu erlangen, sind echte Schlachten, keine Scheinschlachten."

„Nun, ich habe angesichts der Zeit, in der wir leben, mein Bestes getan, um die Idee meines Vaters umzusetzen. Mit welchem Erfolg (soweit es sich um ein umfassendes Erlebnis handelte) kann man daraus ersehen, dass ich bis zum Ausbruch des gegenwärtigen Krieges – Scharmützel mitgerechnet – auf 132 Schlachtfeldern gekämpft habe. Dass ich nicht verwundet wurde, lag, wie ich glaube, nicht allein daran, dass ich keinem Feuer ausgesetzt war.

„Die Vorbereitung meiner Brüder war weniger drastisch – weniger ‚Garibaldian' – als meine eigene. In ihren Fällen war es die Meinung meines Vaters, dass es genügen würde, wenn sie einfach die Welt wüssten und wüssten, wie man mit Männern umgeht; und zu diesem Zweck ermutigte er sie, sobald sie alt genug waren, Arbeit im Ausland zu suchen, vorzugsweise im Freien, etwa im Zusammenhang mit Ingenieurprojekts. Keiner von uns war mit dem Lernen von Büchern oder technischen Schulungen überlastet, ich selbst am allerwenigsten. Tatsächlich habe ich mir oft gewünscht, ich hätte etwas mehr von beidem.

„So kam es, dass bei Ausbruch des Krieges alle bis auf die beiden Jüngsten bis ans Ende der Welt verstreut waren. Ich war in New York (nicht lange bevor ich als Stabschef von General Madero die erste mexikanische Revolution miterlebt hatte) und bei mir war mein zweiter Bruder, Ricciotti , der mich dort auf einer Reise nach Südamerika begleitet hatte. Menotti war in China im Ingenieurstab der Canton-Kowloon-Eisenbahn, und Sante , ebenfalls Ingenieur, arbeitete am Assuan- Staudamm in Oberägypten. Bruno war in einer Zuckerzentrale in Kuba, und Costante und Ezia , die beiden Jüngsten von uns, studierten in Italien. Meine Schwester Italia organisierte die Arbeit des Roten Kreuzes in Rio de Janeiro.

„Als sich die Kriegswolken zusammenzogen, schickte mein Vater einen Brief an jeden von uns fünf im Ausland, in dem er sagte, dass wir, sobald wir ein Telegramm von ihm erhielten , sofort zu dem darin genannten Ort aufbrechen sollten. Ich habe vergessen, worum es in den Depeschen ging, die Ricciotti und ich erhalten haben; aber der Treffpunkt war Paris, und wir waren mit dem nächsten Boot unterwegs. Wir fanden Ezia und Costante bereits in Paris vor, die uns erwarteten, und einige Tage später trafen Bruno und Sante ein. Menotti konnte die Flucht aus China erst organisieren, als sein eigenes Land einige Monate später in den Krieg eintrat.

„Es hatte sich bereits herumgesprochen, dass eine italienische Legion aufgestellt werden sollte, um für die Alliierten zu kämpfen, aber auf welchem Schauplatz war noch nicht entschieden.“ Meine gesamte Ausbildung war auf den Guerillakrieg ausgerichtet, und da ich davon ausging, dass dies am besten auf dem Balkan eingesetzt werden könnte, hoffte ich, dass meine Legion in Albanien landen könnte, um mit den Serben und Montenegrinern gegen Österreich zusammenzuarbeiten . Dies sollte jedoch nicht sein; Tatsächlich war Ezia , der vor einigen Monaten nach seiner Verwundung an dieser Front zum Führer eines *Lastwagens nach Saloniki* geschickt wurde , bisher der einzige Garibaldi, der den Balkan erreichte. Es tut mir in gewisser Weise leid, denn ich denke immer noch, dass dies mein nützlichster Bereich gewesen wäre.

„Aus der ganzen Welt strömten Rekruten zu uns, darunter viele Männer, die mit mir in Süd- und Mittelamerika gekämpft hatten. Wir waren eine ziemlich typische Truppe von Glücksrittern, und außer der Tatsache, dass wir alle Italiener waren, gab es nicht viel, was uns von der Fremdenlegion, in die wir eingegliedert wurden, unterschied. Seite an Seite mit den verschiedenen Nachkommen des italienischen Adels, die sich uns angeschlossen hatten, marschierten Männer, die als *Gauchos* in der Pampa Argentiniens geritten oder in den Minen von Colorado und Transvaal Bohrer gehämmert hatten. Ich war auch keineswegs der Einzige, der hungrig durch Gittergitter nach draußen geschaut hatte und das Klirren und Ziehen der Knöchelkette kannte. Aber was auch immer wir waren und wer auch immer wir waren, wir waren gekommen, um zu kämpfen, und wir haben gekämpft. Ja, alles in allem denke ich, dass wir den Traditionen der *Légion Étrangère* in Bezug auf die Kämpfe ebenso gut gerecht wurden wie in Bezug auf die Abstammung. Es ist nicht der Ort, wo du *herkommst* das zählt an der Kampflinie, aber nur dort, wo man *hingeht*; Und wenn es einen Mann in der italienischen Legion gab, der nicht bereit war zu kämpfen, bis er umfiel, kann ich nur sagen, dass er mir nicht aufgefallen ist.

„In Anbetracht der Tatsache, dass wir praktisch mit rohem Material begannen (obwohl viele der Männer natürlich schon früher im Einsatz waren) und dass es keine *Kader gab*, auf die wir aufbauen konnten, war unsere Arbeit mit der *Legion Italienne* meiner Meinung nach ein Rekord schnelles Training. Es dauerte Oktober, bis wir richtig durchstarteten, und Ende Dezember standen wir nicht nur an der ersten Front, sondern hatten bereits einige der blutigsten Kämpfe hinter uns, die der Krieg je gesehen hat. Mein Großvater pflegte zu sagen, dass eine ordnungsgemäße militärische Ausbildung zu neun Zehnteln eine Frage des gesunden Menschenverstandes und zu einem Zehntel eine Frage des Drills sei. Nun, ich habe meinen gesunden Menschenverstand und meine Erfahrung eingesetzt und den Rest durch Übung ausgeglichen. Innerhalb von zwei Monaten hatten wir 4.000 Mann an der Front, wo das französische Oberkommando von ihrer Qualität so beeindruckt war, dass es nur ein oder zwei Wochen dauerte, bis sie bei einem Angriff auf die preußische Garde des Ehrenplatzes für würdig befunden wurden. die in der Hoffnung, die Verbindungen zwischen Châlons und Verdun zu unterbrechen, stetig vorrückte . Kein Regiment hatte jemals eine wärmere Feuertaufe. Wir trieben die Garde zweieinhalb Kilometer zurück , verloren dabei aber tausend Mann.

„Ich erinnere mich an nichts, was tatsächlich zwischen uns zu diesem Thema gesagt wurde, aber es schien unter uns Brüdern allgemein Einigkeit darüber zu herrschen, dass das Vergießen von Garibaldi-Blut – oder besser noch, das Opfer eines Garibaldi-Lebens – kalkuliert wäre ein großes, vielleicht entscheidendes Gewicht in das schwankende Gleichgewicht in Italien zu werfen, wo eine wachsende Sympathie für die Sache der Alliierten nur einer Berührung bedurfte, um sie in die Tat umzusetzen. Tatsächlich habe ich den Eindruck, dass mein Vater den beiden jüngeren Jungen etwas in dieser Richtung gesagt hat, bevor er sie nach Frankreich schickte. Jedenfalls verhielten sich alle drei Jugendlichen genau so, als ob ihr einziges Lebensziel darin bestünde, den deutschen Kugeln in den Weg zu kommen. Nun ja – Bruno bekam *seinen* in der letzten Dezemberwoche, zehn oder zwölf Tage vor Costante , der am 5. Januar fiel. Ezia – der jüngste der drei

Feuerschlucker – musste jedoch ohne eigenes Verschulden warten und Nehmen Sie seine Kugel von den Österreichern an unserer eigenen Front ab. (Es geschah übrigens nicht weit von hier.)

„Der Angriff, bei dem Bruno fiel, war eines der schönsten Dinge, die ich je gesehen habe. General Gouraud ließ mich persönlich kommen, um zu erklären, warum ein bestimmtes Schützengrabensystem, das wir angreifen sollten, um jeden Preis eingenommen und gehalten werden *muss* . Wir versammelten uns um Mitternacht zur Messe – es war Weihnachten oder, glaube ich, am Tag danach – und zur Erinnerung an den von Eiszapfen umrahmten Altar in der zerstörten, dachlosen Kirche, auf den die flackernden Kerzen gerade genug Licht warfen, um die große Gestalt von Gouraud zu erkennen , der vor mir stand, wird nie aus meinem Gedächtnis verschwinden.

„Wir gingen vor Tagesanbruch über die Brüstung, und im ersten Licht der kalten Winterdämmerung sah ich, wie sich Bruno – offensichtlich getroffen – aus seiner Laufhocke aufrichtete und in den ersten deutschen Schützengraben stürzte, über den die führende Welle hinwegkam Unser Angriff war umfassend. Er war jedoch schon aufgestanden, bevor ich ihn erreichen konnte (ich glaube nicht, dass er jemals nachgeschaut hat, um zu sehen, wo er getroffen wurde), und ich sah, wie er auf der anderen Seite hochkletterte und ohne Probleme oder Taumeln rannte und seine Männer hineinführte Verfolgung des flüchtenden Feindes. Ich habe ihn nie wieder lebend gesehen.

„Sie fanden seine Leiche mit sechs Schusswunden dort, wo ihn die Böe eines Maschinengewehrs erfasst hatte, als er versuchte, herauszuklettern und seine Männer über den letzten Schützengraben hinauszuführen, den wir einnehmen und halten sollten . Er war in den Graben gestürmt, hatte den Feind vertrieben und – was auch immer es wert war – das erste Opfer seiner eigenen Garibaldi-Generation gebracht. Wir schickten seinen Leichnam zu meinem Vater und meiner Mutter nach Rom, wo seine Beerdigung, wie Sie sich zweifellos erinnern werden, Anlass für die bemerkenswerteste patriotische Demonstration war, die Italien in den letzten Jahren erlebt hat. Von diesem Moment an war die Teilnahme unseres Landes am Krieg nur noch eine Frage der Zeit. Costantes Tod einige Tage später gab der Welle der Volksstimmung nur noch mehr Auftrieb, die Italien bald dahin bringen sollte, wo es hingehörte: an die Spitze des Kampfes für die Freiheit Europas.

„Weitere Kämpfe, die der Legion im Laufe des Januars zum Opfer fielen, verringerten ihre Zahl so stark, dass sie zur Ruhe und Neuformierung zurückgezogen werden musste. Bevor unser Land in der Lage war, das Feld wieder zu betreten, hatte es die große Entscheidung getroffen und wir wurden aufgelöst, um nach Hause zu gehen und für Italien zu kämpfen. Hier

erwies es sich als undurchführbar, die Integrität der vierzehn Bataillone –
insgesamt etwa 14.000 Mann – aufrechtzuerhalten, in denen wir aufgestellt
waren – vor allem weil man es für das Beste hielt, die Männer in die Einheiten
einzugliedern, zu denen sie (aufgrund ihrer Ausbildung oder ihres
Wohnsitzes) tatsächlich gehörten Frankreich und damit auch die *Legion
Italienne* hörten auf zu existieren, außer als glorreiche Erinnerung. Wir fünf
überlebenden Garibaldi erhielten Aufträge in einer Alpini -Brigade , die ein
„direkter Nachkomme“ des berühmten *Cacciatore ist* , der 1859 von meinem
Großvater gegründet und von ihm gegen die Österreicher in dem Krieg
angeführt wurde, in dem mit Hilfe der Franzosen Wir haben die Lombardei
für Italien eingelöst.

„Im Juli wurde mir das Kommando über ein Bataillon übertragen, das
eine Stellung am Fuße des Col di Lana besetzte. Vielleicht haben Sie beim
Aufstieg vom See aus gesehen, wie dominant dieser Berg ist. Wenn ja, werden
Sie verstehen, dass es für uns von größter Bedeutung ist, sei es für
Verteidigungs- oder Angriffszwecke. Mit direktem Blick auf das Cordevole-
Tal und die Ebenen Italiens bot es den Österreichern nicht nur einen
unvergleichlichen Beobachtungsposten, sondern stellte auch eine wirksame
Barriere gegen jedes Vordringen unserer Truppen in Richtung des
Livinallongo- Tals und des wichtigen Pordoi- Passes dar. Wir brauchten es
dringend für die Sicherheit jeder Linie, die wir in dieser Region errichteten,
und genauso dringend würden wir es brauchen, wenn wir bereit wären, die
Österreicher zurückzudrängen. Da es für die Österreicher genauso wichtig
war, den Besitz dieser großen natürlichen Festung zu behalten, wie für uns,
sie ihnen wegzunehmen, werden Sie verstehen, wie es dazu kam, dass der
Kampf um den Col di Lana vielleicht der erbittertste war, den es je gegeben
hat wurde bisher noch um einen Punkt an der Alpenfront gekämpft.

Alpini unter dem Schutz unserer Kanonen im Süden und Osten von
der Cima di Falzarego und dem Sasso di Stria herab , die sie kurz zuvor
besetzt hatten, und sicherten sich auf dem steinigen Gelände einen zunächst
nur unsicheren Halt Unterer Osthang des Col di Lana. Tatsächlich war es
zunächst kaum mehr als ein Zehengriff; Aber die nie ruhenden Alpini gruben
sich bald ein und etablierten sich fest. Unter dem Kommando dieses Alpini
-Bataillons kam ich am 12. Juli, nachdem man mir zu verstehen gegeben
hatte, dass meine Aufgabe die Einnahme des Col di Lana ohne Rücksicht auf
die Kosten sei.

„Dies war das erste Mal, dass ich – oder irgendein anderer Garibaldi
(mein Großvater nahm mit seinen ‚Tausend‘ Sizilien von der fünfzigfachen
Zahl bourbonischer Soldaten ab) – jemals genug hatte (oder auch nur das
Versprechen von genug hatte).) Männer, die diese „Kostenunabhängig“-
Formel zu weit mehr als einem hohlen Spott machen. Aber es steht einem
Garibaldi nicht zu, Menschen für irgendeinen Zweck zu opfern, wenn es eine

Möglichkeit gibt, dies zu vermeiden. Die Zeit der wahllosen Frontalangriffe war schon vorbei, bevor ich Frankreich verließ, und es wurden bereits Wege ersonnen – vor allem Bergbau und besserer Artillerieschutz –, um Angriffe weniger kostspielig zu machen. Die wissenschaftliche „Menschenrettung", in der mein Land seitdem große Fortschritte gemacht hat, steckte damals an der italienischen Front noch in den Kinderschuhen.

„Ich fand viele Schwierigkeiten bei der Umsetzung der Menschenrettungstheorien, die ich in den Argonnen im Entwicklungsprozess gesehen hatte, auf dem Col di Lana. Zu dieser Zeit waren wir von den Österreichern – die die große Bedeutung dieses Berges von Anfang an erkannt hatten – stark überflügelt, während der Abbau im harten Gestein zu langsam war, als dass sich die Mühe gelohnt hätte, bis eine einzelne Position von entscheidendem Wert im Berg hängen geblieben wäre Gleichgewicht. Also – nun ja, ich habe einfach mein Bestes gegeben, was unter den gegebenen Umständen möglich war. Das Beste, was ich tun konnte, war, meinen Männern den größtmöglichen Schutz zu bieten, während sie nicht kämpften, und dieses Ziel wurde dadurch erreicht, dass ich sie in aus dem Fels gehauenen Stollen ansiedelte. Dies war, glaube ich, das erste Mal, dass die „Galerie-Kaserne" – mittlerweile an allen exponierten Stellen die Regel – an der italienischen Front genutzt wurde.

„Am Anfang gab es keinen anderen Weg, als den Feind Graben für Graben vom Col di Lana zu vertreiben, und das war die Aufgabe, die ich mir gegen Ende Juli stellte. Was die Aufgabe fast unerschwinglich machte, war die Tatsache, dass die österreichischen Geschütze von Corte und Cherz – die wir nicht zum Schweigen bringen konnten – uns gnadenlos niederstrecken konnten. Jeder Schritt, den wir in den nächsten neun Monaten unternahmen, wurde unter ihrem Beschuss ausgeführt, und es hat keinen Zweck zu leugnen, dass wir schwer gelitten haben. Ich setzte nicht mehr Männer ein, als ich überhaupt einsetzen konnte, und das Oberkommando war sehr großzügig, was die Reserven anging und sogar die Stärke der mir zur Verfügung stehenden Truppe erhöhte, da wir nach und nach mehr Platz zum Arbeiten bekamen. Am Ende Im Oktober war mein ursprünglicher Befehlshaber eines Bataillons erheblich aufgestockt worden.

„Die Österreicher haben das mutig und geschickt gemacht Verteidigung , aber der stetige Druck, den wir auf sie ausübten, zwang sie nach und nach wieder den Berg hinauf. In der ersten Novemberwoche waren wir im Besitz von drei Seiten des Berges, während die Österreicher die vierte Seite und – was am wichtigsten war – den Gipfel hielten. Letzterer präsentierte uns aus jeder Richtung, in die wir uns ihm nähern konnten, eine über 200 Meter hohe Felswand , und auf dem Kamm dieser Klippe – dem einzigen Punkt, der unserem Artilleriefeuer ausgesetzt war – hatte der Feind eine geschickt versteckte Maschine - Waffenposten, der von vierzehn Männern bedient wird. Dahinter und dahinter, geschützt in einer Felsgalerie, befand sich eine Reserve von 200 Männern, von denen erwartet wurde, dass sie während eines Bombardements sicher in Deckung bleiben und dann ausziehen, um jeden darauffolgenden Infanterieangriff abzuwehren. Es wurde berechnet, dass die Handvoll im Maschinengewehrposten ausreichen würden, und zwar mehr als ausreichend, um uns davon abzuhalten, die Klippe zu erklimmen, bevor ihre Reserven zu ihrer Unterstützung eintrafen; und das wäre auch der Fall gewesen, wenn *nur* mit einem Infanterieangriff zu rechnen gewesen wäre. Das Gewicht der von uns eingesetzten Artillerie und die Fähigkeiten unserer Kanoniere wurden jedoch nicht ausreichend berücksichtigt. Die scheinbare Uneinnehmbarkeit der Lage war in Wirklichkeit ihr Untergang.

„Von diesem raffinierten Verteidigungsplan konnte ich mir – egal wie – eine ziemlich genaue Vorstellung machen und entwarf meine eigenen Pläne entsprechend. Alle Geschütze, die ich auftreiben konnte, hatte ich an den günstigsten Stellen platziert , um mich auf den eigentlichen Schlüssel zum Gipfel zu konzentrieren – den freigelegten Maschinengewehrposten oben auf der Klippe – mit der Absicht, möglichst Männer und Geschütze zu vernichten vollständig oder, falls dies nicht gelingt, es zumindest für die Reserven unhaltbar zu machen, die versuchen würden, sich zu seiner Verteidigung zu sammeln .

„Wir hatten die Position auf einen Zentimeter genau eingestellt und haben daher glücklicherweise keine Zeit damit verloren, nachzufühlen. Dies und der damit verbundene überraschende Vorfall war vielleicht der Hauptfaktor für unseren Erfolg; denn der Plan ging – zumindest was die *Eroberung* des Gipfels betraf – in der Tat genauso perfekt auf wie auf dem Papier. Das ist übrigens die große Befriedigung an der Zusammenarbeit mit Alpin : Er ist sich so sicher und zuverlässig, dass das Element der „menschlichen Fehlbarkeit" in einem Plan (immer die unsicherste Größe) praktisch eliminiert wird.

„Es ist fast sicher, dass unser plötzlicher Schwall konzentrierter Schüsse das Leben aller Männer im Maschinengewehrposten ausgelöscht hat, bevor sie Zeit hatten, den Reserven in der Galerie unten die Nachricht von unserem bevorstehenden Infanterieangriff zu übermitteln. Jedenfalls unternahmen diese keinen einzigen Versuch, zur Verteidigung des Kamms vorzurücken, selbst nachdem unser Artilleriefeuer aufgehört hatte. Die Folge war, dass die 120 Alpini, die ich zum Erklimmen der Klippe geschickt hatte, den Gipfel mit nur drei Opfern erreichten, die wahrscheinlich durch rollende

Steine oder umherfliegende Felssplitter verursacht wurden. Die Österreicher in ihrem großen „Funkloch" wurden völlig überrascht und 130 von ihnen fielen in die Gefangenschaft, deutlich weniger als die Zahl der Italiener. Die restlichen 200 konnten fliehen oder kamen auf der Flucht ums Leben.

„Bisher war es so gut; Aber leider waren die Eroberung und das Halten des Gipfels zwei völlig verschiedene Dinge. Kaum hatten die Österreicher herausgefunden, was geschehen war, griffen sie mit aller verfügbaren Artillerie auf den Kamm an. Seitdem haben wir festgestellt, dass sich das Feuer von 120 Geschützen auf einen Raum von 100 mal 150 Metern konzentrierte, der die einzige Möglichkeit bot, den kargen Gipfel abzudecken. Fünfzig meiner Männer, die im Windschatten von Felsvorsprüngen Schutz fanden, blieben direkt auf dem Gipfel; Die anderen krochen über den Rand der Klippe und hielten sich an Fingern und Zehen fest. Keiner von ihnen flüchtete, obwohl ein Rückzug völlig gerechtfertigt gewesen wäre, wenn man bedenkt, was für eine Hölle die österreichischen Geschütze aus dem Ort machten. Der Feind startete bei Einbruch der Dunkelheit einen Gegenangriff, konnte aber trotz der Überzahl und der fast völligen Erschöpfung dieser kleinen Gruppe Alpini -Helden nur die Hälfte des Gipfels zurückerobern. Hier, auf einem zehn Meter hohen Bergrücken, der die *Cima ungefähr halbiert*, hielten die Alpini die Österreicher fest, und hier wiederum hielten diese die Verstärkung, die ich schließlich den Alpini zu Hilfe schicken konnte . Dort, dem Feuer der Kanonen beider Seiten ausgesetzt (und daher vergleichsweise sicher vor beiden), wurde eine Linie errichtet, von der aus kaum eine Wahrscheinlichkeit bestand, dass ein Kombattant den anderen vertreiben konnte, zumindest ohne eine radikale Änderung der Methoden bisher beschäftigt.

„Die Idee, Positionen zu sprengen, die anders nicht eingenommen werden können, ist keineswegs neu. Wahrscheinlich reicht es fast bis zur Erfindung des Schießpulvers selbst zurück. Wenn wir nur davon wüssten, gab es zweifellos Versuche, die Chinesische Mauer zu verminen. Es war daher nur natürlich, dass wir, als die Österreicher uns vor einer Position festhielten, die wir unbedingt haben mussten, begannen, die Möglichkeit in Betracht zu ziehen, sie als einzige Alternative abzubauen. Die Konzeption des Plans entstand nicht unbedingt im Kopf eines Einzelnen, wie viele auch immer Anspruch darauf erhoben haben. Es war das Unvermeidliche, wenn wir das Streben nach unserem Ziel nicht aufgeben wollten.

„Obwohl die Idee der Mine selbst nichts Neues war, ergaben sich bei der Durchführung einer technischen Operation dieser Größenordnung in so großer Höhe und von einer Position aus, die ständig heftigem Artilleriefeuer ausgesetzt war, viele völlig beispiellose Probleme . Es waren diese Probleme, die uns zum Nachdenken brachten; aber trotz der Aussicht auf Schwierigkeiten, von denen wir vollkommen wussten , dass sie jederzeit unerschwinglich werden könnten, wurde schließlich beschlossen, den Versuch zu unternehmen, den vom Feind gehaltenen Teil des Gipfels des Col di Lana in die Luft zu sprengen.

„Die Wahl des Ingenieurs für die Arbeit war eine äußerst glückliche Entscheidung. Gelasio Caetani – er ist ein Sohn des Herzogs von Sermoneta – war vor dem Krieg mehrere Jahre lang als Bergbauingenieur im amerikanischen Westen tätig, und die in Kalifornien und Alaska gesammelten praktischen Erfahrungen waren eine unschätzbare Vorbereitung für die große Aufgabe, die ihm nun gestellt wurde für ihn. Seine Einsatzbereitschaft und sein großer persönlicher Mut waren ebenfalls von unschätzbarem Wert. (Als Beispiel für Letzteres könnte ich Ihnen erzählen, wie er sich, um ihm die Durchführung bestimmter zwingender Beobachtungen zu ermöglichen, an einem Punkt, der nur teilweise vor dem Feuer des Feindes geschützt war, über die Seite einer steilen Klippe hinablassen ließ.)

„Nun, mit dem Bau des Tunnels wurde ungefähr Mitte Januar 1916 begonnen. Einige meiner Männer – Italiener, die zu Beginn des Krieges nach Hause geeilt waren, um für ihr Land zu kämpfen – hatten bereits Erfahrung mit Hand- und Maschinenbohrmaschinen in den Minen von Colorado und British Columbia, aber die meisten unserer Arbeitskräfte mussten ihre Erfahrungen im Laufe der Arbeit sammeln. In Anbetracht dessen und der Schwierigkeit, Material (ganz zu schweigen von Nahrungsmitteln und Munition) zu beschaffen, kamen wir sehr gut voran.

„Das Schlimmste an der ganzen Sache war die Tatsache, dass es unter dem unaufhörlichen Feuer der österreichischen Artillerie geschehen musste. Ich versorgte die Männer, so gut ich konnte, indem ich sie in Galerien unterbrachte, wo sie zumindest vergleichsweise sicher ihre Ruhe finden konnten. Mein eigenes Hauptquartier befand sich in einem kleinen Schuppen im Windschatten eines großen Felsens. Als der Feind endlich herausfand, was wir vorhatten, feierten sie ihre Entdeckung mit einem ununterbrochenen Bombardement, das vierzehn Tage lang ununterbrochen andauerte. Während bestimmter zweiundvierzig Stunden dieser vierzehn Tage explodierten nach tatsächlicher Zählung durchschnittlich achtunddreißig Granaten pro Minute auf unserer kleinen Stellung. Bei all dem Schutz, der möglich war, wurde die Belastung so groß, dass ich es für ratsam hielt, jede Woche das Bataillon zu wechseln, das unseren Teil des Gipfels hielt. Hatte ich selbst eine Ruhepause? Nun ja, kaum; oder besser gesagt, erst, als ich es musste.

„Wir wurden ständig mit neuen und verwirrenden Problemen konfrontiert – Dinge, zu deren Lösung noch nie zuvor jemand berufen worden war – die meisten davon im Zusammenhang mit dem

Transportwesen. Wie wir es geschafft haben, eine davon zu überwinden, werde ich nie vergessen. Die Österreicher hatten eine mutige und kühne Tat vollbracht, indem sie an einem bestimmten Punkt eine ihrer Batterien stationiert hatten, deren Feuer unsere Stellung völlig unhaltbar zu machen drohte. Der Standort dieser Batterie war so geschickt gewählt, dass kein einziges unserer Geschütze sie erreichen konnte, und dennoch *mussten wir* sie endgültig zum Schweigen bringen, wenn wir mit unserer Arbeit fortfahren wollten. Der einzige Punkt, von dem aus wir auf diese zerstörerischen Geschütze schießen konnten, war so exponiert, dass jede Artillerie, die wir dort stationieren konnten, nur mit kürzester Zeit unter dem Feuer der hundert oder mehr „schweren" Geschütze rechnen konnte, die die Österreicher haben könnten konzentriere dich darauf. Und dennoch (dachte ich mir), könnten diese wenigen Minuten, gut eingesetzt, ausreichen, um die Arbeit zu erledigen. Da es keine andere Alternative gab, beschloss ich, es zu wagen.

„Und dann kam noch eine weitere Schwierigkeit hinzu. Die kleinste Waffe, die eine Chance hätte, diese Aufgabe zu erfüllen, wog 120 Kilo – etwa 260 Pfund; Dies gilt nur für die Waffe, wobei alle abnehmbaren Teile entfernt wurden. Doch der Punkt, an dem das Geschütz montiert werden sollte, war so exponiert, dass es keine Möglichkeit gab, eine Seilbahn zu errichten, und der Hang war so steil und unwegsam, dass ein Versuch, ihn mit Seilen nach oben zu ziehen, nicht in Frage kam. Gerade als wir aus Verzweiflung kurz davor standen aufzugeben, kam einer der Alpini – ein Mann von herkulischem Körperbau, der in Friedenszeiten seinen Lebensunterhalt damit verdient hatte, Ketten an seiner Brust zu brechen und andere Krafttaten zu vollbringen – und machte ihm einen Vorschlag die Waffe auf der Schulter tragen dürfen. Ich griff nach einem Strohhalm und ließ ihn ein paar „Übungsmanöver " machen ; Aber diese zeigten nur, dass der junge Samson zwar ohne große Anstrengung schultern und mit der Waffe davontraben konnte, die Aufgabe, sich und seine Last im bröckelnden Fels des Siebzig-Grad -Hangs von einem Halt zum anderen zu heben, jedoch zu viel für ihn war.

„Aber aus diesem Scheitern entstand eine neue Idee. Warum sollte mein starker Mann nicht einfach das Gewicht der Waffe auf seiner Schulter tragen – sozusagen als eine Art ambulante Lafette –, während ihn eine Reihe von Männern an einem Seil zog? Wir bauten ein Geschirr auf, um den Zug auf den breiten Rücken auszugleichen , und mit der Hilfe von sechzehn einfachen Männern gelang das Kunststück problemlos. Es tut mir jedoch leid, sagen zu müssen, dass der arme Samson mit angespannten Muskeln eine Zeitlang liegen musste.

„Das Geschütz – mit den nötigen Teilen und der Munition – wurde in der Nacht abgeholt, und bei Tagesanbruch war es aufgestellt und einsatzbereit. Es feuerte nur vierzig Schüsse ab, bevor die österreichischen „Schweren" es – und alle bis auf ein oder zwei seiner tapferen Besatzungsmitglieder – mit einem Regen hochexplosiver Sprengstoffe in die Luft jagten. Aber es hatte seine Arbeit getan, und zwar gut. Das Opfer war nicht umsonst. Die problematische österreichische Batterie war so völlig außer Gefecht gesetzt, dass der Feind es nie für sinnvoll hielt, sie wieder in Stellung zu bringen.

„Das ist nur ein Beispiel für die fantastischen Dinge, die wir in den drei Monaten, in denen wir den Tunnel unter dem Gipfel des Col di Lana durchgefahren haben, gemacht haben. Die letzten Wochen wurden durch die Erkenntnis, dass die Österreicher gegen uns konterten, zusätzlich belebt. Einmal fuhren sie so nah heran, dass wir den Schlag ihrer Bohrer spüren konnten, aber sie ließen ihre Mine nur wenige Meter vor der Stelle explodieren, die uns endgültig aus der Fassung gebracht hätte. Die Arbeiten gingen weiter, bis die Mine am 17. April fertiggestellt, aufgeladen und „gestampft" war. In dieser Nacht explodierte jedes Geschütz, das wir zur Verfügung hatten, auf die österreichische Stellung, als diese explodierte. Ein Krater mit einem Durchmesser von 150 Fuß und einer Tiefe von 60 Fuß verschlang den Bergrücken, den der Feind besetzt hatte, und unser wartender Alpini stürzte herbei und hielt ihn fest. Schwache österreichische Gegenangriffe konnten leicht abgewehrt werden und der Col di Lana war schließlich vollständig in italienischer Hand."

Oberst Garibaldi lehnte sich in seinem Stuhl zurück und blickte nachdenklich auf die Risse in der Decke, als hätte er seine Geschichte zu Ende erzählt. Das Ende sei ziemlich abrupt gekommen, dachte ich, und ich war geneigt, auf weitere Einzelheiten zu drängen.

„Es muss ein großartiger Anblick gewesen sein", wagte ich es – „ dieser Berggipfel, der in die Luft flog und Hunderte von Granaten um sich herum explodierten." Wo warst du in dem großen Moment?"

Das ernste Gesicht wurde noch ernster, und ein wehmütiges Lächeln milderte die Linien des festen Mundes.

„Der Col di Lana ist leider nicht in Sichtweite", lautete die Antwort. „Mein Gesundheitszustand verschlechterte sich vierzehn Tage vor dem Ende, und beim Höhepunkt hatte ein anderer Offizier das Kommando. Es war eine der größten Enttäuschungen meines Lebens. Ich hätte meine rechte Hand gegeben, um der erste Mann in diesem Krater zu sein. Aber egal", schloss er, erhob sich und straffte seine breiten Schultern; „Bevor dieser Krieg zu Ende ist, liegen noch größere Dinge als der Col di Lana vor uns, und ich habe das Gefühl, dass ich nichts mehr davon verpassen werde." Es ist die Garibaldi-Art, beim Sterben dabei zu sein."